上海社会科学院
经济研究所
青年学者丛书

环境规制对中国城镇化高质量发展的影响机制研究

李泽众／著

上海社会科学院出版社
SHANGHAI ACADEMY OF SOCIAL SCIENCES PRESS

丛书编委会

主编：沈开艳

编委：（按姓氏笔画为序）

王红霞　贺水金　唐忆文　韩汉君

韩　清　詹宇波

丛 书 总 序

上海社会科学院经济研究所作为一家专业社会科学研究机构,主要从事政治经济学、经济史、经济思想史等基础理论研究。近年来,顺应上海社会科学院国家高端智库建设的要求,经济研究所依托学科优势,实施学科发展与智库建设双轮驱动战略,在深入开展基础理论学术研究的同时,也为政府和企业提供决策咨询服务。经过多年的努力,经济研究所在宏观经济运行、产业与科技创新发展、区域经济发展、金融与资本市场发展、贸易中心与自贸区建设、能源与低碳经济等研究领域,积累了大量的高质量研究成果。

党的十八大以来,习近平总书记把马克思主义政治经济学的基本原理同中国特色社会主义的实践相结合,发展了马克思主义政治经济学,提出一系列新思想新论断,创新并丰富了中国特色社会主义政治经济学理论,为中国和世界带来了新的经济发展理念和理论。

新时代中国特色社会主义政治经济学的提出,一方面,对包括经济研究所科研人员在内的广大经济理论研究工作者提出了新的、更高的理论研究要求;另一方面,也为经济学理论研究拓展出更为广阔的研究领域。

根据我国经济理论和现实发展现状,学术界迫切需要研究下列理论问题:关于社会主义初级阶段基本经济制度的理论,关于创新、协调、绿色、开放、共享发展的理论,关于发展社会主义市场经济、使市场在资源配置中起决定性作用和更好发挥政府作用的理论,关于我国经济发展进入新常态、深化供给侧结构性改革、推动经济高质量发展的理论,关于推动新型工业化、信息化、城镇化、农业现代化同步发展和区域协调发展的理论,关于农民对承包的土地具有所有权、承包权、经营权属性的理论,关于用好国际国内两个市场、两种资源的理论,关于加快形成以国内大循环为主体、国内国际双循环相互促进的新发展格局的理论,关于促进社会公平正义、逐步实现全体人民共同富裕的理论,关于统筹发展和安全的理论等一系列基本理论，等等。这些理论涵盖了中国特色社会主义经济的生产、分配、交换、消费等主要环节，以及生产资料所有制、分配制度与分配方式、经济体制、宏观经济管理与调控、经济发展、对外开放等各个层次各个方面的主要内容。这些研究主题当然也成为经济研究所科研人员面临并需要重点推进的研究课题。

青年科研人员代表着一家社会科学研究机构的未来。经济研究所长期以来一直重视支持青年科研人员的研究工作，帮助青年科研人员提升其研究能力，组织出版《上海社会科学院经济研究所青年学者丛书》就是其中的重要举措之一。本丛书包括的著作基本上都是本所青年学者的处女作，是作者潜心研究、精心撰写，又根据各方面意见建议反复修改打磨的精品成果，也是作者进入经济学专业研究生涯的标志性科研成果。

本丛书的研究主题涉及理论经济学一级学科的重要议题，毫无疑问，这些研究成果对于经济研究所的学科建设工作将发挥重要作用。另一方面，本丛书中的很多研究成果与当前我国经济社会现实发展问题密切关联，这就为进一步开展决策咨询研究作了坚实的理论思考准备。因此，本丛书的出版也将促进经济研究所的智库研究工作。

2026年将迎来经济研究所建所70周年，本丛书将成为经济研究所青年科研人员向所庆70周年呈献的一份厚礼。

丛书编委会
2023年8月30日

前　　言

　　过去的传统城镇化存在"量"与"质"不协调以及区域间发展不平衡的问题,"重城轻乡"导致城乡分割严重。与此同时,传统的城镇化过度依赖廉价的"人口红利"以及"土地红利",也导致了生态环境的破坏和严重的"半城镇化"等问题。随着经济增速和工业化发展的步伐放缓以及资源环境的趋紧,以开发土地、大搞房地产为建设重点的传统城镇化难以为继,城镇化的发展方式必须发生转变,以人为本的城镇化高质量发展势在必行。2012年党的十八大报告首次提出新型城镇化发展方针,并将其确立为未来中国经济增长的新动力和扩大内需的重要手段。同年,中央经济工作会议将"积极稳妥推进城镇化,着力提高城镇化质量"列为2013年经济工作六大任务之一。2020年,党的十九届五中全会强调了经济社会发展全面绿色转型,生态文明建设和新型城镇化建设成为中国转向高质量发展阶段后的重点建设内容,依托环境治理从而走上高质量的城镇化道路成为中国经济高质量发展的必由之路。习近平总书记强调:"推进城镇化是解决农业、农村、农民问题的重要途径,是推动区域协调发展的有力支撑,是扩大内需和促进产业升级的重要抓手,对全面建成小康社会、加快推进社会主义现代化具有重大现实意义和深远历史意义。"党的二十大进一步强调了"深入实施区域协调发展战略、区域重大战略、主体功能区战略、新型城镇化战略,优化重大生产力布局,构建优势互补、高质量发展的区域经济布局和国土空间体系"。2022年,国家发改委先后出台了《国家新型城镇化规划(2021—2035年)》和《"十四五"新型城镇化实施方案》。习近平总书记在党的二十大报告中再次强调,要"推进以人为核心的新型城镇化"。至此,以人为核心的新型城镇化战略成为当前及今后一段时期国家经济社会发展的核心举措,其战略意义被提升到新的高度。当前,我们迈上全面建设社会主义现代化国家新征程,需深入实施新型城镇化战略,推动城镇化水平稳步提高、发展活力不断释放,以新型城镇化推进中国式现代化。

本书拟解决三个问题:第一,环境污染与经济发展之间存在著名的"环境库兹涅茨曲线",那么,环境规制与城镇化发展的质量之间是否存在相似的关系?第二,在先前已有的研究中,常用城镇人口占总人口的比重来表征城镇化发展情况,但是该方法会与实际的城镇化发展现状存在较大偏差。那么,如何反映并且较为准确地测度中国的城镇化质量?第三,环境规制对城镇化质量的影响及其作用机理如何?在包含传导机制的分析框架中,环境规制的力度是越大越好吗?怎样的环境规制力度最有利于城镇化质量的提升?本书在现有的研究基础上,构建了包含人口城镇化、经济发展、城市建设、公共服务以及节能环保等五个方面共 20 个基础指标,分别表征五个维度城镇化质量的综合评价指标体系,测算出以上五个分维度的城镇化质量和整体的综合城镇化质量。在测度的基础上,总结中国城镇化质量在全国层面和区域层面的现状与特征。基于此,本书将研究的重点放在环境规制对城镇化质量的影响,着重研究其内在的影响机理,从而为中国城镇化的高质量发展和绿色发展提供有益借鉴。

本书将从以下八个部分展开研究:

第一部分为导论。导论部分首先阐明了本书的选题背景和意义,对本书研究的环境规制以及高质量城镇化进行了概念界定。接着,基于问题导向和目标导向分析了本书研究的理论意义和现实意义。最后,导论部分介绍了本书的研究方法、研究框架与主要内容,以及本书可能的创新与不足之处。

第二部分为文献回顾与理论假说。首先在文献回顾中梳理、总结和评述现有与本研究相关的国内外文献,阐明对本书有启发之处和有待补充之处;其次,在文献回顾的基础上,提出本研究的理论假说。文献述评包括:(1)环境规制的有关研究。主要包含环境规制的理论演进和实证研究两个方面。在理论演进方面,梳理并总结了以往研究对环境规制在概念界定、工具选择,以及测度方法等方面的理论研究;在实证研究方面,回顾并且总结了有关环境规制的经济效应与生态效应方面的文献。(2)城镇化发展和城镇化质量的有关研究。主要围绕着对高质量城镇化内涵的演进以及测度问题。(3)环境规制与城镇化发展的影响的相关研究。主要包含了生态环境与城镇化发展关系的研究以及环境规制与城镇化发展的实证研究。通过已有文献的评述,本书希望能够对以往研究中可能存在的不足进行补充,即不仅考虑空间层面的相关性,还在环境规制基于资源再配置效应对城镇化质量的提升领域作出一定的边际贡献。

  第三部分主要围绕中国城镇化质量的测度及现状分析展开研究。从人口、经济、空间、社会、环保等方面选取了 20 个基础指标，分别从人口城镇化、经济发展、城市建设、公共服务和节能环保等五个维度构建综合评价体系，借助熵值法和主成分分析法进行测度，从而测度出 2003—2016 年中国 285 个地级及以上城市的分维度城镇化质量和综合城镇化质量。在此基础上，根据省级行政区内各地级市的地区生产总值占比进行加权平均，从而得出 2003—2016 年中国分省份的分维度城镇化质量和综合城镇化质量，并进一步分析中国城镇化质量在全国层面和区域层面的现状与特征。最后，将城镇化根据发展特征分为三个不同的阶段，并梳理和总结了中国的环境规制政策和工具在不同阶段的演进和发展。具体而言，首先是梳理了环境规制工具的大致分类，例如命令控制型环境规制、市场激励型环境规制以及自愿型环境规制，其次是从中国城镇化演进的三个阶段分别梳理了环境规制的主要政策工具和效果。

  第四部分主要是环境规制影响城镇化质量的经验分析。在已有相关研究的基础上，由于环境规制和城镇化质量均存在显著的空间依赖性，因此需要构建环境规制影响城镇化质量的空间计量模型进行实证检验。将环境规制按照不同的规制方式区分为"效果型"环境规制和"过程型"环境规制，运用三种不同的空间权重矩阵，实证检验环境规制对城镇化质量的空间溢出效应，并检验环境规制与城镇化质量的非线性关系。此外，将中国分为东、中、西部地区，在区分空间溢出直接效应和间接效应的基础上考察环境规制对城镇化质量的空间溢出效应。

  第五部分、第六部分和第七部分均为环境规制对中国城镇化高质量发展的影响机制研究。具体而言，分别从激发技术创新、促进产业结构调整以及资源再配置效应等三方面，对环境规制促进城镇化质量提高的影响机制进行了研究。第五部分围绕技术创新的传导机制。在理论分析的基础上，利用中国 31 个省份在 2001—2018 年期间的面板数据，运用面板回归模型和动态门槛回归方法，对环境规制如何通过技术创新影响城镇化质量进行了实证检验。第六部分主要研究产业结构优化的传导机制。在构建了环境规制倒逼产业结构调整的理论模型的基础上，利用 2003—2016 年期间中国 285 个地级及以上城市面板数据，通过中介效应模型和空间计量模型对环境规制能否通过倒逼产业结构调整从而有利于城镇化的高质量发展进行了实证检验。第七部分基于环境规制纠正资源错配，再进一步促进城镇化质量提高的传导机制的研究思路。在理论分析的基础上,运用2SLS模型对环境规制纠正资源错配从而影响城镇化质量的传导机制进行了实证检验,并且根据285个地级及以上城市所在区域和城市规模进行区分,进行了异质性分析。

第八部分为本书的研究结论和政策建议。本部分对主要研究结论进行了总结,并在此基础上为中国制定适宜的环境规制政策、实现环境保护和城镇化高质量发展的双赢提供政策建议。

本书得到的主要结论有:

第一,基于中国城镇化质量的测度结果可以看出:(1)在2003—2016年期间,绝大多数城市的城镇化质量呈现出逐年上升的趋势,城镇化质量最高的城市以直辖市、省会城市和东部沿海地区的城市为主。(2)在综合的城镇化质量中所占权重从高到低的城镇化维度分别为经济发展、城市建设、公共服务、人口城镇化以及节能环保。(3)中国各省份之间在分维度城镇化质量和综合城镇化质量上表现出较大的差异性,即城镇化质量在空间层面较不均衡,呈现出东部地区、中部地区、西部地区的城镇化质量依次递减的态势。

第二,环境规制强度的增强有利于城镇化质量的提升。在三种不同的空间矩阵条件下,无论是污染物去除率越高,即以治理结果为导向进行的"效果型"环境规制,还是每万元GDP产生的污染物越少,即以生产过程为导向进行的"过程型"环境规制,均对城镇化质量的提升产生显著的促进作用。并且,环境规制的力度越强,本地区的城镇化质量越高,能通过正向的空间溢出效应,使得邻近地区的城镇化质量得到提升。分区域来看,环境规制对城镇化质量的溢出效应体现出空间异质性。"效果型"环境规制的回归系数在西部地区最为显著,"过程型"环境规制的回归系数在中部地区显著,而在东部地区、西部地区不显著。因此,应当进一步打破行政壁垒,形成区域联合执法的环境治理架构,并在区域间实行信息共享的监测体系,并将区域联防联控需要与因地制宜有机结合,促进地区生态环境与高质量城镇化的协调发展。

第三,对环境规制通过技术创新的传导机制影响城镇化质量进行经验分析,研究发现:(1)环境规制能够通过治污技术进步效应和生产技术创新效应刺激技术创新,并能强化技术创新(包括治污技术创新、生产技术创新)对城镇化质量的提升作用,即环境规制与技术创新能够形成合力,共同促进城镇化的高质量发展。(2)环境规制基于治污技术创新对城镇化质量的影响呈现出先负后正的U形动态变化。在环境规制力度较低($\ln ER \leqslant 0.1972$)的情况下,企业出于侥幸心理,往往倾向于选择默默承受环境规制可能带来的"遵循成本"。开展技术创新的研发会引致更高的成本,从而阻碍企业开展研发活动,此时治污技术创新对城镇化质量提升的作用不明显。当环境规制力度较大时($\ln ER > 0.1972$),为避免被惩罚所带来的巨大代价,企业采取措施推动研发投入。当"创新补偿"降低或全部抵消"遵循成本"时,企业的竞争力和经济效益均得到提高。到了这个阶段,技术创新对城镇化的高质量发展的促进作用更加显著,从而实现了环境规制基于技术创新促进城镇化质量提升的效果。(3)环境规制对城镇化的质量提升存在单门槛效应;技术创新在环境规制力度不同的情况下,对城镇化质量的提升作用存在差异。在环境规制力度较低时,治污技术创新对城镇化质量的促进作用有限。随着环境规制的强度增大,治污技术创新对城镇化质量的促进作用更加明显。此外,由于生产技术创新对城镇化高质量发展的促进作用更加稳定,不取决于环境规制的强度,环境规制基于生产技术创新对城镇化质量的影响不具备以上作用机制,呈现出正向激励的特征。

第四,对环境规制通过产业结构优化升级的传导机制影响城镇化质量进行经验分析,研究发现:(1)环境规制能够倒逼产业结构的合理化,从而有利于城镇化的高质量发展。然而,环境规制对于产业结构高级化并没有类似的倒逼作用,因此产业结构高级化没有发挥环境规制促进城镇化高质量发展的中介作用。(2)从全国来看,环境规制及其空间滞后项的弹性系数均显著为正,说明某地区环境规制力度的加大不仅可以促进本地区城镇化质量的提高,也可以促进邻近地区的城镇化质量的提高。产业结构合理化程度的提高不仅有利于本地区城镇化质量的提高,也能够促进邻近地区的城镇化高质量发展。然而,产业结构高级化没有类似的空间溢出作用。(3)分区域来看,环境规制和产业结构调整对城镇化质量的影响均具有空间异质性。从环境规制来看,环境规制对城镇化高质量发展的促进作用在西部地区最为显著,在东部地区其次,在中部地区不显著;从产业结构调整来看,产业结构合理化对城镇化高质量发展的促进作用在东部地区、中部地区和西部地区效果均显著,但是效果依次递减,具有空间异质性。然而,产业结构高级化在西部地区抑制了城镇化的高质量发展,在东部地区、中部地区的促进作用不显著。

第五,对环境规制通过纠正资源错配的传导机制影响城镇化质量进行经验分析,主要结论有:(1)劳动错配传导机制和资本错配传导机制均得到有效验证,环境规制能够纠正劳动错配和资本错配,从而有利于城镇化质量的提升;(2)从资本错配对城镇化质量的抑制作用来看,中西部地区比东部地区更加严重;纠正资本错配对于提高中小城市的城镇化质量更加有效,纠正劳动错配对于提高大城市的城镇化质量更加有效;(3)"动钱"的方式虽在当前阶段十分有效,但不具有可持续性,且效果受到人口规模的限制。相比之下,"动人"的方式对于城镇化质量的提升作用十分明显。由此可见,消除行政壁垒,促进人口的自由流动,才是提高城镇化质量的关键路径所在。因此,在未来的城镇化高质量发展道路上,需要合理规划城市布局,不应将城镇面积的扩张视作城镇化发展的提高,而应当将评价指标聚焦在土地资源的高效利用、城市建设的空间利用效率等方面,最大限度地减少低效的"城市蔓延"现象发生。此外,需要提高环境规制力度,依托减少对环境的污染以及对生态的改善,进一步加快城市产业结构调整、促进技术研发、推动资源配置的效率改善,借此提高城镇化质量。

目 录

前言 1

第一章 导论 1
第一节 研究背景与意义 1
一、研究背景 1
二、研究意义 4
第二节 研究方法 6
第三节 研究框架与主要内容 7
第四节 基本概念界定 9
一、环境规制 9
二、城镇化高质量发展 9
第五节 研究创新与不足之处 10

第二章 文献回顾与理论假说 12
第一节 环境规制领域的文献回顾 12
一、环境规制的理论演进 12
二、环境规制的强度测度 15
三、关于环境规制的经济效应 15
四、关于环境规制的生态效应 17
第二节 城镇化高质量发展领域的文献回顾 18
一、城镇化发展的相关理论 18
二、城镇化质量的内涵 20
三、对城镇化质量的评价与测度 22

第三节　环境规制与城镇化发展关系的文献回顾 ……………… 23
　　　　一、关于生态环境与城镇化发展关系的理论研究 …………… 23
　　　　二、关于环境规制对城镇化影响的实证研究 ………………… 24
　　第四节　文献评述与理论假说的提出 …………………………… 26

第三章　中国城镇化质量的测度和现状分析 ……………………… **29**
　　第一节　中国城镇化质量的测度 ………………………………… 30
　　　　一、高质量城镇化的原则和内涵 ……………………………… 30
　　　　二、综合评价指标体系 ………………………………………… 32
　　　　三、测度方法与数据说明 ……………………………………… 37
　　第二节　中国城镇化质量的测度结果与现状分析 ……………… 38
　　　　一、测度结果 …………………………………………………… 38
　　　　二、中国城镇化质量的现状分析 ……………………………… 46
　　　　三、中国城镇化质量的时空演化 ……………………………… 51
　　第三节　中国的城镇化进程中环境规制政策的演进 …………… 53
　　　　一、城镇化加速发展阶段 ……………………………………… 56
　　　　二、城镇化快速发展阶段 ……………………………………… 59
　　　　三、城镇化增速放缓阶段 ……………………………………… 61
　　第四节　本章小结 ………………………………………………… 64

第四章　环境规制对城镇化质量的空间溢出效应分析 …………… **68**
　　第一节　问题的提出 ……………………………………………… 68
　　第二节　研究方法与设计 ………………………………………… 70
　　　　一、研究方法 …………………………………………………… 70
　　　　二、空间自相关检验 …………………………………………… 71
　　第三节　空间计量模型实证检验与结果分析 …………………… 74
　　　　一、模型构建、变量选取与数据来源 ………………………… 74
　　　　二、实证分析结果 ……………………………………………… 80
　　　　三、稳健性检验 ………………………………………………… 87
　　第四节　本章小结 ………………………………………………… 89

第五章　环境规制基于技术创新对城镇化质量的影响分析　93
　　第一节　问题的提出　93
　　第二节　环境规制、技术创新影响城镇化质量的理论分析　94
　　第三节　环境规制、技术创新影响城镇化质量的实证分析　99
　　　　一、动态面板模型构建　99
　　　　二、变量选取、数据来源与变量描述性统计　100
　　　　三、环境规制、技术创新影响城镇化质量的动态面板回归结果分析　103
　　第四节　环境规制、技术创新影响城镇化质量的动态面板门槛实证分析　109
　　　　一、动态面板门槛模型设定　109
　　　　二、变量选取、数据来源与统计分析　110
　　　　三、动态面板门槛检验　110
　　第五节　环境规制基于技术创新促进城镇化高质量发展的启示　113

第六章　环境规制基于产业结构调整对城镇化质量的影响分析　116
　　第一节　问题的提出　116
　　第二节　环境规制、产业结构调整影响城镇化质量的机理分析　118
　　　　一、环境规制倒逼产业结构调整的理论模型　118
　　　　二、环境规制通过产业结构调整影响城镇化质量的传导机制　120
　　第三节　环境规制、产业结构调整影响城镇化质量的中介效应模型分析　121
　　　　一、研究方法、变量选择与数据说明　121
　　　　二、模型构建　127
　　　　三、模型估计结果与解释　127
　　　　四、稳健性分析　129
　　第四节　环境规制、产业结构调整影响城镇化质量的空间计量模型分析　131
　　　　一、空间计量模型设定　131
　　　　二、空间计量回归结果与讨论　133
　　第五节　环境规制基于产业结构调整促进城镇化高质量发展的启示　140

第七章　环境规制基于资源配置对城镇化质量的影响分析 …………… **143**
　第一节　问题的提出 …………………………………………………… 143
　第二节　环境规制、资源配置影响城镇化质量的机理分析 ………… 145
　第三节　环境规制、资源配置影响城镇化质量的实证分析 ………… 150
　　一、研究设计与模型构建 …………………………………………… 150
　　二、变量选取与数据来源 …………………………………………… 152
　　三、实证检验结果分析 ……………………………………………… 161
　　四、稳健性检验 ……………………………………………………… 166
　第四节　环境规制基于纠正资源错配促进城镇化高质量发展的启示
　　　　　………………………………………………………………… 168

第八章　研究结论与对策建议 ……………………………………… **171**
　第一节　研究结论 ……………………………………………………… 171
　第二节　研究展望 ……………………………………………………… 175

附录 ……………………………………………………………………… **177**
　附录一　2016年地级及以上城市城镇化质量评分（由高到低排序）
　　　　　………………………………………………………………… 177
　附录二　2003—2016年地级及以上城市的平均城镇化质量（由高到
　　　　　低排序）……………………………………………………… 180

参考文献 ……………………………………………………………… **185**

第一章 导 论

第一节 研究背景与意义

一、研究背景

过去40年,中国经济发展迅速。2022年,中国的国内生产总值(GDP)达到了1 210 207亿元,为1978年国内生产总值的328.9倍。虽然中国经济的崛起使得人民的生活质量显著提高,但是以工业化为经济发展和城镇化驱动力的"粗放型"发展模式使得高投入、高能耗和高排放现象突出,依赖生产要素投入的发展方式也对生态环境造成了相当大的破坏和污染。2019年,中国环境空气质量超标的城市个数达到180个,在所有地级及以上城市的比重高达53.4%[①]。相当严重的环境污染问题不仅对中国居民的身心健康造成了重大影响,也会直接导致庞大的GDP损失和卫生支出损失,严重影响经济高质量发展,损害中国在国际社会中的良好形象。

总体来看,虽然中国的城镇化水平也在近年来得到了大幅提升,从1978年的17 245万人增长到2022年的92 071万人,城镇人口增幅明显。但是,中国的城镇化率与高收入国家相比还存在较大差距,不仅如此,还存在较为严重的"城镇化落后于工业化"的现象。这一现象体现在两方面:一是中国的城市化率与工业化率比值偏低。虽然中国的城市化率与工业化率的比值在近年来稳步上升,该数值在2019年达到了1.56,但仍明显低于全球2.2的平均水平。二是从发展规律的角度来看,城镇化率与应当达到的水平存在较大差距。中

[①] 中华人民共和国生态环境部《2019中国生态环境状况公报》,https://www.mee.gov.cn/hjzl/sthjzk/zghjzkgb/202006/P020200602509464172096.pdf。

国在2011年工业化率达到峰值时,城市化率仅为50.5%。然而纵观国际,发达国家在其发展过程中的相同时期的城镇化率大多达到70%左右。中国的城镇化发展依然与国外发达国家存在较大的差距,而该差距更大程度上体现在城镇化的质量方面。

具体来说,中国的城镇化率在过去30年间高速增长,其驱动力在于廉价的土地要素和劳动力要素,正是该驱动力使中国实现了在城镇化率不高的情况下,形成了较为完整的产业链和相当发达的工业。然而,这种高度依赖"土地红利"和"人口红利"的要素驱动型城镇化发展不仅使得城镇化质量难以提升,而且该发展模式也难以为继。第一,要素驱动型城镇化的建设重点在于农村人口向城镇的转移集中,甚至在二元城乡结构变迁的过程中,农村剩余劳动力转移是过去城镇化率快速增长的主要推动力量。但是,当前"人口红利"正在逐渐消失,在过去几十年进城务工的数以亿计的农民工依然难以完成身份转变。第二,由于过于看重以房地产化方式推动的城镇规模在空间层面的扩大,却缺少具有长远考虑的城市空间规划和发展远景,造成许多城市存在低质量蔓延现象,其规模进行"摊大饼"式的无序扩张。长此以往,造成空心城市化、无序开发等后果。"土地财政"会导致城市的财政收入结构存在一定的隐患,导致较大的风险,在可持续性方面也存在较大问题,会使得城镇建设资金投入缺乏长效机制。第三,随着人口向城镇的转移和集聚,基础设施难以满足城镇常住人口的需求,再加上户籍制度的二元分割现象,大批农业人口虽转变为非农人口,却不享有城市居民的医疗保障、社会身份、福利待遇等。这不仅会造成一定的社会问题,而且城镇地区也会面临日益突出的就业、住房、交通、环境等多方面的压力,对城镇地区的地方政府平衡资源和环境带来极大的挑战。城镇化质量的提升绝不是统计数字层面的城镇化率的提高,而是城镇化发展的"软环境"得到全面的改善,包括居民有安全感、幸福感,所在地区具有经济活力和竞争力、环保与可持续性以及社会文化繁荣等。第四,传统的城镇化造成城乡分割严重、缺乏合作机制以及区域间发展不平衡等问题。在东部地区,存在产业同质化、产业过度集聚等问题;在中西部地区,不仅产业转型困难,人才匮乏更是增加其经济发展的难度。以上因素可能会加剧中国各地区城镇化质量的差距,再加上由于过于追求经济增长以及城镇化率提升,也对生态环境造成了一定的污染和破坏。环境标准的提升不利于外商直接投资(FDI)的引进,以工业化为驱动的经济增长的过程伴随着大量的污染排放,甚至由于中国的产业结构在全球价值链中地位降低而被称为"世界工厂"。城乡分割还表现在中国存在较大的城乡差距,不同城市形态的失衡表现在都市圈实现人口集聚但城市连接性差、并未提升经济效率,不同等级城市存在资源错配、发展扭曲、功能弱化等问题,城中村、城乡接合部出现双轨城市化、城中村灰色市场、法外空间;乡村"人—地—业—村"系统失衡,表现在村庄人口流动半径缩减、土地碎片化、农业生产效率低、村庄数量缩减等问题上。综上,由于过去城镇化进程的"要素驱动"现象,不仅生态环境破坏相当严重,而且城镇化的高质量发展也存在较为严重的困阻和瓶颈。

从经济学视角来看,污染的加剧与粗放的经济发展方式、滞后的产业结构以及低下的环境治理效率等因素紧密相关。城镇化、工业化的过程必然伴随着污染,即对环境资源的破坏,然而环境资源是典型的具有外部性的公共品,由于微观经济主体并非完全理性,其使用环境资源的个人成本小于其个人受益,而对公众造成了负外部性,因此会造成在面对环境问题时必然会出现市场失灵。因此,环境问题单纯依靠市场机制是解决不了的,由政府制定与执行环境规制法律法规、行政规定,以及设计环境规制的工具组合等才是可行并且有效的环境治理手段。由政府自上而下主导的环境规制势在必行,其必要性和紧迫性不言而喻。与此同时,党中央及各级政府高度重视,在发展经济和提高城镇化水平的同时,越来越关注生态文明建设和新型城镇化建设。党的十八大以来,党中央持续深化生态文明体制改革,坚定贯彻绿色发展理念。在党的十九大报告中,进一步将生态文明建设定位为中华民族永续发展的千年大计,并于2020年党的十九届五中全会上再次强调"坚持绿水青山就是金山银山"的绿色发展理念,并提出要通过持续改善环境质量,最终"提升生态系统质量和稳定性"。在党的二十大报告中,习近平总书记明确指出,高质量发展是全面建设社会主义现代化国家的首要任务,要坚持以推动高质量发展为主题;中国式现代化是人与自然和谐共生的现代化,尊重自然、顺应自然、保护自然是全面建设社会主义现代化国家的内在要求。

综上,现已到了不得不转变"数量型"城镇化发展为"质量型"城镇化发展模式的关键时刻。我们需要走更加高质量的城镇化道路,依托环境治理从而走上高质量的城镇化发展道路。这成为中国必须面对的重要问题,也是实现中国高质量发展亟待解决的现实问题。环境规制的力度并非越大越好,不适合的环境规制力度可能具有牵一发而动全身的影响,不利于城镇化质量的提升。本书拟解决的问题在于,环境规制在不同的区域对城镇化质量产生怎样的影响?其影响机理又是怎样的?基于不同的传导机制,环境规制对城镇化质量影响的方向和程度有何差异？又应当如何选择合适的环境规制力度，从而将环境规制对城镇化的高质量发展的促进作用发挥到最大？基于以上核心问题，本书基于企业技术创新、产业结构升级以及资源配置等三大传导机制，深入分析环境规制对城镇化质量的影响。一方面，有利于厘清环境规制对于城镇化质量的影响及其作用机理，对现有文献能够起到一定的补充作用，具有重要的理论意义；另一方面，本书有利于政府积极探索适用于中国国情的环境规制政策，从而能最大限度地服务于城镇化的高质量发展，具有一定的现实意义。

二、研究意义

基于上述研究背景，在过去几十年城镇化快速发展的过程中，一系列弊端逐渐凸显。主要的表现有随着"人口红利"的消失，半城镇化严重，大量进城的农村人口依然无法实现身份的转变；在城镇化进程中对城市建设规划不足，造成"摊大饼"式的空间扩张、产业同构以及交通拥堵、土地利用效率低下等问题；传统的城镇化以破坏生态环境为代价追求经济增长，造成城乡环境的严重污染，以上问题均严重地制约了城镇化质量的提升。在如今的时代背景和发展阶段，环境规制是实现城镇化高质量发展与保护生态环境"双赢"的关键发展路径所在，依托环境治理实现城镇化的高质量发展是中国必须面对的现实问题、关键问题，探究环境规制对城镇化高质量发展的影响机理具有重要的理论意义和现实意义。

（一）理论意义

城镇化的高质量发展是中国经济发展进入新阶段之后的重点研究议题，城镇化质量和水平的提高是中国经济发展的重要驱动力。本书研究的理论意义存在于以下几个方面。第一，对城镇化质量的界定及测算进行了有益拓展。先前的研究多以城镇人口占比来表征城镇化发展，对城镇化质量的研究更是较少。本书从人口城镇化、经济发展、城市建设、公共服务和节能环保五个维度构建指标体系，分别测算分维度城镇化质量和综合城镇化质量，对以往的研究进行了一定的补充。第二，在进行实证研究时，不仅运用多种环境规制的衡量方法，也将环境规制区分为"效果型"和"过程型"，以不同的治理导向来分析环境规制对城镇化质量的影响。第三，本书的研究有利于厘清环境规制与城镇化质量之间的关系。目前对环境规制的经济效应的研究中,极少文献探究了环境规制与城镇化发展之间的关系。大多数研究关注的是环境规制对技术创新或者产业结构的影响。然而,技术创新、产业升级的过程必然伴随着资源重新配置,上述因素必定会对城镇化质量产生相应的影响。目前几乎没有从资源配置效率的角度分析环境规制对城镇化发展的影响的理论研究,因此本研究试图能够对以往的理论研究进行拓展。综上,本书在分析环境规制对城镇化高质量发展影响的传导机制方面具有一定的理论价值,借此明确环境治理对城镇化质量提升的路径意义重大。

(二) 现实意义

中国在过去30年间的快速城镇化,依托的是中国廉价的土地要素和劳动力要素,然而,该路径在当下不可持续。"人口红利"随着人口结构的变化而逐渐消失。"土地红利"会对城镇的金融体系造成较大风险,也不利于地方政府探索出长期财政收支模式。伴随中国经济进入"新常态",过去依靠资源、环境、要素投入的规模扩张的城镇化道路已不适合目前的国情。全面建成富强民主文明和谐美丽的社会主义现代化强国,是中国第二个百年奋斗目标,其中,美丽中国建设是重要的组成部分。良好的自然环境满足人民群众对美好生活的期待。党的十九届五中全会强调生态文明建设,同时提出了完善新型城镇化战略。党的二十大报告进一步指出,要以中国式现代化全面推进中华民族伟大复兴,在中国式现代化的五个特征中,人与自然和谐共生就是其中之一。中国在面对"两个一百年"的奋斗目标时,必须以环境规制为抓手,推进城镇化的高质量发展。因此,改变过去倾向于以物为核心和低效蔓延形式的城镇化是大势所趋,生态环境持续改善和城乡生态环境改善成为城镇化发展中的重要方面,也是中国现在不得不面对的现实问题。政府应当如何把握环境规制的力度,借此驱动产业结构的优化调整和技术的创新等诸多方面,最终实现新型城镇化的高质量发展?环境规制对产业结构调整、要素配置效率和企业技术创新的影响又如何?上述几个方面又会对城镇化的高质量发展产生怎样的影响?区域间存在经济发展和城镇化建设水平的不平衡,不同地区的环境规制通过产业结构、技术创新、资源配置对城镇化质量产生影响的作用有何不同?以上问题都是本书试图分析和回答的。其解答会对区域选取环境规制的工具以推动城镇化的高质量发展带来一定的借鉴意义。

第二节 研究方法

本书使用的研究方法主要体现在以下几个方面。

(1) 文献回顾的方法。在对过去文献回顾和评述时,首先聚焦环境规制理论、技术创新理论、产业结构理论等与本书选题有关的理论。其次是梳理城镇化质量的界定、环境规制对城镇化发展影响的相关文献。现有相关研究为本书提供了有益的思考,其中能够进一步拓展的地方为本书提供了很好的研究视角。

(2) 静态与动态分析相结合的方法。在进行环境规制与城镇化质量的描述与分析时,本书使用了大量的图表,分别从横向和纵向对比的视角,对本书的研究对象进行了充分的比较分析。

(3) 理论分析与实证检验相结合的方法。依托数理模型、计量模型等分析工具,本书旨在深入分析环境规制对城镇化质量的影响,以及影响机理所在。通过对上述内容的研究,本书试图为提高中国城镇化的高质量建设提供发展路径。

理论研究的内容主要如下:本书通过上述理论分析,解答了环境规制与技术创新、产业结构、资源错配之间的关系,并指出以上因素如何共同对城镇化质量的提升产生影响。在分析技术创新传导机制时,环境规制会给厂商带来压力,迫使其将污染排放水平控制在环境规制的范围内。厂商可以通过提高治污技术和生产技术的创新以提高生产率,从而在排污量达标的前提下实现生产最大化。本书将对以上选择进行区别分析,采用数理方法对企业的生产技术选择进行探讨。在分析产业结构优化升级传导机制时发现,企业在环境规制的压力下同样会产生遵从成本,在利润最大化原则的驱动下,企业被迫或被动加速其对于生产行为的调整、资源的重新配置。其具体的做法一般分为转嫁给消费者、将部分产业进行转移以及技术创新,即通过投资方向的转变等三种。以上做法会促使产业向清洁化的高能效方向转型,产业结构也将发生改变。本书对纠正资源错配传导机制的分析建立在技术创新和产业结构转变的基础上。随着污染排放标准的严厉程度的增加,企业会被迫加速其对于治污技术和生产技术的研发。随着技术水平的提高,其生产率也进一步提升,中间产品的价格得以降低。基于此,会带来产业向清洁化、合理化等方向的转变,以上转变也就是资源重新配置的过程,换言之,环境规制一定会带来资本和劳动的重新配置。

此外,本书将实证研究与理论分析相结合。在理论研究部分,将环境规制对微观主体的技术选择决策的影响以及对产业结构调整、资源配置带来的影响构建成数理模型进行推导,进而分析其对城镇化质量可能造成的影响。基于此,进一步构建适当的计量模型进行实证检验。在分析环境规制影响技术创新时,在技术创新部分,分为绿色工艺创新、绿色产品创新、技术研发、技术转化四个角度进行分析,并分为治污技术创新和生产技术创新两类。此外,环境规制的力度并非越大越好,该部分通过动态门槛模型对于是否存在最优的环境规制力度进行了探讨。在分析环境规制通过产业结构优化升级传导到城镇化质量提升时,通过中介模型探究环境规制如何通过合理化、高级化转变从而对城镇化质量产生影响。在分析环境规制通过纠正资源错配从而促进城镇化高质量发展时,通过 2SLS 模型检验环境规制如何作用于资本错配、劳动错配,从而促进城镇化质量的提升,并且基于城市所在的不同区域、不同规模进行异质性分析。经验分析的结论与本书的理论分析过程中所得出的结论基本一致,这进一步验证了本书结论的可靠性。

第三节 研究框架与主要内容

本书共分为八大章节:

第一章为导论,首先论述了本书的研究背景和研究意义,接着对本书研究的环境规制和城镇化质量进行了概念界定,并进一步阐明了本书的研究方法和框架,同时总结了本书可能的不足与创新之处。

第二章为文献回顾与理论假说。第一节综述了与环境规制相关的中英文文献,通过梳理文献发现,学者对于环境规制的概念、选取工具以及测度方法有多种不同的角度,其中,不仅分为不同的环境规制工具,也有由单个污染物或多种污染物组成的反映环境规制力度的不同测度方式。第二节综述了城镇化发展的相关文献,重点综述了城镇化质量的内涵、概念界定以及测度。第三节综述了环境规制影响城镇化发展的相关文献,重点综述了环境规制影响产业结构、要素分配和技术创新这三个角度的文献,及以上三个因素对城镇化质量的影响,并指出以上三个传导机制目前的研究进展和存在的不足。在此基础上，进一步提出本书的理论假说。

第三章主要围绕中国城镇化的质量展开研究。首先，对高质量城镇化发展的内涵和原则进行了界定，并分析中国城镇化发展的主要阶段和问题，阐明高质量发展的必要性和迫切性，再进一步建立科学合理的多维度评价指标体系，对中国城镇化的发展质量进行评价。其次，对中国目前城镇化质量的特征性事实进行分析，分别从全国的角度和分区域的角度进行阐述。最后，将中国的城镇化发展分为三个阶段，梳理并总结了环境规制政策在各个阶段的演进和发展特点。

第四章研究了环境规制对城镇化质量的影响。由于环境规制和城镇化质量存在空间自相关性，本章需要运用空间计量模型进行实证研究。并且，根据环境规制政策的不同，将环境规制工具区分为"过程型"和"效果型"两种类型进行区别研究，以探究不同类型的环境规制工具是否会对城镇化质量产生不同的影响。此外，探究上述两类环境规制工具对城镇化质量是否具有空间溢出效应。同时，将全国地级及以上城市样本区分为东部地区、中部地区和西部地区进行异质性分析。

第五章研究了环境规制如何通过影响技术创新从而对新型城镇化的建设水平产生影响。将技术创新分为治污技术和生产技术两类，分别用技术研发、技术转化、绿色工艺创新和绿色产品创新程度指标进行表征用于经验研究。目前的研究基础表明，环境规制的力度并非越大越好，因此，本章需要进一步引入门槛效应模型，以探究环境规制基于技术创新传导机制对城镇化质量的提升是否存在门槛效应。

第六章研究了环境规制如何通过影响产业结构升级从而对城镇化质量产生影响。首先从数理模型的角度分析环境规制、产业结构与城镇化质量的关系，并在进行实证检验时，将产业结构优化分为合理化调整和高级化调整两种，深入地探究环境规制是如何作用于产业结构优化进而影响城镇化质量，以及该影响机理是否具有空间异质性。

第七章研究了环境规制如何通过纠正资源错配从而作用于城镇化质量。首先将资源错配因素纳入环境规制影响城镇化质量的研究框架中，其次对中国各省的地级市间的劳动错配和资本错配进行测度，最后，进一步通过实证分析去检验环境规制是否能够通过纠正劳动错配或资本错配而影响城镇化质量。

第八章对前文所述的分析结论加以概括和总结，并且提出相应的政策建议。

第四节 基本概念界定

一、环境规制

本书将环境规制界定为以环境保护为目的、个体或组织为对象、有形制度或无形意识为存在形式的一种约束性力量。衡量环境规制强度的方法有多种,包括选取实际污染排放量或污染去除率、缴纳排污费用、污染治理成本或环境污染治理投资、环境规制机构对企业排污的检查和监督次数、受理环境行政处罚案件数等指标。具体内容在第二章文献综述部分进行了梳理。值得强调的是,环境规制属于社会性规制,"约束性"是规制的实质特征。因此,本书在进行研究时,研究视角主要是命令控制型环境规制,即将环境规制界定为从上而下的以行政命令为主要形式的环境规制,在选取表征指标时以主要污染物的约束性减排为主要衡量方式,也用环保类行政处罚案件数进行补充。

二、城镇化高质量发展

本书的研究对象为中国城镇化的高质量发展,因此在研究前,有必要对城镇化质量进行界定。由于先前的发展方式较为粗放,城镇化进程相当快速却以资源与环境的破坏为代价,一系列弊端逐渐凸显。"以人为核心"的新型城镇化,强调城镇化过程中人的主体地位,紧紧围绕人的生存和发展权利的提升来推进城镇化进程。人民生活品质的提升和促进人的发展始终是新型城镇化的出发点和落脚点,新型城镇化通过推动以人为核心的生产方式的转型、人的生活方式的改变、人的社会关系的变革、人的思想观念的转变和人与自然关系的转化,不断提升人民的幸福感、获得感、满意感,增进民生福祉。城镇化质量涵盖城镇发展过程中的多个方面,涉及城镇经济、人口、基础设施、公共服务、科教创新等多方面内容,是一个多维的综合概念。城镇化质量不仅包括城镇化发展的速度问题,还包括城镇在发展过程中各维度要素之间的协调性问题。城镇化质量的提升实质上是城镇以人为中心、以城为载体、以制度为保障,不断优化城镇发展空间格局,实现公共服务精准化、均等化,在经济、社会、文化、生态等多方面的协调发展、综合提升。因此,城镇化高质量发展根本在于提高城镇化发展的实际质量,使城乡居民具有获得感、幸福感和满意度。本书将高质量的城镇化发展界定为:人口城镇化健康,即人口素质高、人口就业质量高;经济发展高效、有活力,人民有获得感、幸福感;城市建设注重人地协调,做到空间布局合理、土地利用集约有效并对城市土地功能板块具有长远规划;社会公共服务和谐公平,能够实现公共服务城乡人民共享、基础设施城乡一体化;重视提高资源利用效率以及注重生产过程中的节能减排。并且,城镇化高质量发展的原则和目标是坚持以人为本,以人地协调为重点,以改善民生为根本目标,最终在人口城镇化、经济发展、城市建设、公共服务、节能环保五个维度实现均衡的高质量发展。

第五节 研究创新与不足之处

本书可能的创新之处主要在于以下几个方面:

第一,在关于城镇化发展的已有文献中,常用城镇人口占总人口的占比来衡量城镇化率,但这种方式度量的是"数量型"城镇化,却忽略了质量。再加上由于行政区划变动导致的城镇化率的提高,与城镇化实际的质量无关。基于前文的分析可知,中国在当前的发展阶段,城镇化发展必须由"数量型"向"质量型"转变。本书在测度城镇化质量时构建了较为全面的指标体系,包含了人口城镇化、经济发展、城市建设、公共服务和节能环保五个维度的共 20 个基础指标。本书利用熵值法和主成分分析相结合的方法,避免了指标权重赋权的主观性,从而可以看出不同维度的城镇化质量在综合城镇化质量中所占的权重。最重要的是,本书能够较为准确地反映出城镇化发展在现实中的发展质量。

第二,本书在研究中国环境规制时,选取各个不同维度的指标加以衡量或表征。在衡量环境规制时,本书运用了 3 种不同角度的表征方式,力争使结论更加稳健。在第四章的实证研究中,本书使用工业二氧化硫的去除率和每万元工业二氧化硫的产生量作为环境规制的表征方式,并且使用工业烟尘的去除率和每万元工业烟尘的产生量作为稳健性检验的替换指标。在第五章的实证研究中,本书选取当年环保类行政处罚案件数来衡量环境规制。在第六章、第七章的实证研究中,本书使用由五个主要污染物基于熵值法构成的指标体系测度出各地区环境规制的强度。

第三,本书扩展思路,在环境规制影响产业结构升级和技术创新的基础上,进一步深入挖掘内部机理。虽然现有关于产业结构调整、技术进步、经济集聚等因素在环境污染与城镇化发展之间的传导作用研究作出了重要贡献,却忽略了以上因素变化的本质是资源的重新配置,包括劳动力的流动和资本的流动。本书将环境规制的资源再配置效应纳入分析框架,并将传统生产要素的配置效率测算模型运用到各省的地级市,用于测度资源配置效率,并且运用实证检验,对环境规制通过缓解劳动错配、资本错配从而提高城镇化质量的影响进行深入研究,为本书的研究提供了可能的边际突破。

此外,学术研究中难以避免疏漏和不足,本书存在的不足之处在于:

第一,本书在研究环境规制对城镇化质量的影响时,其传导途径包括了产业结构、技术创新和资源配置,但是在现实中,这三大因素必定存在着内在联系,无法割裂或独立。此外,也必定存在其他因素实际上是环境规制对城镇化质量产生影响的中介因素,而这些因素无法穷尽,无法全部纳入理论模型,所以本书对这方面的分析具有一定的局限性。

第二,本书在研究环境规制通过影响技术创新影响城镇化质量的章节中,运用的是省级数据,而在其他各个章节中运用的均为城市层面的数据。这是由于在国家统计局目前公布的与技术创新有关的数据中,省级层面数据是目前所能得到的样本中可能实现实证研究的最为具体的数据。本书作者将在未来城市层面的统计数据更为细致和具体的情况下,继续完善这部分的实证研究。

第三,本书从人口城镇化、经济发展、城市建设、公共服务和节能环保五个维度构建了城镇化质量的测度指标体系,虽然已经包括了涉及以上五个维度的 20 个基础指标,但是对城镇化质量的衡量方式目前暂未达成一致。虽然熵值法在很大程度上可以避免主观性的问题,但是在选取基础指标时,存在一定的主观性,以及受限于各地级及以上层面数据的可得性,舍弃了一些比较重要的相关指标。因此,以上不足可能影响本书对于城镇化质量的测度结果。

第二章 文献回顾与理论假说

环境规制很早就成为国外学者的研究热点,近十年来,环境规制的经济效应和生态效应也引起了国内学者的广泛讨论。本章主要回顾和梳理与本书研究相关的文献。第一节总结了国内外学者对于环境规制的概念、选取工具以及测度方法的研究。环境规制的工具选择也是国内外学者的研究重点,当前研究较多的侧重政府通过由上而下的行政强制手段为主的命令控制型环境规制,控制的典型方式是制定和执行法律法规、行政条例等,对污染排放、节能减排等环保方面的内容进行强制性规定。市场激励型环境规制则是借助市场机制而制定的规制工具,例如运用价格机制、产权制度等经济手段。通过文献的梳理和总结比较了不同环境规制工具类型效应的异质性,以及其发挥的经济效应和生态效应。第二节对城镇化发展的相关文献进行了回顾,重点综述了城镇化质量的内涵、概念界定以及测度。第三节综述了环境规制影响城镇化发展的相关文献,包括生态环境与城镇化发展之间的关系,以及基于产业结构视角、技术创新视角分析环境规制对城镇化发展的影响等。文献回顾与评述,为本书的写作思路提供了借鉴和启发,为本书的研究奠定了坚实的基础。

第一节 环境规制领域的文献回顾

一、环境规制的理论演进

关于环境规制的理论研究,最重要也最基础的问题就是探讨环境规制存在的必要性和合理性,即"为什么要实行环境规制"。环境规制在国外被较早地关注和研究,国外学者对于其存在的原因和必要性进行了论证。最初,环境规制的理论基础来自外部性理论的提出。外部性导致的市场失灵是环境规制存在的主要原因。庇古提出的外部性理论和科斯提出的产权理论是最经典的理论之一。外部性会导致产权不清晰,从而会造成市场失灵。而面对外部性问题时,政府的干预是有效的措施,必须由政府进行干预,才能够解决市场机制失效的问题。经过理论的演进,在发展经济的过程中,生态环境造成的破坏和污染的问题无法由市场自行解决,对此国外学者已经达成了共识,其原因主要有以下几点。首先,环境资源是稀缺的,同时属于公共品,且具有明显的外部性特征,即意味着私人在使用这种公共品时所需要付出的成本与社会为之付出的成本具有不对称性。其次,微观企业作为经济人,生产经营活动追求的是利益最大化。也就是说,当环境规制的力度较低时,在不存在代价或代价可以忽略不计的情况下,生产者不会付出成本去减少其对环境造成的污染和破坏。在其面对环境管理部门时,不仅会存在侥幸心理,甚至会向相关管理部门隐瞒其排污和治污状况。由于环境治理的成本较高以及外部性的存在,市场失灵现象因此产生。此时,市场机制失效,只有依靠政府的积极干预才能对上述问题加以解决。综上是环境规制存在的必要性所在。

国内的学者关于环境规制的理论研究起步较晚,其对于环境规制内涵的认识和理论基础均经历了一定的演进过程。首先,自21世纪初,学术界开始探讨环境规制的内涵,以及环境规制由政府主导的必要性。傅京燕(2006)指出,环境规制行为的本质是由于环境规制的实施会导致一系列的外部成本,而当生产者和消费者将上述成本纳入决策的分析范畴后,将会调节其生产和消费组合。也有学者认为,环境规制存在的必要性和有效性在于,环境规制是一种以有形的制度纲领或无形的思想意识而存在的约束性力量(赵玉民,2009),通过制定政策措施,能够调节企业的经济活动,以达到约束企业污染行为的目的(赵红,2011;王文普,2011)。其次,国内学者对环境规制的理论研究视角也逐渐丰富起来,包括公共福利视角、博弈论视角、委托代理视角等研究视角。通过以上不同的研究角度,更加明确了由政府进行环境规制的必要性。王永钦等(2006)比较了不同的规制契约形式,在研究时将政府视作委托人,将污染企业视作代理人。臧传琴等(2010)和张倩(2013)基于博弈论的角度分析了政府与排污企业之间的博弈。潘峰等(2015)通过构建多任务委托—代理模型,研究了影响最优激励契约确立的主要因素包括中央政府对经济增长和环境质量的重视度、环境规制执行成本等。虽然以上文献使用的研究视角和工具不同,但是结论一致,即在信息不对称下,外部性会导致市场失灵,因此必须由政府进行环境规制。

此外，环境规制的工具选择也是国内外学者的研究重点。对于如何选择环境规制工具，大量研究对不同的环境规制工具进行了研究和对比。国外对环境规制工具的研究开展相对较早。在分析和比较了不同的环境规制工具后，无论是从比较成本的角度还是刺激企业创新的角度，多数国外学者的研究认为，经济激励型环境规制工具更能刺激污染控制技术的创新，尤其是排放税和排污许可证的形式对企业技术创新的刺激最大。并且，在达到相同的环境质量标准的前提下，命令控制型环境规制工具所需的成本明显更高，甚至能达到几倍到几十倍之间（Atkinson and Lewis, 1974; Magat, 1978; McGartland, 1984; Malueg, 1989; Baumol et al. , 2004）。此外，不仅仅是命令控制型和市场激励型环境规制之间存在差异，在市场激励型环境规制的范畴内，不同规制工具的效果也存在差异。例如，排污税会加快污染企业的退出，从而能够有效地减少污染物的排放，然而由于排污补贴延缓导致企业退出，可能间接地增加污染物的排放（Kohn, 1985）；此外，也有研究表明，在市场激励型环境规制的多种工具中，排污费制度相对来说最具有公平性（Joskow and Schmalensee, 1998）。有村等（Arimura et al. , 2008）发现自愿型环境规制对污染物的减排是有效的。

近年来，国内也出现了许多分析异质型环境规制工具效果的研究，以试图寻找最有效的环境规制工具。此类研究的结论可以分为两类，第一类是，通过研究比较命令控制型环境规制和经济激励型环境规制的作用。该类研究的结论大致可以分为两种，第一种结论是命令控制型环境规制政策的作用明显大于经济激励型环境规制政策的作用。申晨等（2018）通过研究发现，命令控制型环境规制对产业结构清洁化的促进作用相对于市场激励型更为明显；叶琴等（2018）通过对比研究发现，命令控制型环境规制对技术创新的促进作用大于市场激励型的环境规制。第二种研究观点则认为，命令控制型的环境规制政策效果有限，通过引入更加多元的规制方式才能更有效地克服政府的规制失灵，从而提高规制效率。李斌等（2016）通过对比分析后发现，命令控制型环境规制对能源效率的影响效应没有经济激励型的效应显著。第二类研究并非基于命令控制型、市场激励型的分类方式进行对比分析，而是基于某个环保类的具体指标，将环境规制进行分类和对比研究。原毅军等（2013）、张平等（2018）将环境规制分为费用型和投资型，通过对比两类规制方式的技术创新效应后发现，"费用型"对企业技术创新产生了挤出的作用，而"投资型"环境规制显著地促进了企业的技术创新。

二、环境规制的强度测度

在已有的文献中,对于环境规制强度的度量方法较多,学者们根据不同的研究主题往往会选择不同类型的表征方法。通过与环境规制相关文献的梳理,笔者总结出目前主要的四种衡量环境规制强度的方法。

第一种方法是最为常用的方法,即用实际污染排放量或污染去除率衡量环境规制强度。一般的做法是选取某一种污染物的排放量或去除率(傅京燕等,2010;林伯强等,2017),或是采用综合赋值或复合指标,即运用多种污染物的排放量或去除率(Dasgupta et al. ,2001;朱平芳等,2011;沈坤荣等,2017;叶琴等,2018;佟家栋等,2019;于斌斌等,2019)。相对来说,后者会更加全面,借助熵值法等方法也能规避主观性的问题,使实证研究的结论更加稳健。

第二种方法是从排污费用的角度进行衡量,通过缴纳排污费用的数额大小来衡量环境规制强度(韩晶等,2014;张新闻,2017;宋德勇等,2018)。第三种方法是用污染治理成本(例如治理污染设施运行费用)或环境污染治理投资衡量环境规制强度(赵红,2007;于同申等,2011;沈能等,2012;张成等,2012;田光辉等,2018)。第二种方法和第三种方法属于一个大类,均是从排污和治污带来的成本或费用的角度进行衡量。这种方法在市场激励型环境规制的研究中更加常用。

第四种最常用的方法用环境规制机构对法律法规和行政条例的制定、执行力度来衡量环境规制的力度,这类方法选取的指标包括两会环境提案数、环保法规数量、行政规章数量、受理环境行政处罚案件数(李胜兰等,2013;李斌等,2016)。这种方法衡量和测度的是典型的命令控制型环境规制的强度,其直接运用的指标是相关的法律法规数量或受理的环境行政处罚案件数等,与命令控制型环境规制最直接相关。

除了上述对命令控制型环境规制和市场激励型环境规制常用的衡量方法以外,目前对于自愿型环境规制测度方法的研究十分有限,最常用的方法为自测法,即使用环保意识量表进行测度。2003年中国人民大学展开的社会学系调查即采用该方法(赵玉民等,2009)。

三、关于环境规制的经济效应

关于环境规制的经济效应,学术界分别从静态和动态的视角开展了分析和讨论。从静态的视角来看,环境规制会增加厂商的非生产性成本,因此会在微观层面影响其最优生产决策。由于以上"遵循成本"的存在,也会挤出企业用于生产活动的投资,这必然带来企业生产成本的提高和企业利润的降低。国外的学者针对美国的环境规制实施和生产率展开了研究,发现无论是制造业还是电力行业,或者石油、化工、黑色冶金等污染密集型的行业,环境规制都会提高其污染治理费用和生产要素价格,从而会挤出企业的创新投资,最终对生产率产生抑制作用(Denison,1981;Gollop et al.,1983;Gray,1987;Barbera et al.,1990;Jorgenson et al.,1990;Jafeetal,1997;Shadbegian,2005;Chintrakam,2008)。国内也有部分研究支持此观点,认为严格的环境规制虽然提高了工业技术效率,却导致了出口竞争力和生产率的下降(解垩,2008;许冬兰等,2009;王凯,2012)。

另一种研究视角是基于动态的角度,考察环境规制对企业的影响。其中最典型的理论是"波特假说",即当环境规制达到合理的区间时,会激发企业进行技术创新的积极性,当其进行研发投入后,技术创新会使其生产率提高,同时人力资本能够得到节约,甚至研发出的治污技术创新专利能够进入市场进行交易。上述产生的"创新补偿"为企业带来可观的收益,将会抵消甚至完全超过环境规制带来的"遵从成本"。国外的学者通过研究发现,长期来看,环境规制会刺激技术创新,并将生产率低、污染重的企业挤出市场,从而能够提高国家层面的竞争力(Lanjouw et al.,1996;Jaffe et al.,1997;Meier et al.,2003;Domazlicky et al.,2004;Acemoglu et al.,2012;Cohen et al.,2018)。近年来,国内也有许多研究支持此观点,认为适度的环境规制政策能够发挥"去污存清"的作用(原毅军,2014),工业部门自身的创新潜力也在规制过程中逐步凸显(张娟,2017),推动了绿色全要素生产率的提高(李玲,2011;宋马林,2013;韩晶,2014;朱东波,2017),实现了生产效率和技术效率的共同提高(张慧明等,2012)。

第三种观点认为环境规制的经济效应未必呈线性的特征(Conrad and Wast,1995;Lanoie and Patry,2001)。由于环境规制的经济效应存在地区差距、时间差距、产业差距,"遵从成本"和"创新补偿"的大小难以确定。已有较多研究发现,环境规制强度与绿色全要素生产率的关系呈现出倒U形(李玲、陶峰等,2012;宋德勇等,2017;陈超凡,2018;何玉梅,2018),李斌等(2013)的研究虽然认为二者的关系不是倒U形,但是仍存在一定的门槛效应。除绿色全要素生产率外,也有学者通过研究发现,环境规制对中国工业行业转型升级以及中国经济增长质量的影响均呈现出非线性的特征(童健等,2016;陶静等,2018)。

四、关于环境规制的生态效应

国外学者对环境规制的生态效应的研究方法大致可分为两种。第一种方法是计算污染排放的减少量。例如有学者经过测算,发现美国造纸业的污染物排放在环境规制的作用下大约减少了 20%—28%(Magat and Viscusi,1990;Laplante and Rilstone,1996),从而可以看出环境规制政策的生态效应。该方法虽然对环境规制有利于生态环境改善的证明比较直接,但是已有文献的研究样本基本均为美国、加拿大的造纸行业、纸浆制品企业等,研究结论未必适用于其他类型的产业或处于不同经济发展阶段的其他国家,且难以分离特定环境规制政策或工具产生的作用。第二种方法是从环境库兹涅茨曲线的角度分析环境规制的生态效应,例如,通过研究发现环境规制会使得环境库兹涅茨曲线变得扁平,即会使得 EKC 曲线的拐点提前到来(Panayoutou,1997;Dasgupta et al. ,2002),以此去显示环境规制对生态环境的改善作用。

近年来,国内学者对环境规制的生态效应的研究开始涌现,最常见的研究是分析环境规制对区域生态效率、区域绿色创新效率、工业绿色全要素生产率、绿色全要素生产率、工业绿色转型、工业能源效率、碳排放效率等的影响。例如,李静等(2012)研究发现,环境规制对于固体污染物而言,能够起到提高工业绿色生产率的作用。李斌等(2013)测算了分行业绿色全要素生产率,研究发现环境规制对工业发展方式的转型具有门槛效应,并不是简单的线性关系,即环境规制发挥促进作用需要跨过一定的门槛值。李胜兰等(2014)认为环境规制对区域生态效率具有制约作用。原毅军等(2015)运用 SBM 方向性距离函数和 Luenberger 生产率指数方法分解生产率,得出环境规制显著促进了绿色全要素生产率提高的结论。彭星等(2016)和罗能生等(2017)研究发现市场激励型环境规制能对工业绿色转型、生态效率产生促进作用。

其中,测算上述研究中区域绿色创新效率、工业绿色全要素生产率、绿色全要素生产率、工业能源效率等与效率相关的指标时,使用的方法主要可以分为参数和非参数两种。测算工作不仅是上述研究的重要环节,也是目前一些已有文献的核心内容。其中,最常用的测算方法是属于非参数思路下的随机前沿分析法(SFA)和数据包络分析法(DEA)。例如,李斌等(2016)运用全局

ML 指数,经过测度,得出命令控制型环境规制对能源效率的影响不显著的结论;相似地,杜龙政等(2019)利用 DDF-GML 方法,得出环境规制与工业绿色竞争力的关系非线性的研究结论。此外,申晨等(2017)利用 DEA 方法测算了中国的工业绿色全要素生产率,研究发现命令控制型环境规制对区域工业绿色全要素生产率的影响呈 U 形关系。于斌斌等(2019)运用 Super-SBM 方法估算各地区的全要素能源效率,研究结论为目前的环境规制达到了"减排"的目的,却没有起到"增效"的作用。除了随机前沿分析法(SFA)和数据包络分析法(DEA)两种最典型的测算方法外,也有学者基于 Granger 因果关系检验进行研究,发现环境规制能够实现资源效率与环境质量的双赢(王怡,2012)。

第二节 城镇化高质量发展领域的文献回顾

一、城镇化发展的相关理论

首先是人地关系理论。人地关系是一种普遍存在的客观关系,是人文地理学研究的重要理论基础。人地关系即人类生产活动与自然地理环境之间的相互作用、相互影响,人地关系理论的产生经历了一个漫长的历史过程,在这个过程中出现了不同的人地观。从最初的天命论,到后来的环境决定论、可能论、适应论、生态论、环境感知论、文化决定论,直到 20 世纪 60 年代,人口剧增、环境恶化、生态失调等全球性问题不断涌现,才使人们意识到人与自然之间应该保持和谐的共生关系,由此人地关系理论中的和谐论应运而生,并逐步得到世界各国的普遍认可。人地关系和谐论认为,人类和自然的关系主要包括两方面,一方面是人类在生产过程中要尊重自然规律,合理利用自然资源;另一方面是对已经破坏的人地关系进行优化调控。由此可以看出,人地关系理论是一个综合且复杂的问题,需要对其不断进行深入探讨,许多中国学者基于本国国情,对人地关系理论的丰富和发展贡献了中国智慧。习近平总书记长期以来对人地关系有着深刻的理解和认识,创造性提出了"绿水青山就是金山银山"的科学论断,"两山论"的提出,首次将"人"与"地"视为同等的有机共生体,科学诠释了经济发展和环境保护和谐共生的实现路径,为人地关系理论的丰富和发展贡献了中国智慧。城镇作为人类社会的重要组成部分,其人地关系的和谐发展是实现城镇化高质量发展的必要前提。随着中国城镇化进程的不断推进,县域中大量的乡村地域不断转变为城镇地域、乡村人口不断向城镇转移,不仅导致乡村农用土地规模的减少、农村青壮年劳动力的流失,更加剧了县域城镇中交通拥堵、住房紧张、环境恶化等问题。因此,本研究以人地关系理论为基础理论,用城镇化质量评价指标体系,科学测度城镇化质量,对实现城镇化高质量发展具有重要的指导意义。

其次是可持续发展理论。1966年,美国学者肯尼斯·鲍尔丁(Kenneth E. Boulding)提出了著名的宇宙飞船经济理论,呼吁人们遏制人口和经济的无序增长。1972年,罗马俱乐部(The Club of Rome)发表了具有里程碑意义的研究报告——《增长的极限》,为可持续发展理论的提出奠定了基础。1987年,世界环境与发展委员会在《我们共同的未来》中正式对可持续发展进行了定义,即"既能满足当代人需要,又不对后代人满足其需要的能力构成危害"。1993年,时任联合国政府间气候变化专门委员会副主席的莫汉·穆纳辛格(Mohan Munasinghe)在总结前人经验的基础上,正式提出了可持续发展理论框架,并逐渐得到世界各国的普遍认可。中国政府自在党的十四届五中全会首次提出可持续发展以来,积极推进可持续发展战略的实施。中国学者也纷纷结合中国实际,从多种视角对可持续发展理论进行了有益探索,毛汉英、申玉铭等学者认为区域可持续发展系统是由人口(population,P)、资源(resource,R)、环境(environment,E)和发展(development,D)相互组合形成的复合系统,其中发展主要是指经济的发展,人口是可持续发展系统的核心。区域可持续发展,即PRED四个子系统的协调发展,为可持续发展理论内涵的丰富贡献了中国智慧。可持续发展理论以持续性、公平性、共同性为基本原则,追求经济、社会和生态环境的和谐发展,以人的全面发展为最终目标。其中持续性即要求人类经济社会的发展不应以牺牲自然资源环境为代价,要树立尊重自然、顺应自然的理念,合理开发利用自然资源;公平性要求协调好人类同代之间、代际之间以及人类与其他物种之间的利益关系,在不损害后代人以及其他物种享有资源权利的基础上,满足当代人的发展需求;共同性要求全球不同国家、地区之间充分认识到地球是一个整体,共同推动构建人类命运共同体,积极承担保护自然环境的责任和义务。因此,依托可持续发展理论走内涵式和集约式的城镇化发展道路是城镇化实现高质量发展的必由之路。本研究在构建城镇化高质量发展研究体系过程中,以可持续发展理论为基本纲领,既尊重当前利益又兼顾长远利益,对于提高城镇化发展质量、实现人与自然的协调发展具有重要意义。

此外,城市发展阶段理论也丰富了城镇化发展领域的理论研究。随着城市发展阶段理论的不断丰富,许多学者基于不同的视角对城市发展的阶段进行划分,目前能够得到国际社会普遍认可的主要有诺瑟姆(M. Northam)于1979年在总结前人经验基础上提出的"诺瑟姆曲线"以及霍尔(Hall)于1984年提出的城市演变模型。诺瑟姆将城市化分为初始阶段、中期加速阶段以及后期阶段三个阶段。在城市化初始阶段,城市化率水平较低,一般在30%以下,该时期工业发展水平较缓慢,农业仍然在国民经济中占据主导地位,城市数量少且规模小;在城市化中期加速阶段,城市化发展迅速,城市化率一般在30%—70%,该时期工业发展水平迅速提高,二、三产业成为国民经济中的主导产业,城市数量增多且规模扩大,出现城市群、都市圈等;在城市化后期阶段,城市化发展速度逐渐减慢甚至停滞,城市化率在70%以上,农业基本实现现代化,工业发展已步入成熟阶段。霍尔将一个国家划分为都市区和非都市区两部分,又根据首位度的不同将都市区城市划分为首位城市体系和一般城市体系,基于首位度及人口流动方向的不同,霍尔将城市演变过程划分为五个时期和六个阶段,其中前三个时期为首位度上升期,后两个时期为首位度下降期,六个阶段分别为流失中的集中、绝对集中、相对集中、相对分散、绝对分散、流失中的分散阶段。除此之外,国内一些学者在总结前人研究的基础上,结合中国经济发展和城镇发展的特殊规律,对中国城镇化发展阶段进行划分,进一步丰富了城市发展阶段理论的内涵。如方创琳结合中国经济发展阶段以及新型城镇化的要求,对诺瑟姆曲线的三阶段进行了进一步细分,提出了新型城镇化高质量发展的四阶段理论,即城镇化发展初期(起步期)、城镇化发展中期(成长期)、城镇化发展后期(成熟期)以及城镇化发展终期(顶峰期)四个阶段,其城镇化水平分别为1%—30%、30%—60%、60%—80%、80%以上。本书以城市发展阶段理论为理论基础,对于明确城镇化质量的发展现状具有一定的指导作用。

二、城镇化质量的内涵

西方学者早在19世纪就开始围绕城镇化的内涵、驱动力和空间特征等方面进行探讨和研究。有观点认为城镇化源于工业化的推动(Weber,1899)和土地与人口的支撑(Christaller,1933),城镇化的过程带来的变化涉及诸多方面,如经济增长模式以及居民的生活方式等(Henderson,2003),而其实质不仅在于农村人口的城市化,更体现在产业结构的升级、文化的融合等多个方面。由于国外与国内的城市化与城镇化的概念存在差异,本章对于国外学者的城市化理论不做过多的综述。

相较国外,国内对城镇化的研究起步较晚。大多数学者认为,城镇化是随着乡村人口向城镇不断转移和聚集,城市的数量逐渐增长、城市的规模逐渐扩大的过程(李树棕,2002;简新华等,2010)。在中国关于城镇化发展的研究中,大部分的研究使用城镇人口在总人口的占比来表征城镇化发展水平。众所周知,使用该方法计算出的城镇化率与城镇化的实际发展水平存在较大差距,但是暂时还没有达成学界共识的更加科学的测度方法。虽然出现了一些对城镇化的发展速度和水平进行定量分析的研究,试图运用更加科学合理的方法测度出中国城镇化的发展水平,如因子分析法、聚类分析法、层次分析法等(张耕田等,1998;宣国富等,2005;都沁军等,2006;王富喜等,2009)。但是,以上研究对于城镇化发展水平的认识各不相同,这将会对评价指标的选取和城镇化发展水平的测度造成直接的影响。

此外,对于这一阶段的研究而言,无论是评价指标的选取还是测度方法的使用,其目标依然是如何科学合理地测度出城镇化的发展水平,即依然是"数量型"城镇化,而非发展质量,即"质量型"城镇化。虽然国内也出现过极少数关注城镇化质量的研究,但是其对于城镇化质量提升的定义为向现代化和城乡一体化进步的过程(叶裕民,2001),这与当下的社会经济发展特征已有较大差异。虽然以上研究在当时具有十分重大的创新和突破,也为之后的学术研究作出了卓越的贡献,但是已不适用于当前发展阶段对城镇化质量的测度。

随着时代的发展和理论研究的完善,国内学者对城市化质量内涵的理解逐渐深化,涌现出一些对城镇化质量进行界定的研究。尤其是在2010年后,城镇化的质量逐渐引起中国学者的关注,学术界关于城镇化质量的研究也开始快速增加。学者普遍认为,新型城镇化应该坚持人口、资源、环境的协调发展,城乡协调发展,城镇化和产业协调发展,并强调包容性发展、人的城镇化等。部分学者认为,城镇化质量的概念比起城市自身发展质量的概念之外,其内涵还应包括城市化推进效率、城乡一体化程度和城市可持续发展能力(李明秋等,2010;方创琳等,2011)。之后,随着社会经济的发展,新型城镇化的战略应运而生。经过学界的诸多探讨,以及国家对于新型城镇化建设、城镇化高质量发展的进一步研究和政策文件的发布,学者对城镇化质量内涵的理解也在不断补充和深化。以人为本、统筹协调和高质量发展三个维度,开始被一些研究纳入对城镇化质量内涵的界定中(王冬年等,2016)。姚士谋等(2011)分析了中国城镇化进程中面临的资源环境压力,提出了中国城镇化需要综合性的科学思维,探索适应中国国情的城镇化模式。此外,苏红健(2020)认为,城镇化的质量应当从人口城市化的健康程度、经济城市化的高效程度、社会城市化的和谐公平程度等维度进行衡量。

三、对城镇化质量的评价与测度

随着新型城镇化战略的提出和实施,学术界关于城镇化质量的研究也开始快速增加。城市化质量在近几年引起了学界的广泛讨论,如何测度成为最为核心的问题。关于城镇化质量的综合测度的学术研究,从2015年前后开始快速增加。其中,比较常见的评价方式是从人口、经济、空间和社会四个维度来构建城镇化评价体系(何平等,2013;张勇等,2013;刘凯等,2016;谢锐等,2018)。在上述四个维度以外,加入生态环境的评价体系也较为常见(蒋贵彦等,2018),也有研究在上述基础上加入了城乡一体化程度的评价体系(肖祎平等,2018;李海英,2019)。此外,也有一些创新的评价与测度方法。在近几年关于测度城镇化质量的研究中,部分评价体系的维度由经济基础、社会功能和环境质量组成(赵永平等,2014),还有的研究从发展质量、发展效率和统筹协调三个维度进行测度(蓝庆新等,2017)。与上述指标体系都不同的是,王滨(2019)基于中国的新发展理念包含的五个维度构建了评价体系,二级指标包含了研发效率、创新潜力、增长效率、区域协调、同步协调、需求协调、运行协调、资源消耗、环境污染、环境治理、开放程度、居民收入和公共服务13个。靖学青(2020)构建了包括经济、人口、地域景观、生活方式四个方面的指标体系,对中国长江经济带的11个省在2003年和2016年的城镇化发展水平进行了测度,所选取的基础指标分别为第二产业比重、人均第三产业产值、人口城镇化强度、城镇人口密度、城镇居民文化教育娱乐消费强度、人均城镇地域面积、城镇绿化强度以及城镇人均公共绿地面积。赵玉(2020)从经济发展、科技支撑、生态环保和协调共享四个维度构建城镇化高质量发展指标体系,基于熵权TOPSIS法测度中国城镇化高质量发展水平。通过文献回顾可以发现,以上研究在衡量城镇化质量时,所选取的维度既有思路相似之处,也均有细微的差别。越来越多的学者将创新和共享的思想纳入评价体系中(王滨,2019;赵玉,

2020)。然而,大部分关于城镇化质量测度的文献使用的数据为省际层面的数据,缺乏在城市层面的测度和分析。因此,本书试图在测度城镇化质量时进行补充。

第三节 环境规制与城镇化发展关系的文献回顾

一、关于生态环境与城镇化发展关系的理论研究

目前,关于生态环境与城镇化之间的关系暂未在学界达成共识,关于该类问题的研究使用的方法主要可以分为两类。第一类是理论研究。该类研究主要是从耦合关系的角度对生态环境和城镇化发展进行分析,具体方法又可以分为定性分析和定量分析两种。第一种是定性分析,即分析生态环境与城镇化发展之间互相影响的作用机制和演变过程。具体的研究方法包括构建城市化与生态环境系统动力学模型(宋学锋等,2006;陈晓红等,2013),以及模拟典型的耦合方式,构建城镇化和生态环境交互耦合效应的框架(方创琳等,2016)。有学者经过定性分析发现,城镇化可能是影响城市环境污染的重要因素(Liddle and Lung,2010;张腾飞,2016)。第二种是定量分析,往往通过建立指标体系的方法(宋建波等,2010;崔学刚等,2018)以及运用物理学耦合模型、动态耦合模型、VAR模型的方法(王少剑等,2015)进行研究。

第二类是实证研究。即实证检验生态环境与城镇化发展的关系。研究结论可以分为三种,第一种观点认为,城镇化的推进会通过增加温室气体排放或加重对生态环境的破坏,加剧城市的环境污染(Parikh & Shukla,1995;Kharek,2010;林伯强等,2010;刘宇,2014)。第二种观点认为,城镇化的推进反而会缓解环境污染(Satterthwaite,1997;王亚菲,2011;陆铭等,2014;张腾飞,2016;梁伟等,2017),原因在于城市化会降低工业污染物的排放、提高居民的受教育程度以及增加城市的人力资本积累等。尤其是在考虑空间因素的情况下,研究发现城镇化是影响城市生态环境的决定性因素,有助于改善本地区和邻近地区的生态环境质量(谢锐等,2018)。第三种观点则是环境污染与城镇化之间不呈现线性关系,而可能是复杂的非线性关系(马磊,2010;丁翠翠,2014;Xu & Lin,2015;文雯等,2017)。于冠一等(2018)通过研究辽宁省

2006—2015年57个行政单元的雾霾污染,发现城市化进程对雾霾污染同时兼具积极作用和消极作用,最终影响取决于城市化不同路径的选择。郑垂勇等(2018)考察了长江经济带的城镇化率和绿色全要素生产率的关系,研究发现二者之间呈现非线性的关系,并且目前的城镇化率尚未突破门槛值,对区域的全要素生产率起到抑制作用。王晓红等(2019)构建了关于城镇发展质量的指标体系,发现雾霾污染与城市发展质量之间呈现出非线性的关系。城镇化与环境污染之间的关系也受到多种因素的影响,所以结论并不是单一的,城镇化发展随着阶段的变化,对环境污染的影响也会发生变化(王连芬等,2018)。其作用的异质性的原因可能在于,虽然城镇化带来的集聚会带来提高经济运行效率、环境治理效率等多方面的优势(程开明等,2007;刘习平等,2013),但也可能在一定程度上产生拥堵效应(朱英明等,2012),从而不利于生态环境的改善。

二、关于环境规制对城镇化影响的实证研究

由上文可知,随着近些年来环境污染、环境质量与城镇化之间的关系越来越得到学界关注,环境规制对城镇化影响的实证研究也开始逐渐增多。与上述研究相比,从环境规制对城镇化建设影响的方向进行研究的文献十分有限。从研究体系来看,可以分为微观和宏观研究视角;从具体研究内容来看,关于环境规制对城镇化建设水平的影响,可以分为基于技术视角、产业视角。

基于技术视角环境规制影响城镇化的研究。目前,已有较多研究认为环境规制可作为有效的倒逼机制,促进技术的创新和进步。首先,关于环境规制对技术创新的研究相对比较成熟,观点主要可以分为三类。第一类观点认为,环境规制能够激发企业创新行为(Brunnermeier et al.,2003;李强,2009;张成,2011;熊艳,2011;李婉红,2015;郭进,2019);第二类观点认为,环境规制不利于企业进行技术创新(Jaffe et al.,1995;解垩,2008);第三类观点不支持上述两种观点,认为环境规制对企业技术创新的影响是复杂的非线性关系(Alpay et al.,2002;王国印等,2011;Acemoglu,2012;王杰,2014)。近两年来,城镇化的高质量发展问题引起了更多学者的关注,因此,出现了一些共同考虑环境规制和技术创新对城镇化影响的研究,然而该类研究与环境规制对技术创新的文献相比,数量十分有限。段博川等(2016)通过研究发现,产业结构优化、研发支出增加等因素会显著地抑制环境污染。赵磊(2019)定量分析

了技术创新对工业化与城镇化的融合效应,从而得出技术创新有利于城镇化可持续发展的结论。徐维祥等(2020)加入了空间因素,研究发现环境规制与治污技术创新均会显著地促进城镇化效率的提升。上官绪明等(2020)研究发现,环境规制能够与科技创新形成协同作用,共同促进经济的高质量发展。李文鸿等(2020)采用固定参比的Malmquist指数模型进行测算,发现环境规制对绿色创新效率有显著的正向影响。

基于产业视角环境规制影响城镇化的研究。与环境规制对企业技术创新的影响不同,环境规制对产业结构优化升级的促进作用在学界基本达成了共识。较多文献通过实证研究,均形成了环境规制能够助推产业结构升级的研究结论(梅国平等,2013;原毅军等,2014;钟茂初等,2015;杨骞等,2019;张忠杰等,2019)。相对来说,将环境规制、产业结构共同纳入研究框架,探究其对城镇化发展或经济发展质量的研究比较少见。目前,这类研究包括产业转移、产业升级和产业集聚三方面。

第一类研究围绕产业转移展开,即环境规制较严格地区的产业可能会向环境规制力度较低的地区转移。为了换取经济发展,一些经济发展相对落后的地区甚至倾向于接受以上产业转移(傅京燕等,2010;朱平芳等,2011;范玉波等,2017)。因此,加强环境规制可以减少转移产业的污染,因此能够推动城镇化的高质量发展(张彩云等,2015;张新芝等,2017)。

第二类研究着眼于产业结构转型升级,研究环境规制对城镇化发展的影响。何宜庆等(2019)通过研究发现,环境规制与产业结构转型能够形成协同作用,从而促进城镇化扩张的生态效率的提高。范庆泉等(2020)通过计算鞍点路径上的均衡解,发现环境规制能够促进清洁产业劳动技能水平的提高,进而对经济发展质量的影响由抑制转为促进。

第三类文献基于经济集聚研究环境污染对城镇化的影响。该类文献的研究思路是探究产业集聚与环境污染的关系。由于环境污染不利于城镇化发展,因此可以得出产业集聚与城镇化之间的关系。一部分研究认为工业集聚与环境污染呈正相关(de Leeuw,2001;Verhoef等,2002;马丽梅等,2014;张可等,2014;杨帆,2016)。另一部分研究认为经济集聚与环境污染之间呈非线性关系,经济集聚在一定程度上能够缓解环境污染(豆建民,2015),并且交通状况的改善也能够缓解产业集聚带来的环境污染(罗能生等,2018),从而有利于城镇化建设水平的提高。

第四节 文献评述与理论假说的提出

前文对环境规制相关理论、城镇化发展的相关理论的梳理,有利于明确本书对环境规制和城镇化高质量发展的概念界定,更是为下文的分析奠定基础。通过本章第一节梳理环境规制的理论演进和实证研究可以发现,环境规制由政府主导具有必要性,不同的环境规制工具的效果也存在较大的差异。接着,经过梳理和总结,可以发现目前对环境规制的测度方法可以归为四类。本书为保证实证检验的稳健性,采用了不同的表征方式进行研究,并且在第四章中进行了环境规制测度方式分类的创新。其次,总结关于环境规制的经济效应和生态效应的文献。其中,环境规制的经济效应分别从静态和动态的角度对环境规制是否有利于经济增长进行探讨。当环境规制达到合理的区间时,会激发企业进行技术创新,从而提高生产率和竞争力。环境规制的生态效应主要是探讨环境规制对区域生态效率、区域绿色创新效率、工业绿色全要素生产率、绿色全要素生产率、工业绿色转型、工业能源效率、碳排放效率等的影响。

通过本章第二节对城镇化发展的相关理论、城镇化质量概念的演进和界定进行梳理可以发现,先前城镇化发展方面的研究多是关注其数量,却忽略了质量。经过学界的诸多探讨,以及国家对于新型城镇化建设、城镇化高质量发展的进一步研究和政策文件的发布,学者对城镇化质量内涵的理解也在不断深化。其次,通过梳理已有的对城镇化质量进行测度的文献,可以发现以上研究在衡量城镇化质量时,所选取的维度既有思路相似之处,也均有细微的差别。然而,大部分关于城镇化质量测度的文献使用的数据为省级层面的数据,缺乏在城市层面的测度和分析。因此,本书试图在测度城镇化质量时进行弥补和补充。

通过本章第三节总结环境规制对城镇化影响的文献能够看出,目前有关环境规制与城镇化发展之间关系的实证研究中,从耦合关系分析角度、环境经济学的角度探究城镇化与生态环境之间关系的研究较为多见。研究结论包括城市化发展会加剧环境污染、城市化发展会缓解环境污染以及环境污染与城镇化发展之间呈现复杂的非线性关系三种观点。高质量推进城镇化发展必然受到资源环境的约束与胁迫,而高质量发展的一个重要体现就是不能超过区域资源环境承载能力。这就要求协调好城镇化高质量发展与生态环境保护及生态文明建设的相互制约与促进关系。然而,目前对于以上关系的研究并不多。通过对以上的文献回顾,本书提出理论假说1和理论假说2。

假说1:环境规制有利于城镇化高质量发展的提升,环境规制的力度越强,本地区的城镇化质量越高,并能通过正向的空间溢出效应,使得邻近地区的城镇化质量得到提升。

假说2:不同的环境规制手段对城镇化高质量发展的影响存在差异。以治理结果为导向进行的"效果型"环境规制、以生产过程为导向进行的"过程型"环境规制,在促进城镇化高质量发展的效果上存在异质性。

其次,已有较多实证研究基于技术视角、产业视角来研究环境规制对城镇化建设水平的影响。环境规制技术创新影响的现有文献大多从波特假说的理论基础展开,研究分为赞同波特假说、反对波特假说以及中立三种观点。在环境规制对产业结构的影响方面,已有文献证实部分地区为引进FDI降低环境政策标准的现象是存在的,这会导致产业结构趋向污染密集型。随着环境规制力度的提高,产业结构会逐渐趋于清洁化。同时,由于需要进行创新或者变革,以抵消环境规制对企业造成的成本和压力,因此,环境规制也能够对产业和企业群体产生优胜劣汰的作用,有利于实现"节能"和"减排"。但是,有关环境规制及其传导机制对城镇化发展影响的研究文献则比较少见。目前仅有的将产业结构或技术创新与环境规制相结合共同探讨其对城镇化影响的文献,也仅从产业结构、技术创新等因素对环境规制的单一影响方向展开研究,其研究结论可能随着研究对象、研究时间区间等的不同而发生变化。并且,在研究技术创新或产业结构等因素时,大多数研究未考虑空间因素。因此,本书提出如下理论假说。

假说3:环境规制能够刺激技术创新进而促进城镇化的高质量发展,并能强化技术创新(包括治污技术创新、生产技术创新)对城镇化质量的提升作用。环境规制与技术创新能够形成合力,共同促进城镇化的高质量发展。

假说4:环境规制能够通过促进产业结构升级,从而有利于城镇化的高质量发展。并且,在区分产业结构合理化和产业结构高级化时,产业结构升级对于环境规制促进城镇化高质量发展的作用机制存在差异。

此外,目前几乎没有文献从资源配置的视角,对环境规制与城镇化发展的关系展开研究。虽然,目前已有大量的研究就环境规制基于产业结构调整、技术进步、经济集聚等因素对经济增长、经济发展质量和工业发展方式的影响作出了重要贡献。但是,在这些研究中,绝大多数研究不仅忽略了空间相关性,也并未将上述影响与资源的再配置效应相结合进行深入研究。环境规制通过倒逼技术创新和促进产业结构优化升级的过程,即通过影响人口、经济、空间等层面的要素流动和资源配置效率,从而对城镇化质量的多个维度产生影响。通贝和温特(Tombe and Winter,2015)认为环境规制具有资源再配置效应,该研究开创了环境规制的资源配置效应研究的先河。然而,国内对该领域的研究目前仅限于环境规制的"去"资源错配的效果(韩超等,2017),而对于将环境规制的资源再配置效应应用于中国经济发展或城镇化发展中的研究目前还几乎没有。本书基于纠正资源错配的视角试图研究环境规制对城镇化质量的影响,希望能对该领域的研究进行一点可能的拓展和补充。因此,笔者提出如下理论假说:

假说5:环境规制能够通过纠正劳动错配和资本错配,从而有利于城镇化的高质量发展。同时,劳动错配以及资本错配对城镇化高质量发展的抑制作用在城市规模、城市所在区域等层面存在异质性。

第三章 中国城镇化质量的测度和现状分析

近年来,中国的城镇化迅速推进。从 1996 年至 2010 年,城镇化率从 30.5%上升至 50%,年均增长率高达 1.37%。从 2011 年至 2022 年,城镇化率从 51.27%上升至 65.2%,发展依然十分迅速。然而,中国的城镇化发展过程中表现出自身的特征以及独特的问题。一是环境污染问题严重。当中国的城镇化率达到 30%以后,即 1996 年后,依靠资源的高消耗和环境的高污染换取经济发展的现象愈演愈烈,甚至,中国一度被称为"世界工厂",由此引发了许多社会问题。不仅如此,中国还存在较为严重的"城镇化落后于工业化"的现象。这一现象体现在两方面:一是中国的城市化率与工业化率比值偏低。虽然中国的城市化率与工业化率的比值近年来稳步上升,该数值在 2019 年达到了 1.56,但仍明显低于全球 2.2 的平均水平。二是从发展规律的角度来看,城镇化率与应当达到的水平存在较大差距。中国在 2011 年工业化率达到峰值时,城市化率仅为 50.5%。然而纵观国际,发达国家在其发展过程中的相同时期的城镇化率大多达到 70%左右。中国的城镇化质量亟待提高。

在中国学者对于城镇化发展的研究中,大部分的研究使用城镇人口在总人口的占比来表征城镇化发展水平。众所周知,中国的城市化以城乡分割的户籍制度为基础,并且在统计层面的"城镇化率"中有很大一部分来自 20 世纪 80 年代开始以"县改市"为典型的行政区划变动。通过行政区划改变造成的统计上的城镇化率的提高其实并未伴随着"城市化"的聚集、发展的自然过程,所以城镇化对当地居民原有的生产和生活方式都不会产生影响。因此,使用该方法计算出的城镇化率与城镇化的实际发展水平存在较大差距,会导致以下两个问题:第一,目前统计的城镇化率会高于实际上常住人口层面上的城镇化率,毕竟相当大的一部分的城镇化率的提升来源于行政区划变动,居民享受的城市软硬件、配套基础设施等并未发生实质性的改变；第二，以往的多数研究用城镇人口比例反映城镇化水平存在不妥，城镇化的实际发展情况应当是涉及经济、社会、人口等多维度的复杂社会经济现象。因此，当明确以往使用的表征方法会造成较大偏差时，应当如何建立科学合理的综合评价体系，从而客观反映中国城镇化的实际发展情况呢？应当将哪些因素纳入衡量的指标体系中，又应当对单位不同、量纲不同的数据做怎样的数据处理？通过对城镇化的高质量发展概念的明确和综合的指标体系的构建，本章测算出中国285个地级及以上城市的城镇化质量。随着时间的推移，城镇化质量的变化趋势如何？各个维度的变化趋势是否相同？不同区域的异质性如何？以上是本章需要解决的核心问题。

最后，中国的环境规制也在不断演进和发展中。在不同的城镇化发展阶段，环境规制的工具类型如何？各个类型的环境规制政策和工具又有怎样的演进和发展？未来的环境规制政策和工具又有怎样的改进趋势或完善方向？以上是本章需要反映的另一个方面。

第一节　中国城镇化质量的测度

一、高质量城镇化的原则和内涵

城镇化是现代化的必由之路，是世界各国现代化的共同特征。工业革命以来的经济社会发展史表明，凡是成功实现现代化的经济体，均经历了大规模的城镇化且城镇化保持在较高水平。稳步推进城镇化进程，才能积极解决城镇化进程中的环境污染问题，从而实现城市可持续发展。党的二十大报告深刻阐述了中国式现代化的中国特色、本质要求和重大原则，同时将"基本实现新型工业化、信息化、城镇化、农业现代化"作为到2035年中国发展的总体目标的重要内容，要求"推进以人为核心的新型城镇化"。新型城镇化在推进中国式现代化新征程上的重要作用十分关键，而新型城镇化的"新"也正是体现在以人为本的高质量城镇化。高质量推动新型城镇化发展，是对中国经济高质量发展的重要支撑，也是当前和今后一个时期中国新型城镇化发展的根本指针。过去70年中国传统城镇化发展成功解决了"快不快"的问题，新时代背景下的新型城镇化突出强调高质量发展，根本在于解决城镇化质量"高不高"、城乡居民"满意不满意"等关键问题,走低资源消耗、低环境污染、低碳排放、高综合效应的集约型发展道路。在相当长的一段时间内中国在推进城镇化进程中只强调量的变化,导致了城镇化质量不高、重复建设效率低下等一系列问题。因此在建设新型城镇化过程中要避免"摊大饼"式低效发展模式,不能片面注重追求城市规模扩大、空间扩张,超越发展规律地推动人口的城镇化,而更应强调城市居民消费水平和住房为特征的生活质量改善和教育、医疗和通信等公共服务水平的提高。在提升新型城镇化"量"的同时,更要注重"质"的提升。从总体上看,中国已经到城镇化的"半山腰",是继续被锁定还是实现跨越发展,我们面临不同的路径选择。

在中国进入高质量发展阶段后,城镇化高质量发展的思想也已被广泛接受。然而,社会各界对于城镇化高质量发展的概念界定暂未达成共识,也未形成一致的表述。经过学界的诸多探讨,以及国家对于新型城镇化建设、城镇化高质量发展的进一步研究和政策文件的发布,学者对城镇化质量内涵的理解也在不断补充和深化。不难发现高质量的城镇化相较于传统城镇化,不再是以圈地建房和大搞基础设施建设为典型的土地城镇化,也不再仅追求城镇人口比例的提高或城镇规模的扩张,而是需要在人口、经济、空间、社会、生态环境等多个维度均实现高质量的发展(辜胜阻等,2012;何平等,2013;张勇等,2013;刘凯等,2016;谢锐等,2018)。

已有较多的文献对城镇化的高质量发展进行了界定与测度,尤其是在2010年后,城镇化的质量逐渐引起中国学者的关注,学术界关于城镇化质量的研究也开始快速增加。部分学者认为,城镇化质量的概念比起城市自身发展质量的概念之外,其内涵还应包括城市化推进效率、城乡一体化程度和城市可持续发展能力(李明秋等,2010;方创琳等,2011)。之后,随着社会经济的发展,新型城镇化的战略应运而生。经过学界的诸多探讨,以及国家对于新型城镇化建设、城镇化高质量发展的进一步研究和政策文件的发布,学者对城镇化质量内涵的理解也在不断补充和深化。以人为本、统筹协调和高质量发展三个维度,开始被一些研究纳入对城镇化质量内涵的界定中(王冬年等,2016)。此外,苏红健(2020)认为,城镇化的质量应当从人口城市化的健康程度、经济城市化的高效程度、社会城市化的和谐公平程度等维度进行衡量。

从测度的角度来看,最常见的评价方式是从人口、经济、空间和社会四个维度来构建城镇化评价体系(何平等,2013;张勇等,2013;刘凯等,2016;谢锐等,2018)。在上述四个维度以外,也有研究加入了生态环境、城乡一体化的维度(蒋贵彦等,2018;肖祎平等,2018;李海英,2019)。此外,也有一些创新的评价与测度方法。在近几年关于测度城镇化质量的研究中,部分评价体系的维度由经济基础、社会功能和环境质量组成(赵永平等,2014),还有的研究从发展质量、发展效率和统筹协调三个维度进行测度(蓝庆新等,2017)。靖学青(2020)构建了包括经济、人口、地域景观、生活方式等四个方面的指标体系,对中国长江经济带的11个省在2003年和2016年的城镇化发展水平进行了测度。赵玉(2020)从经济发展、科技支撑、生态环保和协调共享四个维度构建城镇化高质量发展指标体系,基于熵权TOPSIS法测度中国城镇化高质量发展水平。通过文献回顾可以发现,以上研究在衡量城镇化质量时,所选取的维度既有思路相似之处,也有细微的差别。目前,对高质量的城镇化较为全面的描述为城乡融合发展、城市内部融合、城市体系优化、人地协调发展的城镇化(苏红健,2020),城镇化质量应当从人口城市化的健康程度、经济城市化的高效程度、社会城市化的和谐公平程度等维度进行衡量。

基于以上国家战略意义和城镇化高质量发展的原则,以及参考以往的学术研究,本书将高质量的城镇化发展定义为,高质量的人口城镇化、高质量的经济发展、高质量的城市建设、高质量的社会公共服务以及高质量的节能环保的有机统一。具体表现为:人口城镇化健康,即人口素质高、人口就业质量高;经济发展高效、有活力,人民有获得感、幸福感;城市建设注重人地协调,做到空间布局合理、土地利用集约有效并对城市土地功能板块具有长远规划;社会公共服务和谐公平,能够实现公共服务城乡人民共享、基础设施城乡一体化;重视提高资源利用效率以及注重生产过程中的节能减排。并且,城镇化高质量发展的原则和目标是坚持以人为本,以人地协调为重点,以改善民生为根本目标,最终在人口城镇化、经济发展、城市建设、公共服务、节能环保五个维度实现均衡的高质量发展。

二、综合评价指标体系

本章在构建综合评价指标体系时,首先,必须与前文分析中所提及的城镇化高质量发展的内涵相一致,并且必须具备合理的结构以及清晰的层次。如果内涵不够清晰,将会影响评价指标的选取,指标体系会出现遗漏或者扩展的情形。其次,需要围绕"以人为本"的理念,注重人均水平而非总量原则。城镇

第三章 中国城镇化质量的测度和现状分析

化是伴随工业化进程,非农产业在城镇集聚、农村人口向城镇集中的发展过程,是人类社会发展的客观趋势,是国家现代化的重要标志。党的十八大以来,以习近平同志为核心的党中央高度重视新型城镇化工作,明确提出以人为核心、以提高质量为导向的新型城镇化战略,为新型城镇化工作指明了方向、提供了基本遵循。

高质量城镇化建设的宗旨是以人为本,提升城镇化的质量以实现城乡人民的生活水平、获得感,需要回答城乡人民"满意不满意"的问题。倘若指标体系脱离了人均概念,则偏离了测度的目的,也会与前文对于城镇化高质量发展的内涵相违背。因此,基于概念的界定和数据的可获得性,本书从人口城镇化、经济发展、城市建设、公共服务以及节能环保五个维度选取了共40个指标,运用主成分分析法筛选出与五个维度对应的20个基础指标,并在此基础上使用熵值法进行测度。综合指标评价体系包含的一级指标、二级指标及其计算方式、计量单位如表3-1所示。

表3-1 城镇化价质量评指标体系

一级指标	二级指标	三 级 指 标
人口城镇化	就业机会	城镇单位期末从业人员数占年末总人口比重(%)
		非农人口比重(%)
		第二、三产业从业人员比重(%)
	人口素质	每万人拥有大学生(人)
经济发展	富裕程度	人均地区生产总值(元)
	商品流通	人均社会消费品零售总额(元)
	财政收入	人均公共财政收入(元)
	投资水平	人均固定资产投资(元)
城市建设	土地供给	城市建设用地占市区面积比例(%)
	建设投资	人均房地产开发投资完成额(元)
	城市道路	人均年末实有城市道路面积(人/平方米)

续 表

一级指标	二级指标	三级指标
公共服务	教育资源	教育支出占财政支出比重(%)
	文化资源	人均公共图书馆图书总藏量(本或册)
	医疗资源	人均医院、卫生院床位数(张)
	基础设施	国际互联网用户数量(户)
		居民人均生活用电量(千瓦·时/人)
		燃气普及率(%)
节能环保	垃圾处理	生活垃圾无害化处理率(%)
	城市绿化	建成区绿化覆盖率(%)
	资源节约	工业固体废物综合利用率(%)

（一）人口城镇化维度

高质量的城镇化发展更加注重以人为本，因此在综合指标体系中，必须体现人口城镇化的核心概念。城镇化的本质和表现是农村人口向城镇集中的过程，可观测到城市规模的扩大和城市人口数量的增加。传统的城镇化研究中，往往用城镇人口占比去反映城镇化，但是该统计方法中包括的很大一部分是来自20世纪80年代开始以"县改市"为典型的行政区划变动。通过行政区划改变造成的统计上的城镇化率的提高其实并未伴随着"城市化"的聚集、发展的自然过程，所以城镇化对当地居民原有的生产和生活方式都不会产生影响。因此，本书在衡量人口城镇化维度的城镇化质量时，不再使用城镇人口占比指标，而是从人口就业、人口素质两个角度反映城镇化进程中人口层面的质量的体现。同时，人口素质与高质量的人口城镇化维度的城镇化质量十分相关，由于人口素质难以量化，本书用受教育程度表征人口素质。当受教育程度提高时，人力资本的增加有利于各个层面的社会经济发展。本书选取每万人拥有的大学生人数来反映人口素质情况。

(二) 经济发展维度

从经济学角度来看,高质量的城镇化伴随着城镇经济快速发展,第二产业、第三产业向城镇集中并且升级,逐渐形成了要素集聚。高质量的经济维度城镇化,不仅体现在经济增长,也体现在商品充分流通、财政收入充足以及投资具有活力等各方面。经济发展维度也能够体现出城镇化在经济发展方面的实力,能够为各维度的高质量城镇化发展提供经济支持。由于在构建综合评价指标体系时,需要围绕"以人为本"的理念,注重人均水平而非总量原则。高质量城镇化建设的宗旨是以人为本,提升城镇化的质量以实现城乡人民的生活水平、获得感。如果指标体系脱离了人均概念,则会偏离测度的目的。因此,本书在评价经济发展维度的城镇化质量时,考量了经济发展、商品流通、财政收入和投资水平,并在上述四方面均使用人均概念,共同衡量经济发展维度的城镇化质量。

(三) 城市建设维度

在过去30年中,廉价的土地要素对城镇化的快速发展发挥了重要作用,然而人地协调的因素恰恰是在以往关于城镇化的研究中最容易被忽略的因素之一。并且,人地不协调、空间效率低下等问题在传统的城镇化进程中逐渐凸显,土地资源约束还在进一步加剧。在传统的城镇化进程中,不乏部分地方政府认为城镇化约等于房地产化,甚至会用"房地产化"程度来衡量城镇化的发展程度。虽然房地产的建设能够从表面上反映城市的建设情况,但是会造成对实际的城镇化建设水平的高估,并会形成追求土地规模扩张的错误的发展理念。在该错误理念的驱使下,会抑制土地利用效率,造成土地资源的浪费。然而,高质量的城镇化应当满足人地关系协调、土地利用合理以及空间利用有效率。以上因素必须在城镇化质量的综合评价指标体系中进行考量。因此,在城市建设维度,本书选取的衡量因素包括建设投资、城市道路、土地供给三方面,并在多个基础指标选取时考虑了人均的因素。本书选取城市建设用地占市区面积比例、人均房地产开发投资完成额、人均年末实有城市道路面积来进一步评价在城市建设维度的城镇化质量。

(四) 公共服务维度

高质量城镇化的基本原则是坚持以人为本,根本目标为改善民生,并且需要着力解决公共服务不均衡问题。在传统的城镇化过程中,由于行政区划改革形成的城镇化率提升,实则并不伴随着公共服务水平的提升。再考虑到中国户籍制度的二元结构,较多进入城镇工作的居民实则无法享受城市居民的身份转换和社会保障。因此,在公共服务维度的城镇化质量测度中,考虑了与民生息息相关的涉及社会公共服务以及基础设施建设方面的内容。高质量公共服务维度的城镇化需要以提升城市的文化资源、公共服务均衡化为中心,表现在教育资源、文化资源、医疗资源和公共基础设施等方面实现城乡的一体化和资源共建共享。实现基本公共服务均等化和基础设施优质化,是应对城镇化问题的基本性和重点性要求,人民群众对多样化、多层次、多方面美好生活的向往需要基础设施"提升",城镇功能升级需要基础设施"扩面",共同富裕定位需要基础设施"赋能"。农民进城落户只是第一步,相应的子女义务教育、医疗、就业、社保、住房等基本公共服务要随之跟进。近年来,在随迁子女平等享有义务教育、基本医疗保险异地就医直接结算和报销、为农民工提供职业技能培训等政策带动下,一批素质较高的技能工人和服务人员补充到就业市场。本书选取教育支出占财政支出比重去反映教育资源的可得程度,用医院和卫生院床位数的人均拥有量来反映人们在医疗层面可得医疗资源的程度,用人均公共图书馆图书总藏量反映文化资源的可得程度,选取国际互联网用户数量、居民人均生活用电量和燃气普及率来反映人们拥有的公共基础设施状况。以上教育、医疗、文化和公共基础设施状况能够共同反映公共服务维度的城镇化质量。

(五)节能环保维度

在过去30年的城镇化快速发展过程中,出现了许多以破坏生态环境为代价,追求经济增长的现象。严峻的环境污染问题已严重地影响了城镇化的质量,不利于城镇化的高质量发展。已有的有关城镇化发展水平或城镇化质量的研究往往忽略了生态环境因素,但是已有相当多的研究证明,雾霾污染等与生态环境相关的因素,会直接影响经济发展质量和城市化推进(陈诗一等,2018;邵帅等,2019)。值得注意的是,本书的解释变量是环境规制,所以在节能环保维度,需要避免使用与解释变量具有相关性的指标。因此,在节能环保维度,选取的指标并不涉及大气污染物的减排,而是衡量城镇化在垃圾处理、资源回收、资源节约三方面的表现。以上三方面反映的是城市的垃圾处理、对资源的利用率以及绿化情况,侧重的是对于居民所需的生活设施方面的节能环保,与本研究下文会选取的环境规制的变量无关,因此,不会影响本书结论的可靠性。

三、测度方法与数据说明

以往利用综合评价指标体系对城镇化质量进行测度的研究主要采用的方法有层次分析法、因子分析法等,但是上述方法可能会存在一定问题。第一,层次分析法的赋权方式为研究者对指标进行主观赋权,主观性将会导致评价结果与实际情况的偏差,一些指标的重要程度会被高估或低估。第二,为避免上述主观赋权方法带来的偏误,因子分析法虽利用原始数据本身所反映的信息贡献度去设定各指标的权重,但是,该方法在提取公共因子时,舍弃了各维度的变化信息,最终只能反映综合城镇化质量的变化信息,因此也存在局限性。

基于文献回顾和方法比较,本书选择将主成分分析法和熵值法相结合的方法。主成分分析法用原始数据本身所反映的信息贡献度去设定各指标的权重,避免了主观赋权方法可能带来的误差。熵值法是采用信息熵来计算各指标的权重,从而进一步构建综合指标评价的方法。具体而言,该方法是根据指标变异程度的大小来客观确定权重的,即一个指标的信息熵越小,该指标的变异程度(或离散程度)就越大,说明该指标的信息量越大,在综合指标体系中的重要程度就越大,该指标的权重就越大。首先利用主成分分析法简化各维度包含的指标体系,将最初选取的 40 个基础指标简化为更加科学合理的 20 个,即如表 3-1 所示的评价体系,由人口城镇化、经济发展、城市建设、公共服务和节能环保五个维度和 20 个基础指标构成。再使用熵值法对各维度的每一基础指标进行客观赋权,进而测算出 2003—2016 年期间中国 285 个地级及以上城市的城镇化质量的五个分维度的城镇化质量和综合的城镇化质量。

表 3-1 中涉及的基础指标的原始数据来源于《中国统计年鉴》《中国城市统计年鉴》《中国城乡建设统计年鉴》等公开统计资料。在整理数据过程中笔者发现存在部分数据缺失,参考以往的研究,使用线性插值的方法进行缺失值的替代。此外,由于各指标在量纲层面存在较大差异,如果直接使用原始值确定熵值,将会导致错误的综合质量的测度结果。因此,需要利用均值化方法将各个基础指标的数据进行无量纲化,具体计算步骤为:

第一,标准化原始数据,其中 x_{ij} 表示第 i 地区第 j 个评价指标的取值,

$$EP_{ij}^{*} = \frac{X_{ij} - \min(X_{ij})}{\max(X_{ij}) - \min(X_{ij})} \quad (3-1)$$

第二,标准化数据和坐标平移,平移公式为 $EP_{ij}^{**} = 1 + EP_{ij}^{*}$; （3－2）

第三,计算第 i 地区第 j 个评价指标比重 EP_{ij}^{***};

$$EP_{ij}^{***} = \frac{EP_{ij}^{**}}{\sum_{i=1}^{m} EP_{ij}^{**}} \quad (3-3)$$

第四,计算第 j 个评价指标的熵值和变异系数;

$$E_j = -\frac{1}{\ln m} \sum_{i=1}^{m} EP_{ij}^{***} \cdot \ln EP_{ij}^{***}, G_j = 1 - E_j; \quad (3-4)$$

第五,计算第 j 个评价指标在综合指标评价中的权重;

$$W_j = \frac{G_j}{\sum_{j=1}^{n} G_j} \quad (3-5)$$

最后,计算第 i 地区评价指标综合指数 $P_i = \sum_{j=1}^{n} W_j \cdot EP_{ij}^{***}$。 （3－6）

进一步地,再利用相同的方法对各分维度城镇化质量进行赋权,即可得到五个维度城镇化质量的权重系数,最终可计算出综合的城镇化质量。

第二节 中国城镇化质量的测度结果与现状分析

一、测度结果

（一）总体层面

如前所述,本书利用主成分分析简化测度指标体系,利用熵值法得到各维度的数值,将各基础指标和各维度的主成分权重系数列于表3－2。从表3－2可以看出,在2003—2016年期间,经济发展维度在综合城镇化质量中的权重最高,达到了0.3028。这说明在此期间,经济发展层面的改善对城镇化质量提升的贡献程度最大。具体而言,经济发展维度的城镇化主要体现在人均地区生产总值、人均社会消费品零售总额、人均公共财政收入和人均固定资产投资这四个基础指标上。其次,城市建设维度和公共服务维度在综合城镇化质量中的权重也较高,分别大约占四分之一。这说明城市建设维度和公共服务维度的城镇化质量的提高对中国城镇化质量的提升也发挥了较大作用。具体不仅体现在土地供给、建设投资、道路建设等涉及城镇化过程中空间布局的基础指标,也体现在与民生息息相关的内容,例如医疗、教育、文化资源和公共基础设施建设。以上维度城镇化质量的提升能够直接地达到城乡发展一体化以及社会公共服务、基础设施共建共享更加均衡的效果,从而推动城镇化的高质量发展。

表3-2 各基础指标和分维度权重

系统层	领域层	指 标 层	指标权重
城镇化质量	人口城镇化	城镇单位期末从业人员数占年末总人口比重	0.050 9
		非农人口比重	0.035 6
		第二、三产业从业人员比重	0.030 7
		每万人拥有大学生	0.033 5
	经济发展	人均地区生产总值	0.146 8
		人均社会消费品零售总额	0.051 1
		人均公共财政收入	0.038 6
		人均固定资产投资	0.066 3
	城市建设	城市建设用地占市区面积比例	0.080 0
		人均房地产开发投资完成额	0.103 1
		人均年末实有城市道路面积	0.064 1
	公共服务	教育支出占财政支出比重	0.015 0
		人均公共图书馆图书总藏量	0.012 3
		人均医院、卫生院床位数	0.142 1

续 表

系统层	领域层	指标层	指标权重
城镇化质量	公共服务	国际互联网用户数量	0.033 5
		居民人均生活用电量	0.045 3
		燃气普及率	0.003 6
	节能环保	生活垃圾无害化处理率	0.008 8
		建成区绿化覆盖率	0.016 5
		工业固体废物综合利用率	0.012 3

维 度	维度权重	维 度	维度权重
人口城镇化维度	0.149 7	公共服务维度	0.251 8
经济发展维度	0.302 8	节能环保维度	0.037 6
城市建设维度	0.258 1		

资料来源：作者根据 MATLAB 结果整理所得。

基于表 3-2 的各基础指标和分维度城镇化质量的权重系数，可分别测算出中国在 2003—2016 年期间的五个维度城镇化质量和综合城镇化质量，测度结果报告于表 3-3。

表 3-3 2003—2016 年中国分维度以及综合城镇化质量

年份	城镇化质量	人口城镇化	经济发展	城市建设	公共服务	节能环保
2003	1.45	2.35	0.63	2.26	1.51	1.87
2004	1.52	2.33	0.79	2.38	1.46	2.01
2005	1.62	2.34	0.88	2.49	1.56	2.08
2006	1.68	2.35	1.03	2.41	1.65	2.18
2007	1.84	2.36	1.27	2.51	1.79	2.29
2008	1.98	2.35	1.53	2.50	1.94	2.41

续　表

年份	城镇化质量	人口城镇化	经济发展	城市建设	公共服务	节能环保
2009	2.16	2.37	1.82	2.59	2.11	2.48
2010	2.50	2.39	2.24	2.70	2.61	2.65
2011	2.58	2.51	2.64	2.71	2.40	2.71
2012	2.96	2.58	3.01	2.75	3.14	2.79
2013	3.66	2.87	4.64	2.80	3.37	2.84
2014	3.37	2.83	3.75	2.69	3.66	2.90
2015	3.34	2.78	3.84	2.17	3.87	2.93
2016	3.43	2.68	4.01	2.14	4.03	2.94

资料来源：作者根据MATLAB结果整理所得。

(二) 区域层面

由上文可知，2003—2016年期间中国285个地级及以上城市的城镇化质量得到了有效测度，可进一步计算出平均城镇化质量。由于篇幅限制，本书将2016年的中国285个地级及以上城市的综合城镇化质量报告于附录一，将2003—2016年的中国285个地级及以上城市的平均综合城镇化质量报告于附录二。

为进一步测度各省城镇化质量，本书根据各地级市地区生产总值占各省的比重，将城镇化质量进行加权平均，得出省际层面的测度结果。表3-4报告了2003—2016年中国各省、自治区、直辖市（由于数据的不可得，西藏和青海不在报告中。下同）的分维度城镇化质量和综合城镇化质量，能够看出，无论是分维度城镇化质量还是综合城镇化质量均表现出较大的差异性，城镇化质量较不均衡。从综合城镇化质量来看，上海的平均综合城镇化质量高达9.90，然而排名第二的北京的综合城镇化质量仅为7.54，两者存在一定的差距。而平均综合城镇化质量低于3的省、自治区、直辖市的数量达到13个。以上分析和定量测算的结果体现出综合城镇化质量在地区间表现出较大的差异性，也就是城镇化质量体现出不均衡的特点。再以公共服务维度城镇化质量举例，北京市、天津市、上海市和重庆市的公共服务维度城镇化质量分别为

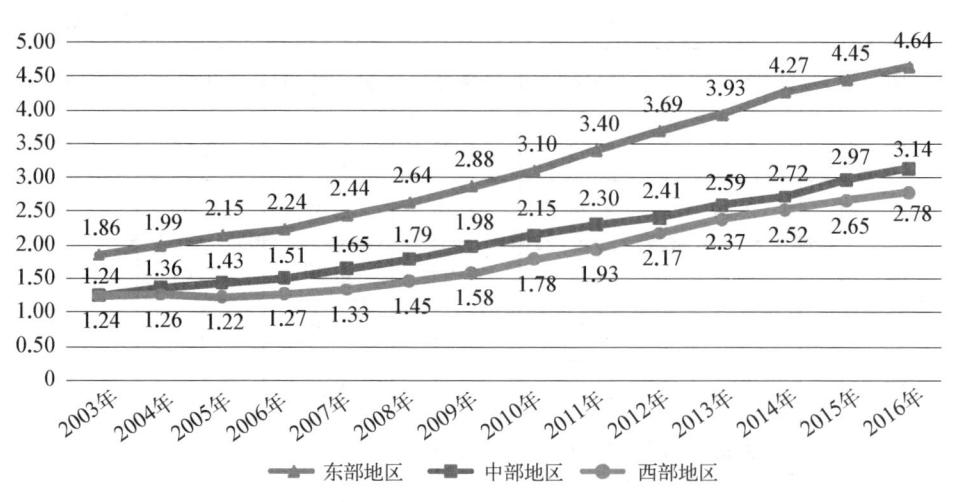

图 3-1 2003—2016 年中国分区域综合城镇化质量

资料来源：作者根据 MATLAB 结果整理所得。

性。各区域排名第一位的城市的城镇化质量存在较大的差异，深圳市在东部地区排名第一位，其测度结果为 10.67；武汉市为中部地区排名第一位的城市，其城镇化质量综合测度结果为 6.36，低于上海市、深圳市、北京市和广州市等特大城市。成都市作为西部地区排名第一位的城市其测度结果为 5.31，其综合城镇化质量与东部地区排名第十位的城市，即福州的城镇化质量的测度结果较为接近。这也进一步验证了城镇化质量在不同地区之间体现出不均衡的特点。

表 3-5 2003—2016 年中国分区域综合城市城镇化质量的排名

排名	东部地区		中部地区		西部地区	
	城 市	测度结果	城 市	测度结果	城 市	测度结果
1	深 圳	10.67	武 汉	6.36	成 都	5.31
2	上 海	9.90	长 沙	5.76	西 安	4.71
3	北 京	7.54	合 肥	5.74	重 庆	4.37
4	广 州	7.49	郑 州	5.38	昆 明	4.18
5	天 津	6.06	南 昌	4.77	贵 阳	3.85

续 表

排 名	东部地区		中部地区		西部地区	
	城 市	测度结果	城 市	测度结果	城 市	测度结果
6	杭 州	5.87	鄂尔多斯	4.67	南 宁	3.69
7	南 京	5.60	呼和浩特	4.46	嘉峪关	3.58
8	石家庄	5.51	太 原	4.28	兰 州	3.43
9	东 莞	5.48	许 昌	3.97	西 宁	3.32
10	福 州	5.23	长 春	3.67	柳 州	3.23

资料来源：作者根据 MATLAB 结果整理所得。

(三) 城市层面

观察综合城镇化质量排名位于中国前三十位的城市,除了包含的16个省会城市和4个直辖市外,其余的10个城市以沿海城市为主,例如大连市(5.20)、珠海市(5.07)、厦门市(5.07)、青岛市(4.95)、宁波市(4.92)等。由于篇幅限制,不将排名位于前三十名的城市报告于此。

着眼于综合城镇化质量排名位于前十位的城市,可以看出,排名位于全国前四位的城市分别为深圳市(10.67)、上海市(9.90)、北京市(7.54)和广州市(7.49)。以上四个城市在城市规模的分类来看,均为中国的超大城市。排名第五位至排名第十位的城市为武汉市(6.36)、天津市(6.06)、杭州市(5.87)、长沙市(5.76)、合肥市(5.74)和南京市(5.60),可以看出以上城市均为中国的省会城市或直辖市。为使以上城市在2003—2016年前的综合城镇化变化情况更加直观,将以上10个城市在2003—2016年城镇化质量及其排名变化报告于表3-6。

表3-6 平均城镇化质量排名前十城市2003—2016年间排名变化

城市	均值排名	2003年	2006年	2008年	2010年	2012年	2014年	2016年
上海	1	2	1	1	1	3	5	3
深圳	2	1	2	2	2	1	1	1

续　表

城市	均值排名	2003年	2006年	2008年	2010年	2012年	2014年	2016年
北京	3	4	10	3	4	4	7	11
广州	4	5	4	5	7	2	3	4
武汉	5	28	6	10	8	5	4	2
天津	6	11	12	4	27	29	2	26
杭州	7	16	13	14	11	7	9	6
长沙	8	6	5	7	10	11	17	16
合肥	9	9	11	9	9	9	15	15
南京	10	12	9	8	12	13	22	9

资料来源：作者根据 MATLAB 结果整理所得。

从表中可以看出，上海市、深圳市、北京市和广州市的排名比较稳定，在2003—2016年期间基本处于中国的最优水平。除了以上四个超大城市以外，杭州市、武汉市呈现出排名上升的趋势。杭州市的排名在2010年后稳居全国前十位，并且呈现出进一步提升的趋势，于2016年排名达到了全国的第六位；武汉市的综合城镇化质量排名从2008年起稳步提升，于2016年的排名达到了全国的第二位。然而，天津市、长沙市和合肥市呈现出下滑的趋势。

二、中国城镇化质量的现状分析

（一）中国城镇化质量的变化趋势

为考察中国城镇化质量总体的变化趋势，本书根据总体的城镇化质量测度结果，绘制了2003—2016年中国城镇化质量的分维度和综合测度结果的变化趋势图，报告于图3-2。从图中可以看出，中国总体的综合城镇化质量的整体趋势稳步上升，但是在2013年到达峰值（5.20）后出现了轻微的下滑趋势，并在2014—2016年保持稳定，综合城镇化质量始终稳定在5.10左右。

首先从图3-2中可以看出，增幅最为明显的折线是公共服务维度的城镇化质量。公共服务维度的城镇化质量从2003年的2.93增长到2016年的

6.84，在城镇化质量的五个维度中增幅最为明显。此外，由上文可知，公共服务维度在五个维度中的比重为25.18%，可以看出，公共服务维度是目前城镇化质量提升的重要驱动之一。再考虑到中国户籍制度的二元结构，较多进入城镇工作的居民实则无法享受城市居民的身份转换和社会保障，倘若在未来的城镇化进程中可以打破部分体制机制的限制，促进人口跨地区流动，使得城乡居民真正做到公共服务共享，那么就能够为城镇化质量的提升带来新动能。

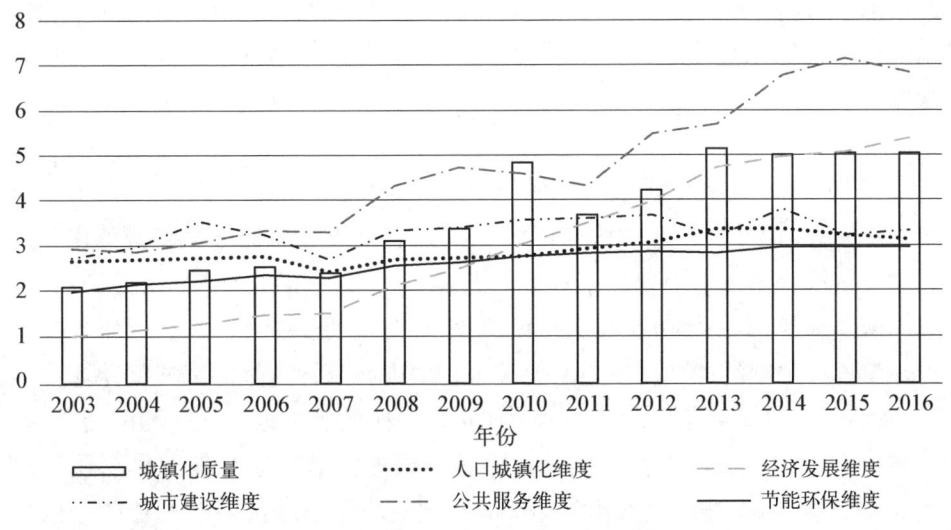

图 3-2 2003—2016 年中国城镇化质量变化趋势
资料来源：作者根据测算结果绘制。

其次，从人口城镇化维度的城镇化质量来看，折线呈现出先稳步上升、后增速放缓的趋势。人口城镇化维度的城镇化质量于2014年达到峰值（3.37），并且在之后的两年逐年下降。本书从人口就业、人口素质两个角度反映城镇化进程中人口层面的质量。随着中国对于教育重视程度的提高，人口素质与人口就业的增长使得人口城镇化维度的城镇化质量稳步上升。

从经济发展维度的城镇化质量和节能环保维度的城镇化质量来看，折线也在2003—2016年呈现出稳步上升的趋势，但是增幅没有公共服务维度的城镇化质量明显。由上文可知，经济发展维度在五个维度中比重最大，达到了30.28%。因此，经济发展维度的城镇化质量提升依然是城镇化质量提高的重要推动因素。因此，在富裕程度、商品流通、财政收入和投资水平等方面的提升，依然能够有效地提高城镇化质量。

最后,从城镇化质量的城市建设维度来看,该维度虽然总体呈现出小幅上升,但是其变化起伏不定。2014年以来,城市建设维度的城镇化质量呈现下降趋势,原因可能在于人地不协调、空间效率低下等问题在传统的城镇化进程中逐渐凸显,土地资源约束还在进一步加剧。在传统的城镇化进程中,不乏部分地方政府认为城镇化约等于房地产化,甚至会用"房地产化"程度来衡量城镇化的发展程度。但事实上,即使房地产的建设能够从表面上反映城市的建设情况,也会造成对实际的城镇化建设水平的高估,并会形成追求土地规模扩张的错误的发展理念。该错误理念会抑制土地利用效率,造成土地资源的浪费。

(二) 中国城镇化质量的区域差异

从表3-4可以看出,中国各省、自治区、直辖市之间在分维度城镇化质量和综合城镇化质量上表现出了较大的差异性,中国的城镇化质量在区域层面不均衡。因此,本书将分别从人口城镇化、经济发展、城市建设、公共服务和节能环保五个维度的城镇化质量来比较分析中国城镇化质量的区域差异。

第一,人口城镇化维度的城镇化质量横向比较。根据上文的测度结果,将2016年各省、自治区、直辖市的人口城镇化维度城镇化质量按照排名绘制出图3-3。从图3-3可以看出,2016年人口城镇化维度排名前五位的分别是广东省、北京市、上海市、福建省和浙江省。以上地区均为典型的人口迁入地区,吸引了大量接受过高等教育的劳动力。并且,上述省拥有很多超大城市和大城市,第二产业、第三产业的就业人数比重较大。后五位分别是广西壮族自

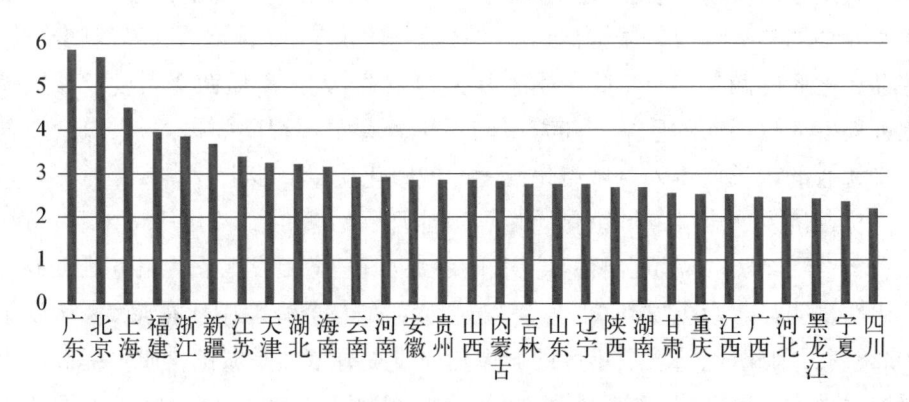

图 3-3　2016 年中国各省份人口城镇化维度的城镇化质量

资料来源:作者根据 MATLAB 结果整理所得。

治区、河北省、黑龙江省、宁夏回族自治区和四川省。除四川省外,上述省份高等院校相对较少,难以吸引受过高等教育的劳动力集聚在此,因此排名较为落后。前五位城市的平均水平是后五位地区平均水平的 2.01 倍,这体现出人口城镇化维度的城镇化质量不均衡。

此外,本章还对分维度的城镇化质量分区域进行了统计和观测,由于篇幅限制,无法将结果报告在此。从结果来看,东部地区的人口城镇化维度的城镇化质量表现出先快速上升,又从 2015 年起小幅回落的特征;中部地区和西部地区的人口城镇化维度的城镇化质量呈现出在 2003—2010 年间保持基本稳定,在 2011—2014 年间上升的趋势。

第二,经济发展维度的城镇化质量横向比较。根据上文的测度结果,将 2016 年各省、自治区、直辖市的经济发展维度城镇化质量按照排名绘制出图 3-4。从图 3-4 可以看出,2016 年经济发展维度的城镇化质量排名前五位的分别是广东省、海南省、浙江省、北京市和天津市。后五位分别是江西省、山西省、辽宁省、甘肃省和黑龙江省。前五位城市的平均水平是后五位地区平均水平的 2.30 倍,经济发展维度的城镇化质量依然体现出不均衡且差距较大的特点。并且,由上文可知,经济发展维度的城镇化质量在指标体系中的占比高达 30.28%,因此,经济发展维度的城镇化质量不均衡,很大程度上会导致全国城镇化质量的不均衡。此外,分区域来看,东部地区、中部地区和西部地区的经济发展维度的城镇化质量从 2014 年后均呈现出增速放缓的趋势。

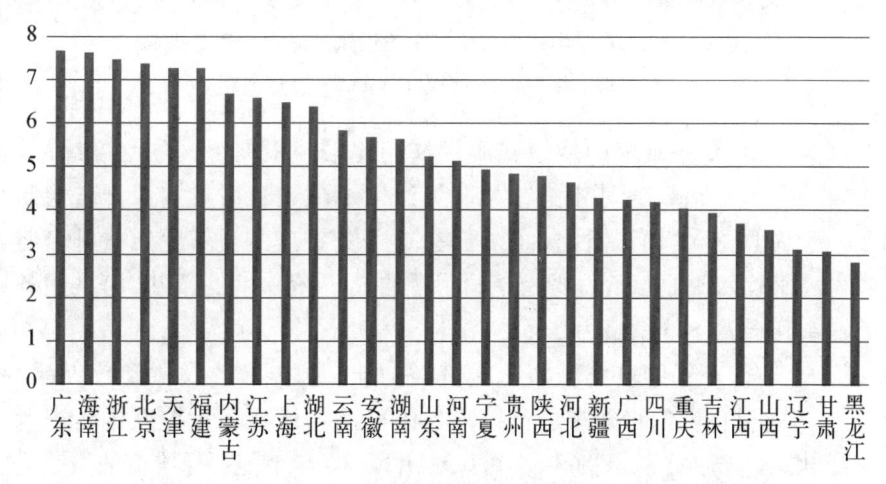

图 3-4　2016 年中国各省份经济发展维度的城镇化质量

资料来源:作者根据 MATLAB 结果整理所得。

第三,城市建设维度的城镇化质量横向比较。根据上文的测度结果,将2016年各省、自治区、直辖市的城市建设维度的城镇化质量按照排名绘制出图3-5。从图3-5可以看出,2016年城市建设维度的城镇化质量排名前五位省份的平均水平达到后五位省份平均水平的2.25倍,体现出城市建设维度的城镇化质量的不均衡。另外,从城市建设维度城镇化质量排名较前的地区来看,上海市、海南省以及广东省,在建设投资、城市道路、土地供给方面均有较好的表现,也为排名相对落后的地区提供了发展方向的借鉴。此外,分区域来看,城市建设维度的城镇化质量虽然也呈现出东中西地区递减的特征,但是从2015年起出现了较为明显的下降,下降后中部地区和西部地区水平相当,东部地区与中西部地区的差距也明显缩小。

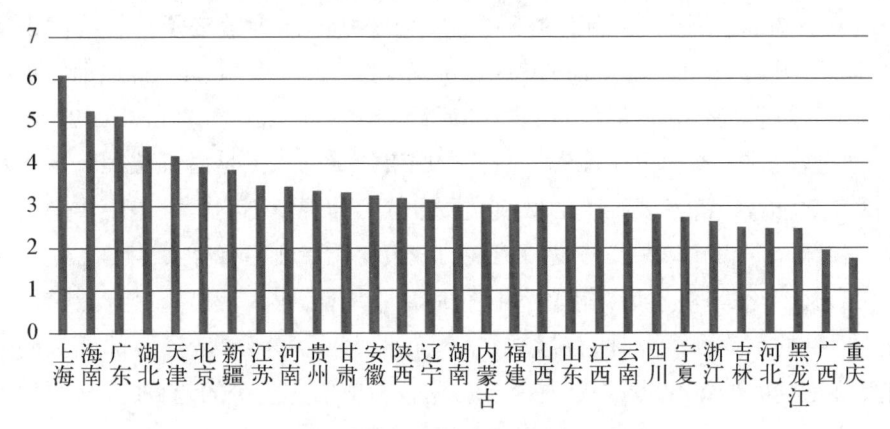

图3-5 2016年中国各省份城市建设维度城镇化质量排名

资料来源:作者根据MATLAB结果整理所得。

第四,公共服务维度的城镇化质量横向比较。根据上文的测度结果,将2016年各省、自治区、直辖市的公共服务维度的城镇化质量按照排名绘制出图3-6。从图3-6可以看出,2016年公共服务维度的城镇化质量排名前五位省份的平均水平是后五位省份平均水平的5.63倍。可以看出,公共服务维度的城镇化质量不均衡最为严重。

第五,节能环保维度的城镇化质量横向比较。根据上文的测度结果,将2016年各省、自治区、直辖市的节能环保维度的城镇化质量按照排名进行绘制,并如图3-7所示。从图3-7可以看出,2016年节能环保维度的城镇化质量排名前五位的分别是北京市、山东省、海南省、福建省和浙江省。节能环保维度的城镇化质量并未体现出明显的不均衡的特点,各省、自治区、直辖市间

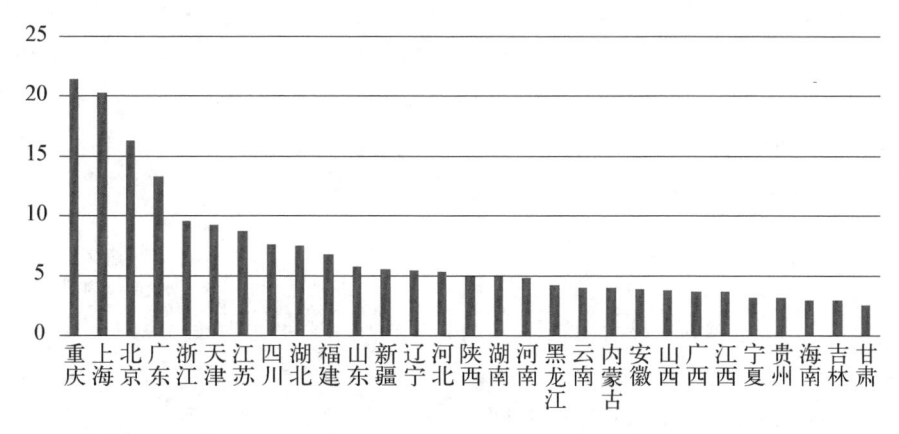

图 3-6　2016 年中国各省份公共服务维度城镇化质量排名

资料来源：作者根据 MATLAB 结果整理所得。

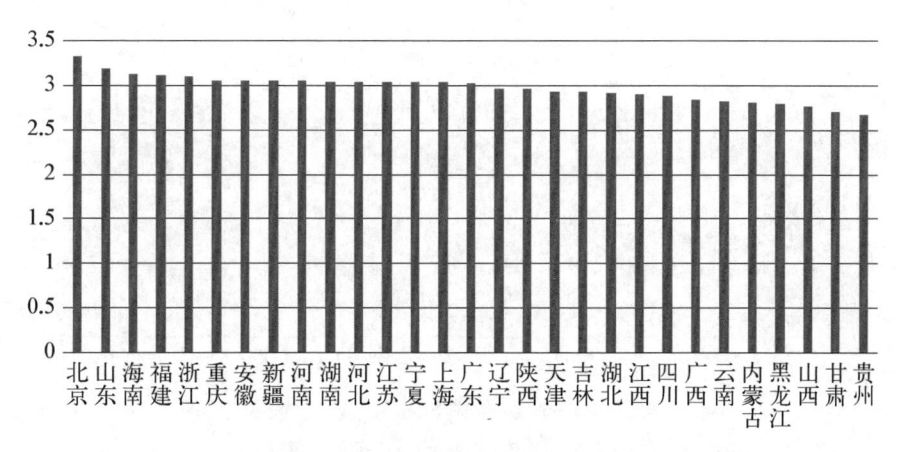

图 3-7　2016 年中国各省份节能环保维度城镇化质量排名

资料来源：作者根据 MATLAB 结果整理所得。

的差距并不明显。

三、中国城镇化质量的时空演化

根据测度出的 2003—2016 年中国各省份的城镇化质量，选取 2003 年、2007 年、2011 年和 2016 年的数据，得到四组截面数据，可将城镇化质量划分为五个层次：低质量（<2）、中低质量（≥2—4）、中等质量（≥4—6）、中高质量（≥6—8）、高质量（≥8），可得到图 3-8。由图 3-8 可以更加直观地看出，中

国的城镇化质量在总体上得到了显著提升。以城镇化质量为"低质量"（<2）的地区为例，在2003年有包括山西省、内蒙古自治区和吉林省在内的19个省份。而到2007年，城镇化质量为"低质量"（<2）的地区则减少为包括山西省、吉林省、黑龙江省等在内的16个省份。而到2011年时，城镇化质量为"低质量"（<2）的省份仅有1个。

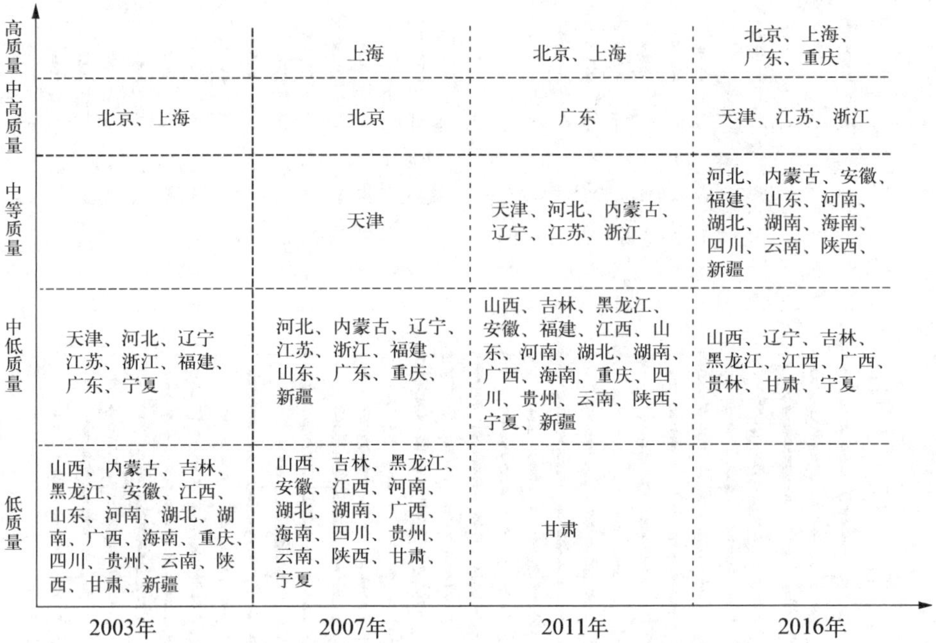

高质量		上海	北京、上海	北京、上海、广东、重庆
中高质量	北京、上海	北京	广东	天津、江苏、浙江
中等质量		天津	天津、河北、内蒙古、辽宁、江苏、浙江	河北、内蒙古、安徽、福建、山东、河南、湖北、湖南、海南、四川、云南、陕西、新疆
中低质量	天津、河北、辽宁、江苏、浙江、福建、广东、宁夏	河北、内蒙古、辽宁、江苏、浙江、福建、山东、广东、重庆、新疆	山西、吉林、黑龙江、安徽、福建、江西、山东、河南、湖北、湖南、广西、海南、重庆、四川、贵州、云南、陕西、宁夏、新疆	山西、辽宁、吉林、黑龙江、江西、广西、贵州、甘肃、宁夏
低质量	山西、内蒙古、吉林、黑龙江、安徽、江西、山东、河南、湖北、湖南、广西、海南、重庆、四川、贵州、云南、陕西、甘肃、新疆	山西、吉林、黑龙江、安徽、江西、河南、湖北、湖南、广西、海南、四川、贵州、云南、陕西、甘肃、宁夏	甘肃	
	2003年	2007年	2011年	2016年

图 3-8 2003—2016年中国城镇化质量时空分异图

资料来源：作者根据MATLAB结果整理所得。

再以城镇化质量为"中等质量"（≥4—6）的省份为例，在2003年没有"中等质量"（≥4—6）的地区，而到2007年，天津市达到了城镇化中等质量的水平。而到2011年时，城镇化质量为"中等质量"（≥4—6）的地区增加到了包括天津市、江苏省以及浙江省等在内的6个省、自治区及直辖市。2016年，城镇化质量为"中等质量"（≥4—6）的地区则进一步增加至包含河北省、内蒙古自治区、安徽省、福建省、山东省等在内的13个省份。

从城镇化质量为高质量（≥8）来看，在2003年没有"高质量"（≥8）的地区，而到2007年，上海市达到了城镇化高质量的水平。而到2011年时，北京市继上海市之后，成为第二个达到城镇化"高质量"水平的地区。到了2016年，达到该水平的省份已有北京市、上海市、重庆市、广东省等经济较为发达的地区。

由此可以看出,整体而言,中国的城镇化质量呈现出稳中上升的趋势。随着对生态环境重视程度的提高以及经济发展,已不再有城镇化质量为低质量类型的地区,并且中高质量、高质量城镇化地区的数量也明显增加,进一步彰显出中国的城镇化进程取得了较为明显的成绩。

第三节 中国的城镇化进程中环境规制政策的演进

本节基于城镇化的不同发展阶段,分别梳理和总结不同阶段的环境规制政策类型的演进和发展。总体来说,中国目前的环境规制政策可大致分为三类,分别为命令控制型环境规制、市场激励型环境规制和自愿型环境规制。不同类型的环境规制工具的规制方式不同。

其中,命令控制型的规制工具是政府由上而下的行政强制手段,例如制定和执行法律法规、行政条例等,对污染排放、节能减排等环保方面的内容进行强制性规定。市场激励型环境规制则是借助市场机制而制定的以降低污染水平的规制工具,例如运用价格机制、产权制度等经济手段。自愿型环境规制,顾名思义,不是自上而下的形式,而是由行业协会、企业自身或其他主体提出的、企业可以自愿选择是否参与的协议或承诺。由于各国的政治和经济背景不同,环境规制的政策组合差别较大。美国、日本和欧盟国家主要依靠税收、财政补贴、风险投资等基于市场的手段进行政府干预。其中,命令控制型环境规制工具是政府通过其行政强制手段制定相关法律法规限制污染排放、进行排污治理和环境保护的规制类型。命令控制型环境规制的强制力特点决定了其需要借助国家的行政强制力直接约束排污企业,直接惩罚污染行为以杜绝环境污染。根据命令控制型环境规制工具的控制阶段不同,命令控制型环境规制可划分为:事前控制、事中控制和事后控制。目前中国的命令控制型环境规制工具有:环境影响评价制度、"三同时"制度、污染物总量控制制度、排污许可证制度、限期治理制度、关停并转制度等。

第二类环境规制工具是市场激励型环境规制,一般是指在市场机制的调节下,运用价格机制、产权制度等经济手段激励企业降低排污水平,以改善和优化整个社会的环境质量状况。最典型的做法是将污染物定价,污染物可排放但是必须支付相应的费用,通过市场信号影响排污者的决策。该政策工具的初衷是促使市场主体在追求自身利益最大化的同时,达到污染排放控制和环境改善的目标。中国的市场激励型环境规制工具主要包括排污收费制度、环境保护税收制度、排污权交易制度、生态环境补偿费和政府补贴等。

排污收费制度是由环保部门按照相关环保法律法规的规定,根据污染物排放的数量和种类,向污染物排放单位收取相应的税收或费用的一种市场激励型环境规制工具。自1979年颁布的《中华人民共和国环境保护法(试行)》确定了排污收费制度,体现了环境的有偿使用原则,要求企业对污染付费。1982年,国务院颁布了《征收排污费暂行办法》,将排污费征收的目的、范围、收费程序、收费标准具体化、细节化,标志着中国排污收费制度的进一步完善。此后,1989年,国务院颁布了《污染源治理专项基金有偿使用暂行办法》,将部分排污费作为环保补助资金用于环境保护。进入21世纪,生态环境污染进一步恶化,环境保护和生态治理的任务进一步加重,一系列以排污费用征收为手段的法律法规陆续出台,如《排污费征收使用管理条例》《排污费征收标准管理办法》《排污费资金收缴使用管理办法》《排污费征收工作稽查办法》等,进一步补充和完善了排污费征收制度,进一步明确了征收标准、收缴方式、使用途径、稽查内容。2003年至2015年,排污费额为2117亿元,仅2015年的缴费额为173亿元。这一制度总体上发挥了较大的环境保护作用,但是在执行当中依然存在刚性不足、部门干预及地方保护主义等有待提高的地方。

排污权交易制度是指在特定区域内,在控制各种污染物排放总量的前提下,允许排污单位之间通过市场交易调剂排污量的经济活动。排污权交易制度是一种特殊的市场激励型环境规制工具。它在规定的污染排放或削减总量控制区域内,节约排污达标总费用,并在整个排污权交易范围内以最小费用实现既定环境目标。中国最早进行的排污权交易尝试是从20世纪80年代开始的,早期排污权交易市场化程度较低,多为政府部门统一安排的无偿交易,交易的污染物有水污染物、大气污染物等。2014年9月,国务院办公厅发布《关于进一步推进排污权有偿使用和交易试点工作的指导意见》,提出未来排污权交易制度建设的总体要求及工作目标,明确了排污权交易制度建设的主要内容,要求试点地区应于2015年年底前完成现有排污单位排污权的初次核定,2017年年底基本建立排污权的有偿使用制度和排污权交易制度,并在全国范围内全面推行。截至2017年年底,全国共有28个省份开展了排污交易权使用试点,除了11个国家试点地区以外,还包括广东、福建、山东等地主动开展的排污权交易试点工作。各地排污权交易试点工作总体初见成效,取得了一定的环境效益和经济效益。

第三类环境规制工具是自愿型环境规制。自愿型环境规制政策是指由行业协会、企业自身或其他主体提出的、企业可以参与也可以不参与,旨在保护环境的协议、承诺或计划。自愿型环境政策工具主要包括环境公众参与、环境信息公开以及自愿型环境协议等。

环境公众参与中的"公众",是指政府所服务的主体群众,不仅包括个体的公民,还包括民间组织团体、营利性组织、专业服务性组织等非政府组织。环境保护的公众参与,是指在环境保护领域,公众有权通过一定的途径参与公众环境利益相关的活动。环境保护的公众参与是公众的一项基本权利,可以使公众利益得到充分保证。

环境信息公开也就是信息披露,是指依据和尊重公众知情权,政府和企业以及其他社会行为主体向公众通报和公开各自的环境行为以利于公众参与和监督。这一制度有效解决了市场信息失灵和信息不对称的问题。环境信息公开对于加强政府、企业以及公众之间的沟通和协商,形成政府、企业和公众的良性互动关系有重要的促进作用,有利于社会各方共同参与环境保护。同时,随着信息技术水平的提高和电子政务平台的快速发展,环境绩效、污染物排放和环境监测等实时信息的可获得性大幅提高,为政府加大环境规制力度提供了强有力的帮助。

自愿型环境协议将被动的环境规制转变为主动的节能减排,将环境成本计入企业的经营管理中去,以实现既定的环境目标。虽然该工具具有创新性并且有利于激发渐进式的绿色创新,但是可能导致企业的搭便车行为或者消极应对,对于政策制定者的控制行为与强制力要求较高。

中国的环境规制政策相对来说起步较晚,虽然命令控制型环境规制的类型占比逐年下降,但是依然处于绝对优势的地位,例如"三同时"制度、污染物总量控制制度、排污许可证制度、限期治理制度、环境影响评价制度、关停并转制度等。虽然,市场激励型和自愿型环境规制已经逐渐完善,但是其发挥的作用仍有待提高,尤其是自愿型环境规制的政策效果有待加强,虽然该政策类型具有创新性并且有利于激发渐进式的绿色创新,但可能导致企业的搭便车行为或者消极应对,对于政策制定者的控制行为与强制力要求较高。

本节将中国的城镇化发展分为三个阶段,并分别梳理和总结各阶段的环境规制政策的发展和演进情况。

一、城镇化加速发展阶段

首先,在城镇化加速发展阶段(1978—2000年),中国的城镇化进程在这一阶段明显加快,原因大致可以分为明确了以经济建设为中心的工作路线,中国的环境规制体系在城镇化加速发展阶段初步形成并逐步加强,并形成了以命令控制型的环境规制政策类型为主导的规制体系。在这一阶段,命令控制型的环境规制政策体系主要表现在环保法律法规以及行政法规的逐步修订和完善。例如,1979年全国人大常委会通过了《环境保护法(试行)》草案,标志着中国的环境规制进入了法治阶段,中国认识到保护环境是实施可持续发展战略的关键,也开始实施了多项至今仍发挥重要作用的命令控制型环境规制工具。例如,"三同时"制度早在1973年开始实施,环境影响评价制度早在1979年就被明确了其法律地位。

中国的环境影响评价制度始于20世纪70年代,1979年实施的《中华人民共和国环境保护法(试行)》首次明确了环境影响评价制度的法律地位。之后,1981年和1986年先后由多部委联合颁布的《(基本)建设项目环境保护管理办法》,对环境评价的范围、程序、方法、收费、审批等内容作出了具体规定。1998年国务院颁发了《建设项目环境保护管理条例》,进一步修改和完善了环境评价的有关内容,加强了其程序和法律责任等方面。2002年《环境影响评价法》的出台把环境影响评价的范围从建设项目环境影响评价扩展到规划环境影响评价,并进一步上升到战略环境影响评价。之后,2008年颁布的《建设项目环境保护分类管理名录》、2009年颁布的《(基本)建设项目环境保护管理办法》《规划环境影响评价条例》等法律法规又进一步完善了中国的环境影响评价制度,使其涵盖了战略层面、规划层面和项目层面。

环境影响评价制度是中国最为典型的命令控制型政策工具,是所有具有环境影响的建设项目和战略性活动的实施前提。根据控制阶段的特点,环境影响评价制度属于事前控制型的命令控制型环境规制。环境影响评价制度是通过事先评价的手段,将环境污染控制在源头的一种有效的命令型环境规制工具。自《环境影响评价法》颁布以来,通过源头严防、过程严管、违法严惩,规划项目"未评先批"、建设项目"未批先建"等现象得到有效遏制,新建项目环境评价执行率逐年上升。中国的环境评价影响制度有效地促进了污染减排和环境保护,实现了经济增长与环境保护的双赢,提高了经济增长质量。

"三同时"制度是指新扩改项目和技术改造项目的环保设施与主体工程必须同时设计、同时施工、同时投产使用,是用于建设项目实施阶段的环境管理措施,也是贯彻落实以预防污染为主、控制新污染生成的事前控制型的环境规制工具。该制度始于20世纪70年代。1973年,国务院批转的《关于保护和改善环境的若干规定》中明确规定"一切新建、扩建和改建的企业,防治污染项目,必须和主体工程同时设计、同时施工同时投产"。但是,在实施初期,由于中国的环保事业刚起步,人们的环保意识淡薄,再加上环保资金缺乏、地方经济困难、环保法规不健全、执法监管不严格等原因,导致"三同时"制度的执行情况不乐观。这种情况直到1979年《环境保护法(试行)》颁布,《环境保护法(试行)》明确了"三同时"制度的法律地位。之后,国务院在1981年对"三同时"制度的使用范围进行了拓展,要求对挖潜、革新、改造的项目,以及小型企业和街道、农工商联合企业的建设都必须严格执行"三同时"制度。并于1984年发布《关于环境保护工作的决定》,将其适用范围进一步扩大至可能对环境造成污染和破坏的一切工程建设项目和自然开发项目。1989年,《环境保护法》正式出台,其中对"三同时"制度的相关内容进行了明确的规定。在此之后,"三同时"制度愈发成熟,执行比例逐年攀升。到2014年,"三同时"制度执行率超过96%,成为中国最为有效的命令控制型环境规制工具之一。

　　污染限期治理制度是指环保部门为污染企业设立一个强制性的期限,强制污染企业在规定期限内进行排污治理和治污整改,从而控制污染物排放量,保证污染达到排放标准。

　　中国的污染限期治理制度是1978年开始正式实施的。1989年《中华人民共和国环境保护法》对于污染限期治理制度出台了正式规定,将其上升到国家法律的高度。污染限期治理制度主要适用于两种污染排放的治理:一是特别保护区域内的超出排放标准的污染排放治理;二是严重污染环境的污染排放治理。污染限期治理制度是种以行政处罚形式对污染企业进行环境治理和污染防治的命令控制型环境规制工具。

　　另外,在这一阶段,环保机构改革也在不断地创新和强化中。例如1988年,国家环保局升格为国务院直属机构,并在全国各省市区县设立环境保护部门,并于1998年进一步升格为正部级,体现出国家对于环境规制工作的重视程度的提高。除了以行政命令和法律法规为主要形式的环境规制政策外,在该阶段也出现了许多市场激励型环境规制工具和自愿型环境规制工具。例如,1982年开始实施的污染治理补贴、1984年开始实施的综合利用税收优惠以及1992年设立试点开始对工业二氧化硫排放进行收费等政策。与此同时，中国也开始在信息披露、宣传教育和环境认证等方面拓展环境规制的工具类型。

然而，在该阶段几十年的城镇化过程中，仍然停留在重速度而忽略质量的阶段，不少地区只追求工业化、城镇化的速度，造成对土地资源的浪费和使用效率低下、对生态环境的污染和破坏严重等后果。尤其是当中国的城镇化率达到30%以后，即1996年后，出现了许多为了追求经济增长不惜破坏生态环境的现象，甚至中国因为依靠资源的高消耗和环境的高污染换取工业化和城镇化，一度被称为"世界工厂"。由此引发了许多社会问题，尤其以雾霾事件为典型，空气污染、水污染等环境污染现象已严重地影响了城镇化的发展质量，不利于城镇化的健康推进。表3-7梳理和总结了在城镇化加速发展阶段，中国环境规制政策的演进。

表3-7 城镇化加速发展阶段中国环境规制政策（部分）

环境规制类型	发布时间（年）	法律法规/政策名称
命令控制型环境规制（法律法规）	1979	《中华人民共和国环境保护法（试行）》
	1982	《中华人民共和国海洋环境保护法》
	1984	《中华人民共和国森林法》
	1986	《中华人民共和国矿产资源法》
	1986	《中华人民共和国土地管理法》
	1989	《中华人民共和国环境保护法》
	1991	《中华人民共和国水土保持法》
	1996	《中华人民共和国环境噪声污染防治法》
	1999	《中华人民共和国气象法》
市场激励型环境规制	1982	污染治理补贴
	1982	超标排污费
	1984	综合利用税收优惠

续 表

环境规制类型	发布时间(年)	法律法规/政策名称
市场激励型环境规制	1985	排污许可证交易(试点)
	1989	"三同时"保证金
	1991	污水排污费
	1992	二氧化硫收费(试点)
	1993	排水设施有偿使用费
	1995	治理设施运行保证金
自愿型环境规制	1989	《中国环境状况公报》《中国环境统计年鉴》
	1989	城市环境综合整治定量考核制度
	1993	环保标志
	1995	全国生态示范区申报考核制度
	1995	中国环境统计公报
	1995	ISO14000质量认证
	1997	全国城市环境管理与综合整治年度报告

资料来源：作者基于中华人民共和国司法部中国政府法制信息网整理。

二、城镇化快速发展阶段

其次，在城镇化快速发展阶段（2001—2010年），中国的城镇化进程快速发展。2001—2010年的城镇化率年均增长1.2%，速度进一步加快。在这十年里，中国的城市群发展开始崛起。与此同时，学术界也对城镇化进程中资源与环境的协调问题展开了更多的研究。在这一阶段，在科学发展观的指引下，中国进一步提高了对于生态环境重要性的认识。一是体现在考核体系发生变化，对主要污染物排放总量减少由预期性指标转变为约束性指标。不仅如此，也开始要求各地区要实行环境执法责任制和责任追究制。二是体现在法律法规的进一步完善和环境治理理念的进一步提升。2005年，国务院提出将优化开发、限制开发和禁止开发进行区分和规定,首次体现出在环境保护工作中因地制宜的治理理念。三是体现在中国于2008年成立了环境保护部,通过对环境规制机构的改革,进一步加强了环境政策的统筹协调。

在城镇化快速发展阶段(2001—2010年),中国的环境规制经历了不断成熟和完善。在这一阶段,环境问题的重要性开始得到社会的重视,尤其以2007年的蓝藻事件和2008年的雾霾事件为典型。然而,随着工业化和城市化的快速推进,中国环境规制的压力依然在进一步增大。排污许可证制度是中国环境治理的重要手段之一,属于命令控制型环境规制工具的范畴。排污许可证制度是指任何向环境排放各种废水、污水、废气、有毒有害大气污染物的单位或个人,都必须按照规定向环保部门申请办理排污许可证,环保部门根据排污单位的申请和承诺,通过发放排污许可法律文书形式规范和限制排污单位排污行为。排污单位在取得排污许可证之后必须严格按照排污许可证的要求排放污染物,不得逾越排污许可证规制之外。未取得排污许可证的单位或个人不得排放污染物。排污许可证制度包括排污单位进行排污申报、环保部门确定污染物总量控制目标、审核发放排污许可证和监督检查执行情况四项内容。第一,排污单位或个人向环保部门提交申请,要求办理排污许可证,必须向环保部门登记排污事项,包括排污单位在正常生产过程中排放污染物的数量、种类和浓度,并述清污染物排放设施以及污染处理设施。第二,环保部门通过确定污染总量控制目标,规划和分配污染物的总排放量。第三,环保部门根据排污单位实际污染物的排放量以及实际污染治理状况对排污单位进行审批,向排污单位发放排污许可证,明确规定排污申报单位的污染物种类、排污数量及浓度、排污时间、污染物去向。最后,环保部门需对已获得排污许可证的单位进行监督,检查其污染排放情况是否符合规定,对不合规定的排污单位惩罚处理。

表3-8梳理和总结了在城镇化快速发展阶段,中国环境规制政策的演进。

表3-8 城镇化快速发展阶段中国环境规制政策(部分)

环境规制类型	发布时间	名称
命令控制型环境规制 (法律法规)	2002年	《中华人民共和国清洁生产促进法》
	2002年	《中华人民共和国水法》

续 表

环境规制类型	发布时间	名　　称
命令控制型环境规制 （法律法规）	2002 年	《中华人民共和国环境影响评价法》
	2002 年	《中华人民共和国清洁生产促进法》
	2002 年	《中华人民共和国水法》
	2002 年	《中华人民共和国环境影响评价法》
	2003 年	《中华人民共和国放射性污染防治法》
	2007 年	《中华人民共和国节约能源法》
市场激励型环境规制	2002 年	二氧化硫排放总量控制及排污交易政策
	2002 年	扶持清洁生产的技术进步专项资金
	2007 年	排污权有偿使用试点
	2008 年	节能节水专用设备企业所得税优惠
自愿型环境规制	2001 年	绿色社区
	2003 年	国家环保总局《关于企业环境信息公开的公告》
	2004 年	绿色 GDP 核算试点
	2006 年	环境影响评价公众听证
	2007 年	《环境信息公开办法（试行）》

资料来源：作者基于中华人民共和国司法部中国政府法制信息网整理。

三、城镇化增速放缓阶段

最后，是城镇化增速放缓阶段（2011 年至今）。之所以将 2011 年作为划分新一阶段的起点，一是因为中国的城镇人口在 2011 年首次超过了农村人口，二是因为中国的工业化率在 2011 年达到了峰值，三是因为 2011 年后，城镇化率的增速开始放缓。因此，将 2011 年至今划分为城镇化增速放缓阶段。

在这一阶段，中国的各项环境法律法规得到了进一步的完善。中国不仅进一步完善了环境保护方面的法律法规,也划定了生态保护红线、开展了环境监测体制改革方案研究,均为今后更加创新的环境规制工具的综合运用提供了政策依据。例如,2016年印发的包括《"十三五"生态环境保护规划》在内的一系列法律法规,为2017年党的十九大奠定了坚实的基础。党的十九大后,中国对于生态环境的建设理念转变为建设人与自然和谐共生的现代化。此外,与前两个阶段相似,中国在这一阶段也对国家行政机构进行了改革。2018年,中国进一步整合和改革环保机构职责,组建了生态环境部,标志着国家对环境保护和生态治理越来越重视。此外,在该阶段,环境保护税收制度得到了较大的完善,排污费的制度设计也有了进一步的进步和完善。2015年,国务院颁布《环境保护税(征求意见稿)》,专门针对排污费作出了如下规定:针对企业事业单位和其他生产经营者向环境排放的污染物征收环境保护税的,不再征收排污费。2016年全国人大常委会通过了《中华人民共和国环境保护税法》,明确了环境保护税的征税对象是如下四类污染物:大气污染物、水污染物、固体污染物以及噪声。《中华人民共和国环境保护税法》规定,凡是直接向环境排放以上四类污染物的企业事业单位或者其他生产经营者,均需缴纳环境保护税。该法律对环境保护税的计税依据、应纳税额的计算方法、税收的减免方法以及征税管理方式都进行了详尽的法律规定,并明确了该法律自2018年1月1日起开始施行。环境保护税收制度是一种新型的市场激励型环境规制工具,通过征收环境保护税,可以倒逼企业进行绿色技术创新,从而提高经济增长质量,推进环境保护与经济增长的双赢。然而,环境保护税收制度也有其局限性,由于环境问题的复杂性以及排污企业的千面性,环境保护税收制度不能起到万金油的作用,需要与其他环境规制工具结合起来,才能共同实现环境保护与生态治理的目标。

此外,排污许可证制度也在该阶段取得了更为长足的发展。尤其是近几年,中国颁布了一系列法律法规,规范了排污许可证制度的规制作用。2016年11月,国务院办公厅发布了《控制污染物排放许可制实施方案》,对排污许可制建设的指导思想、基本原则和目标任务作出了总体要求,并对排污许可证的有序发放、企事业单位环境保护责任的落实、加强监督管理、强化信息公开和社会监督、排污许可制的法律保障和技术支撑等内容作出了具体要求。2016年12月,中国环保部制定了《排污许可证管理暂行规定》,对排污许可证的申请、核发、实施、监管各个环节的管理程序和规范做了进一步的细化要求。2023年,《排污许可管理办法》(修订征求意见稿)的出台进一步明确了排污许可证首次申请、重新申请、变更、延续、遗失补办、注销等事项的申请、审查与决定,以及排污登记应通过全国排污许可证管理信息平台在线办理。排污许可证制度已经成为中国治理环境、减污治污、环境规制的重要工具,为管理、监督和规范排污企业起到了重要的作用。

表3-9梳理和总结了在城镇化增速放缓阶段,中国环境规制政策的演进。

表3-9 城镇化增速放缓阶段中国环境规制政策(部分)

环境规制类型	发布时间	名　　称
命令控制型环境规制（法律法规）	2011	《中华人民共和国行政强制法》
	2014	《中华人民共和国环境保护法(修订)》
	2017	《中华人民共和国水污染防治法(修正)》
	2018	《中华人民共和国环境影响评价法(修正)》
	2018	《中华人民共和国环境保护税法(修正)》
	2018	《中华人民共和国节约能源法(修正)》
	2018	《中华人民共和国土壤污染防治法》
	2018	《中华人民共和国大气污染防治法(修正)》
	2020	《中华人民共和国森林法(修订)》
	2020	《中华人民共和国固体废物污染环境防治法(修订)》
市场激励型环境规制	2012	碳排放权交易(试点)
	2018	环境保护税

资料来源:作者基于中华人民共和国司法部中国政府法制信息网整理。

在上述环境规制政策的演进之外,有必要对中国主要的环境规制工具进行分类和分析。中国的环境规制类型目前是以命令控制型环境规制为主导,市场激励型环境规制和自愿型环境规制并存的综合型环境规制工具。随着时代的发展和人们对于经济增长质量的追求,环境规制工具亦在日趋丰富和不断完善。本节主要总结三类中国现行最典型的环境规制工具类型:命令控制型环境规制、市场激励型环境规制以及自愿型环境规制。

第四节 本章小结

城镇化质量分析是本书的重要研究部分,本章围绕中国城镇化质量的测度及分析展开研究。首先,对高质量的城镇化发展进行了概念界定。其次,对城镇化质量进行了测度和定量分析,在此基础上进行了横向与纵向的比较以及对时空分异特征的分析。最后,将城镇化发展划分为不同的阶段,梳理了各阶段中国环境规制政策的演进和发展。

首先,由于先前的发展方式较为粗放,城镇化进程相当快速却以资源与环境的破坏为代价,半城镇化严重、城乡环境污染、城市交通拥堵等一系列问题逐渐凸显,城镇化的质量不高。在提升城镇化"量"的同时,更要注重"质"的提升。高质量的城镇化相较于传统城镇化,不再是以圈地建房和大搞基础设施建设为典型的土地城镇化,也不再仅追求城镇人口比例的提高或城镇规模的扩张,而是需要在人口、经济、空间、社会、生态环境等多个维度均实现高质量的发展。提高城镇化发展质量,是中国当前和今后一个时期城镇化发展的根本指针。在测算中国的城镇化质量之前,有必要先对高质量的城镇化进行概念的界定和原则的明确。经过国家对于新型城镇化建设、城镇化高质量发展的进一步研究和政策文件的发布,以及参考以往的学术研究,本书将高质量的城镇化发展定义为高质量的人口城镇化、高质量的经济发展、高质量的城市建设、高质量的公共服务以及高质量的节能环保的有机统一。具体表现为:人口城镇化健康,即人口素质高、人口就业质量高;经济发展高效、有活力,人民有获得感、幸福感;城市建设注重人地协调,做到空间布局合理、土地利用集约有效并对城市土地功能板块具有长远规划;公共服务和谐公平,能够实现公共服务城乡人民共享、基础设施城乡一体化;重视提高资源利用效率以及注重生产过程中的节能减排。并且,城镇化高质量发展的原则和目标是坚持以人为本,以人地协调为重点,以改善民生为根本目标,最终在人口城镇化、经济发展、城市建设、公共服务、节能环保五个维度实现均衡的高质量发展。以上科学、全面和系统的综合评价指标体系,不仅解决了以往使用人口城镇化的指标表征城镇化发展水平导致的比实际城镇化水平偏高的问题,也在测度方法上避免了主观性的问题。本章首先利用标准化方法将所有的基础指标去量纲,再利用主成分分析法将最初选取的40个基础指标简化为20个相关性更高的基础指标,进一步利用熵值法对各维度包含的每一基础指标进行客观赋权,进而测算出五个分维度城镇化质量和综合城镇化质量。

其次,是对城镇化质量测度结果的描述和分析。基于总体层面的测度结果可以看出:全国绝大多数城市的城镇化质量呈现出逐年上升的趋势。在五个维度中,经济发展维度在城镇化质量中所占权重最高,其次为城市建设维度和公共服务维度。这说明经济发展、城市建设和公共服务的完善和提高对中国城镇化质量的提升发挥了较大作用。因此,土地供给、建设投资、道路建设等与城镇化空间布局相关的内容以及与民生息息相关的内容,例如医疗、教育、文化和基础设施建设等,是未来提高城镇化质量的建设重点。此外,基于区域层面的测度结果可以看出:中国各省市之间的城镇化质量表现出较大差异,城镇化质量较不平衡。在2003—2016年期间,虽然各区域的城镇化质量均出现了明显的提高,但是不同区域的城镇化质量存在一定程度的不均衡。从平均的综合城镇化质量来看,东部地区、中部地区与西部地区呈现出依次降低的趋势。综合城镇化质量排名位于中国前三十位的城市,除了包含的16个省会城市和4个直辖市外,其余的10个城市以沿海城市为主。此外,从分维度城镇化质量来看,人口城镇化维度的城镇化质量呈现出先稳步上升、后轻微下降的趋势;经济发展维度城镇化质量和节能环保维度的城镇化质量在2003—2016年间均呈现出稳步上升的趋势;城市建设维度的城镇化质量是五个维度中规律最不明显的维度,呈现起伏不定、总体小幅上升的趋势;公共服务维度的城镇化质量是五个维度中提升最明显的,该维度是目前中国城镇化质量提升中的重要驱动之一。此外,本章将中国的城镇化质量进行了时空分异特征的分析,直观地体现出城镇化质量的时空演化。

最后,在对中国的城镇化质量进行测度和分析后,本书结合中国城镇化发展的不同阶段,梳理了环境规制政策的演进。通过梳理可以发现,环境规制工具包括命令控制型、市场激励型和自愿型环境规制三类,前两者也可被称作显性环境规制,自愿型环境规制也可被称作隐性环境规制。本章将城镇化发展划分为城镇化快速发展阶段、城镇化加速发展阶段以及城镇化增速放缓阶段,并梳理和总结了改革开放以来中国在环境规制层面的一系列法律法规和政策的演进。可以看出,中国对于保护环境的管理力度逐步加大,环境规制层面的法律法规也在不断完善,对于行政机构的改革和调整也始终在进行。不过,城市的生态环境治理和改善是一个长期过程,需要长期不懈地努力。

基于上述结论,本章相应的政策启示在于:

第一,应当转变城镇化发展方式,由"数量型"城镇化转为"质量型"城镇化。过去的传统城镇化往往以物的城镇化为重点,存在"量"与"质"不协调以及区域间发展不平衡的问题,半城镇化现象较为严重。随着经济增速和工业化发展的步伐放缓以及资源环境的趋紧,以开发土地、大搞房地产为建设重点的传统城镇化难以为继。因此,城镇化的发展方式必须发生转变,将"要素驱动"或"投资驱动"城镇化转变为"创新驱动"城镇化,将人口城镇化、经济发展、城市建设、公共服务和节能环保作为城镇化发展的内生变量。以人为本的城镇化高质量发展势在必行。

第二,应当重视目前较为严峻的城镇化发展不均衡的问题,尤其是亟待关注不平衡问题最为突出的两大维度,即公共服务维度和城市建设维度。不仅要提高全国各省、自治区及直辖市的以上两个维度的城镇化质量,更加需要解决其严重的不平衡的问题。以公共服务维度的城镇化质量为例,其包含教育资源、文化资源、医疗资源以及公共基础设施等。目前在公共服务维度城镇化排名较后的地区,其居民拥有的教育支出较低,也较难拥有使用公共图书馆等文化资源的机会,甚至其可使用的医疗卫生资源较为落后。只有补上以上短板,才能使各个地区的城乡居民享受公共服务的均等化和基础设施一体化带来的便利和幸福感。这不仅可以有效地提高全国的综合城镇化质量,也能有效地缓解发展不均衡的问题。

第三,在宏观层面,提高对环境规制的政策工具效能方面的研究。基于上文对于城镇化发展各阶段环境规制政策工具演进的梳理,可以发现中国的环境规制力度正在不断加大,并且比起从前几乎以命令控制为主导形式的环境规制,逐步演变为市场激励型、自愿型环境规制地位提升、相互补充的环境规制的政策体系。本章梳理和回顾了中国在环境规制初步形成后政策的发展变迁,整理中国现行主要的环境规制类型,分析了目前通过环境规制的一系列措施,在治理污染和改善环境层面取得的一些成就。通过梳理可以发现,环境规制工具包括命令控制型、市场激励型和自愿型环境规制三类,前两者也可被称作显性环境规制,自愿型环境规制也可被称作隐性环境规制。

首先,通过回顾中国近几十年来在环境规制层面的一系列法律法规和政策的演进,我们能够看出城市的生态环境治理和改善是一个长期过程,需要长期不懈努力。一方面,在法律层面,要建立城市生态环境治理的长效机制。环保问题目前解决的核心不在于技术,而在于要有良好的法律环境作为保障,能够将上文中的命令控制型环境规制工具的效果发挥到最大化。一方面,在国家层面,要加强环保立法,要更严格执法。此外,在加强立法、严格执法的基础上,要积极发挥市场机制的作用,企业作为非完全理性人,其目标是利益最大化。在环境规制的过程中,切忌完全靠强制,而应该尊重、肯定和强调市场激励的作用。另一方面,在社会层面,要加大宣传教育力度,让居民在环境保护上树立一种正确的理念,并将保护环境、节约资源的环保理念落实到行动中,内化成为一种习惯。

其次,无论是上述通过立法、执法的命令控制型环境规制还是基于市场机制的市场激励型环境规制,仅仅依靠本城市在环境污染治理上的投入并不能从根本上解决环境污染以及转移污染产业的问题。环境污染、环境治理都具有空间溢出性,公共产品和外部性等特征也决定了环境规制无法由某地区独立开展。这也是下文在进行实证研究时考虑空间溢出性和运用空间计量方法的根本原因。国家应当加强在环境污染治理上的顶层设计,组建跨省或者城市群层面的协调组织,形成"地区经济协同为主、政策管理协同为辅"的联合治污格局,协调地区间的产业结构、发展规划等经济因素,以及各地经济发展战略、环保政策等,杜绝以邻为壑。接下来,国家应该进一步根据社会发展的现实情况,借鉴国外发达国家的环境规制工具使用的经验,研究更多环境规制工具的可行性和有效性。如从更高屋建瓴的角度,对不同类型的企业、所在地区不同的企业以及边际治污成本不同的企业等等,研发出更加多元并且因地制宜的环境规制政策工具。基于此,本章不仅有利于进一步提高环境规制的政策效能,也有利于为城镇化的高质量发展提供发展抓手以及提供发展动能。

第四章 环境规制对城镇化质量的空间溢出效应分析

第一节 问题的提出

过去的城镇化走的是一条追求城镇化率提高而忽视质量的道路,虽然其增速可观,但是发展方式不可持续,不仅带来生态环境方面的巨大压力,也不利于中国逐步走向绿色发展道路。当前,中国经济发展已经进入"新常态"。随着经济增速和工业化发展的步伐放缓以及资源环境的趋紧,以开发土地、大搞房地产为建设重点以及过度依赖"土地财政"和廉价劳动力的传统城镇化方式难以为继。城镇化的发展方式必须发生转变,高质量发展势在必行。高质量的城镇化必然是在人口、经济和资源、环境之间取得相对平衡的发展路径,在逐步改善生态环境的基础上,注重城镇土地和空间的合理利用,使得人民生活的便利度和幸福感得到提升。因此,环境规制成为促进城镇化高质量发展的必然选择和有效抓手。然而,环境规制对城镇化的高质量发展会存在怎样的影响,又是通过哪些传导途径影响着城镇化质量?这是本书进行探讨和深入分析的核心问题。

关于环境规制经济效应的经典理论中,"遵循成本说"基于静态分析视角,认为环境规制与企业利润最大化的目标相悖,会增加企业的成本负担,最终削弱其竞争力;而"创新补偿说"基于动态的视角,认为倘若环境规制控制在合理的范畴,就可以激励企业优化资源配置效率、改进技术水平,最终其竞争力得到提高。国内也有较多学者从多种视角分析了环境规制的影响,这些研究大致可以分为三类:其一是研究环境规制对经济发展的影响,结果表明更加严格的环境规制有利于提高绿色生产率和循环经济发展绩效。其二是从产业空间布局的角度分析其与环境污染的关系。马丽梅等(2014)证实了中国各地区的雾霾污染空间集聚效应存在显著的溢出效应,并且发现经济集聚和环境污染在城市层面存在交互影响及空间效应;韩峰等(2017)把生产性服务业进行了分类,分别探讨了其对于本地区和周边城市产生的碳减排效应;罗能生等(2018)在探究专业化和多样化的产业集聚与交通运输互动对雾霾溢出影响的同时,分析了大中小城市的异质性。其三是从就业的角度分析环境规制效应,发现中国东部地区环境规制的提高会促进就业,而中西部地区表现为抑制作用。

上述文献对城镇化与生态环境关系研究具有重要贡献,但在以下方面仍有欠缺:第一,以往关于耦合关系的研究大多建立在经验分析上,对城镇化与生态关系的解释并不明确。第二,实证研究更多着眼于行业或产业的角度,并且大多使用省份层面数据,存在着样本不足、自由度低的问题,会造成计量模型估计不准确。为了探究不同类型的环境规制如何影响新型城镇化的空间溢出效应,以及在不同类型的环境规制中其他因素对新型城镇化的影响,本文在三个方面对现有研究方法进行改进:一是将新型城镇化综合评价体系纳入同一框架的基础上构建计量模型,使用主成分分析法和熵值法对新型城镇化发展水平进行测度;二是将研究样本扩大到中国2003—2016年285个地级及以上城市面板数据,以提高计量模型估计的准确性;三是在考虑空间异质性的基础上,从空间滞后的视角探究不同类型环境规制对本地区和周围地区新型城镇化建设的影响机制及区域差异。这对于促进中国新型城镇化的高质量、可持续发展具有重要意义。从理论上分析,环境规制对城镇化质量会产生多方面的影响。不仅体现在生态环境改善层面,也体现在社会经济运行的多个环节。随着环境规制的力度增大,规制压力会增加企业的成本,尤其是污染排放较高的企业会受到环境规制带来的约束压力。此时,其会采取措施减少对能源的利用,其次会响应政府的号召增加清洁能源的使用,因此产生的污染会减少。因此,在生态环境的层面,环境规制有利于提高城镇化的质量。与此同时,随着环境规制对技术创新、产业结构的调整产生影响,将带来资本投入的变化和劳动力的转移。因此,环境规制会对技术创新、产业结构的调整以及资源配置的效率产生影响。然而,在该过程中环境规制对城镇化质量的影响的方向具有不确定性。在环境规制的力度由弱增强时,"遵循成本"会影响企业的经济效益,并且技术创新需要大量的资金投入和时间周期,所以环境规制可能在一定时期内抑制经济发展。但是,在人口城镇化、经济发展、城市建设等层面,环境规制对城镇化质量的影响方向会如何?从总体来看,环境规制对城镇化质量影响的方向是如何的？是先抑制、后促进，还是始终促进，抑或存在其他的情况？这也是下文需要探究的重点问题之一。

其次，从环境规制的层面来看，环境规制是包含了许多法律法规和地方规定的较为庞大的政策体系，包含多种不同类型的环境规制工具。是否可以使用其他分类方式进行探究？环境规制以结果为导向和以过程为导向，对城镇化的发展质量是否存在不同？

综上，本章需要先解决以上提出的问题，再在后文中进一步探究产业结构、技术创新、资源配置等传导机制。首先，仅依靠本城市在环境污染治理上的投入并不能从根本上解决环境污染以及转移污染产业的问题。环境污染、环境治理都具有空间溢出性，公共产品和外部性等特征也决定了环境规制无法由某地区独立开展。从环境污染和环境治理具有外部性特征考虑，环境规制对城镇化的发展质量是否具有空间溢出效应？上述环境规制工具对城镇化质量的影响及其空间溢出效应是否具有地区间的异质性？环境规制应当如何做到因地制宜，最有效地促进各地区的城镇化高质量发展？其次，不同类型的环境规制工具将对城镇化的质量产生怎样的影响？深入研究上述问题，不仅有助于分析不同类型的环境规制工具对于城镇化质量的影响，也能够基于空间溢出效应和地区间的异质性，给各地区的城镇化高质量发展道路提供一定的参考，也能够对当前的环境规制政策和城镇化发展方向提供一定的政策建议。

第二节　研究方法与设计

一、研究方法

一般而言，实证检验存在一个假设前提，即各地区的所有变量是相互独立的。但是，本书的研究对象为中国285个地级及以上城市的环境规制和城镇化质量，各地区之间不独立，无法割裂开进行分析。首先，空气是流通的，某个城市的环境规制不仅会改善本城市的环境质量，也会使地理相邻的城市受益。因此，研究生态环境时难以以单独的地级市为研究对象，样本的城市之间无法独立。本地区在加大环境规制的力度后，生态环境的改善必然会给邻近地区带来正面的影响；相对地，邻近地区的空气质量会给本地区带来空间溢出效应。同样地,环境规制的法律法规和成果都很难独立。当环境规制政策为城镇化的高质量发展带来益处时,邻近地区也会采取相应的策略来进行环境规制,从而产生观摩效应。此外,随着环境规制的力度增大,规制压力会增加企业的成本,尤其是污染排放较高的企业会受到环境规制带来的约束压力。此时,企业不仅会采取措施减少对能源的利用,也可能为了逃避遵循成本而进行产业转移。基于此,有必要将空间因素纳入计量模型,分析环境规制对城镇化质量的影响及其空间溢出效应。基于此,本节进一步使用空间计量模型分析环境规制对城镇化质量的影响。

在构建空间计量模型时,将模型的因变量记为 Y,自变量记为 X,空间权重矩阵记为 W。如果邻近地区的因变量会对研究对象对应的因变量产生影响,则应将空间滞后因子 WY 作为自变量引入模型;如果邻近地区的自变量会对研究对象对应的因变量产生影响,则应将空间滞后因子 WX 作为自变量引入模型。上述两个模型分别如式4-1和式4-2所示。

$$Y = \alpha + \rho WY + X\beta + \varepsilon \quad (4-1)$$

$$Y = \alpha + \rho WX + X\beta + \varepsilon \quad (4-2)$$

式4-1和式4-2分别为空间自回归模型(SAR)和空间滞后模型(SAC)。如将式4-1和式4-2进行整合,将因变量和自变量的空间滞后项同时引入一个模型,该模型被称为空间杜宾模型(SDM)。其中,α、ρ 和 β 为待估计系数,ε 为随机扰动项,假设 ε 服从正态分布,其均值为0,方差为 $\sigma^2 I_{NT}$。

但是,往往在探究现实问题时,不仅因变量或自变量的滞后项会对因变量产生影响,而邻近地区存在不可观察的扰动项也对因变量能够产生作用。此时,空间计量模型如式4-3所示:

$$\begin{aligned} Y &= \alpha + X\beta + \xi \\ \xi &= \lambda W\xi + \varepsilon \\ \varepsilon &\sim N(0, \sigma^2 I_{NT}) \end{aligned} \quad (4-3)$$

式4-3被称为空间误差模型(SEM)。式中的各参数所表示的意义也与式4-1和式4-2相同。

二、空间自相关检验

为判断城市的环境规制和城镇化质量是否可以通过空间面板计量模型进

行统计分析,需考察变量是否存在空间自相关。只有研究变量具备空间相关性的前提下,才需要进一步使用空间计量模型进行回归分析。在检验空间相关性的检验方法中,Moran's I 检验方法最为常用。Moran's I 指数的计算公式如下:

$$\text{Moran's I} = \frac{\sum_{i=1}^{n} \cdot \sum_{j=1}^{n} W_{ij}(x_i - \bar{x})(x_j - \bar{x})}{S^2 \sum_{i=1}^{n} \cdot \sum_{j=1}^{n} W_{ij}} \quad (4-4)$$

其中,W_{ij} 为空间权重矩阵,x_i 和 x_j 分别为第 i 和第 j 地区的观察值。

Moran's I 指数可以测度出整个序列的空间自相关性,取值介于 -1 到 1 之间,大于 0 表示存在空间自相关,即高(低)值被周围的高(低)值包围;小于 0 表示高(低)值被周围的低(高)值包围;如果接近于 0,表示空间分布是随机的,不存在空间相关性。在本章的研究中,采用 Moran's I 指数来检验环境规制与城镇化质量是否存在空间效应。Moran's I 的取值越接近于 0,则表示环境规制力度和城镇化质量越趋近于随机分布。绝对值越接近于 1,则表示城市间的环境规制和城镇化质量存在的空间相关性则越明显。大于 0 表示城市的环境规制力度与城镇化质量存在正相关,小于 0 则是负相关。本章研究对象为全国 285 个地级及以上城市。以工业二氧化硫去除率代表环境规制,城镇化质量的测度方法已报告在第三章。由表 4-1 和图 4-1 报告了中国 285 个地级及以上城市的环境规制的 Moran 指数计算结果以及在此基础上绘制出的散点图。同理可得城镇化质量的 Moran 指数,由于篇幅限制不报告于此。根据测算结果,绘制出中国的城镇化质量散点图,并报告于图 4-2。

表 4-1 2003—2016 年环境规制的全局空间 Moran 指数

年份	2003	2004	2005	2006	2007	2008	2009
Moran	0.187	0.192	0.195	0.208	0.213	0.206	0.207
Z 值	13.836	13.485	13.131	13.788	14.810	14.427	14.390
p 值	<0.001	<0.001	<0.001	<0.001	<0.001	<0.001	<0.001

续表

年份	2010	2011	2012	2013	2014	2015	2016
Moran	0.207	0.212	0.198	0.217	0.199	0.243	0.253
Z 值	14.473	14.757	13.864	15.089	13.918	17.289	17.470
p 值	<0.001	<0.001	<0.001	<0.001	<0.001	<0.001	<0.001

数据来源：作者计算。

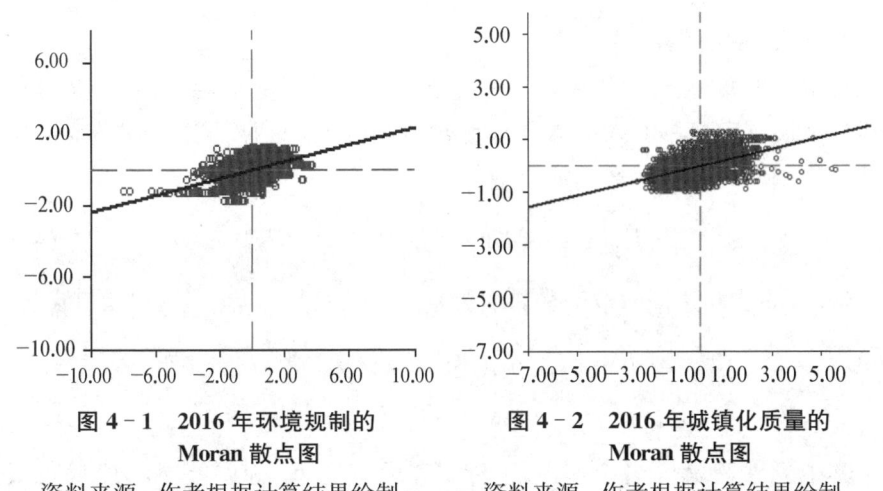

图 4-1 2016 年环境规制的 Moran 散点图

资料来源：作者根据计算结果绘制。

图 4-2 2016 年城镇化质量的 Moran 散点图

资料来源：作者根据计算结果绘制。

从图 4-1 和图 4-2 中可以看出，中国环境规制和城镇化质量的 Moran 指数散点均主要集中在第一象限和第三象限，即"高—高"和"低—低"集聚类型较为明显，这与中国目前发展的现状比较符合。也就是说，环境规制力度较强（弱）的城市往往与环境规制力度较强（弱）的城市相邻，城镇化质量较高（低）的城市往往与城镇化质量较高（低）的城市相邻。因此，可以看出，中国城镇化质量和环境规制均有显著的空间依赖性。

其次，使用 Geoda 软件对该模型进行 OLS 回归，得到该面板的误差项 Moran's I 值为 0.2283，伴随概率为<0.0001，因此，在控制解释变量后，环境规制的力度和城镇化质量均表现出显著的正向空间依赖性，即环境规制力度较强的城市周边也必然聚集着城镇化质量较高的城市，环境规制力度较弱的城市周边也聚集着城镇化质量较低的城市。该结论与上文 Moran's I 检验的

结果相一致,均说明中国城市环境规制和城镇化质量存在显著的空间依赖性。综上,本书无法使用以最小二乘法为典型的传统的计量方法进行研究,或使结果存在较大的偏差,需要引入空间计量模型。

第三节 空间计量模型实证检验与结果分析

一、模型构建、变量选取与数据来源

(一)计量模型设定

本章以柯布-道格拉斯生产函数为城镇化质量核算框架,将对于城镇化的高质量发展有重要影响的因素和环境规制情况共同纳入该核算框架,构建包含环境规制的五要素生产函数模型:

$$UR_{it} = ER_{it}^{\beta_1} LF_{it}^{\beta_2} FD_{it}^{\beta_3} FDI_{it}^{\beta_4} IND_{it}^{\beta_5} \qquad (4-5)$$

将4-5式两边同时取对数,即得到

$$\ln UR_{it} = \beta_1 \ln ER_{it} + \beta_2 \ln LF_{it} + \beta_3 \ln FD_{it} + \beta_4 \ln FDI_{it} + \beta_5 \ln IND_{it} + \varepsilon_{it} \qquad (4-6)$$

其中,下标 i 表示各个城市,下标 t 表示年份,ε_{it} 为误差项,UR 代表城镇化质量,ER 表示环境规制水平,LF、FD、FDI、IND 为其他控制变量。上文已经介绍过空间计量方法中常用的几种模型,本书选择模型的过程主要如下:

第一,由于空间地理位置的异质性影响不可忽视,再根据 Hausman 检验的结果,选择固定效应模型。又因为时间跨度为14年,属于短面板,时间固定效应不显著,所以选择空间固定效应模型。

第二,通过拉格朗日乘数检验(LM Test)判断模型中是否具有空间滞后变量或空间误差变量对因变量的影响。若拒绝零假设,则说明模型中应包含空间交互影响的元素;选择 SAR 或 SEM 空间计量模型,若 SAR 或 SEM 空间计量模型的零假设被拒绝,意味着拒绝不存在空间滞后效应和不存在空间误差模型的原假设,表明模型同时具有空间滞后和空间误差两种模型的特征,则需选择 SDM 模型。而在两种模型均无法被拒绝的情况下,需要进一步对空间杜宾模型进一步进行检验分析。LR 检验和 Wald 检验的 P 值均小于 0.05(见

表 4-2),则表明空间杜宾模型既不能简化为空间滞后模型也不能简化为空间误差模型,空间杜宾模型能最好地拟合数据。

表 4-2 空间面板模型的适用性检验

相关检验	空间权重 W_1	
从具体到一般		p 值
LM-lag	1 170.382 5	<0.000 1
R-LM-lag	727.188 1	<0.000 1
LM-err	616.990 1	<0.000 1
R-LM-err	173.795 7	<0.000 1
从一般到具体		p 值
LR test for SAR	132.531 8	<0.000 1
Wald test for SAR	125.012 5	<0.000 1
LR test for SEM	110.218 2	<0.000 1
Wald test for SEM	102.541	<0.000 1

第三,本书重点关注环境规制对城镇化质量的空间溢出效应,不仅考虑本地区环境规制对城镇化质量的影响,同时还要考察邻近地区环境规制对本地区城镇化质量的影响。空间滞后模型由于引进了因变量的滞后项 $W_{ij} \times Y_{jt}$,所以它反映了本地区和周边地区的城镇化质量之间的影响,解决的是空间依赖性问题。空间误差模型中的空间误差系数 λ 度量的是某城市的不可观测因素对于邻近地区城镇化质量的影响,解决的是空间异质性问题。而空间杜宾模型同时解决了以上两个问题,是空间滞后模型及空间误差模型的一般形式,能够更好地估计不同观测个体产生的溢出效应和基于面板数据测算空间溢出效应。

综上,本书选用空间固定效应的空间杜宾模型,其一般形式为:

$$Y_{it} = \beta X_{it} + \rho \sum_{j=1}^{n} W_{ij} Y_{jt} + \theta \sum_{j=1}^{n} W_{ij} X_{jt} + e_i \qquad (4-7)$$

其中，i 和 j 分别表示不同的城市，W_{ij} 表示空间权重矩阵，X_{it} 为自变量向量，β 表示解释变量回归系数向量，ρ 表示因变量空间回归系数，θ 表示自变量空间回归系数。

此外，为了考察环境规制与城镇化质量是否存在倒形关系，本书进一步地将单个指标的平方项引入模型。"效果型"环境规制及控制变量对于城镇化质量影响的空间杜宾模型为式 4-8。"过程型"环境规制及控制变量对城镇化质量影响的空间杜宾模型为式 4-9。为减少异方差，将所有数据取对数。

$$\begin{aligned}
\ln UR_{it} = & \beta_1 \ln ERR_{it} + \beta_2 \ln(ERR_{it})^2 + \beta_3 \ln LF_{it} + \beta_4 \ln FD_{it} + \\
& \beta_5 \ln HC_{it} + \beta_6 \ln IND_{it} + \rho W \ln UR_{it} + \theta_1 W \ln ERR_{it} + \\
& \theta_2 W \ln(ERR_{it})^2 + \theta_3 W \ln LF_{it} + \theta_4 W \ln FD_{it} + \\
& \theta_5 W \ln HC_{it} + \theta_6 W \ln IND_{it} + \varepsilon_{it}
\end{aligned} \quad (4-8)$$

$$\begin{aligned}
\ln UR_{it} = & \beta_1 \ln ERP_{it} + \beta_2 \ln(ERP_{it})^2 + \beta_3 \ln LF_{it} + \beta_4 \ln FD_{it} + \\
& \beta_5 \ln HC_{it} + \beta_6 \ln IND_{it} + \rho W \ln UR_{it} + \theta_1 W \ln ERP_{it} + \\
& \theta_2 W \ln(ERP_{it})^2 + \theta_3 W \ln LF_{it} + \theta_4 W \ln FD_{it} + \\
& \theta_5 W \ln HC_{it} + \theta_6 W \ln IND_{it} + \varepsilon_{it}
\end{aligned} \quad (4-9)$$

（二）变量与数据说明

本书采用 2003—2016 年中国 285 个地级及以上城市面板数据为研究样本，城镇化质量及环境规制的各项指标均来自《中国城市统计年鉴》《中国城市建设统计年鉴》和《中国环境统计年鉴》。少数缺值数据利用插值法进行填补。

1. 被解释变量

本章的被解释变量为城镇化质量（UR）。基于前文对城镇化质量的界定，以及对传统城镇化问题和瓶颈的剖析，城镇化的高质量发展应当体现人口城镇化、空间城市化、市民生活城镇化等方方面面。因此，本书从人口城镇化、经济发展、城市建设、公共服务和节能环保五个维度构建综合评价指标体系，具体包含的基础指标以及测度方法报告在第三章。

2. 核心解释变量

本章的核心解释变量为环境规制（ER）。在前文提及过以往文献使用的环境规制力度的测度方法，往往包括四种主要的衡量环境规制强度的方法，有用实际污染排放量或污染去除率衡量、通过缴纳排污费用的数额大小衡量、用污染治理成本或环境污染治理投资衡量等方法。本章采用第一种最常用的测度方法,即用实际污染排放量或污染去除率衡量环境规制强度。在选取实际污染物时,较为常用的污染物有工业二氧化硫、工业烟尘、工业粉尘以及工业污水等。中国颁布了《大气污染防治法》,旨在控制酸雨的产生。在该法律颁布后,多个城市通过禁止、限制并逐步取缔现有高硫锅炉、加大现有火电厂的脱硫工作等措施,使工业二氧化硫的排放量在短期内明显减少。因此,本章选取典型的污染物——工业二氧化硫作为测度对象,测度环境规制的力度。

此外,也有部分文献对环境规制进行了分类和比较分析,例如,原毅军等(2013)从技术和数量两个方面将环境规制区分为"技术型"规制和"绩效型"规制,技术型规制主要规定企业、组织在生产过程中需要达到的排污方面的具体标准;绩效性规制是对企业污染物的排放量进行规定。本书借鉴以上的研究思路,将环境规制分为"效果型"环境规制和"过程型"环境规制。"效果型"环境规制以对环境整治的结果为导向,即以污染物去除率的提高为表现形式。"过程型"环境规制以对生产过程的绿色化为导向,即以每万元GDP排放的污染物的减少为表现形式。综上,本章选用工业二氧化硫的去除率来衡量效果型环境规制(ERR),用每万元GDP工业二氧化硫排放量来表征过程型环境规制(ERP)。具体的指标计算方法见表4-3。

表4-3 环境规制(ER)指分类及指标体系

环境规制类型	指标定义	计算公式
"效果型"环境规制	工业二氧化硫去除率	工业二氧化硫去除量/(工业二氧化硫去除量+工业二氧化硫排放量)×100%
"过程型"环境规制	每万元GDP工业二氧化硫排放量	工业二氧化硫排放量/地区生产总值

3. 其他控制变量

除了环境规制之外,其他影响城镇化质量的因素还有很多,不可能穷尽。基于数据的可得性、完善性和实用性原则,在参考相关研究成果并进行筛选的基础上,本书选取以下三个控制变量。

土地财政(LF)。随着土地征收成本迅速上升,使得传统的"土地财政"难以为继。随着财政收入增速的放缓,土地出让金、土地增值税等土地相关收入可能难以持续增加。并且,土地资源是城镇化发展的重要资源要素和承载平台。本书选取《中国城市建设统计年鉴》中土地出让金的数据来表示土地财政情况。

金融支持(FD)。随着中国劳动要素、土地环境成本的提高,中国的城镇化成本将逐步提高,传统的城镇化资金来源将面临各种现实约束,中国城镇化的高质量发展离不开有效的金融支持手段。本书采用各地级市年末金融机构存贷款总和比当地GDP的数值来反映。

经济开放(FDI)。用外商投资企业产值占工业总产值比重表征。外资的进入可以弥补本地资本不足、带来先进的技术,通过示范、竞争、人员培训与流动等方式可能刺激本地区的技术创新、产业升级等,进而会对城镇化质量造成影响,因此需要在过程中加以控制。

4. 空间权重矩阵

为避免结论不稳健,本章选取三种不同的空间权重矩阵,以探究环境规制对城镇化质量的空间溢出效应。首先,第一种选用的地理距离矩阵(W_1),是在运用空间计量方法的研究中相对常用的一种,能够将不同地方的空间距离反映出来。由于拉萨等城市数据存在缺失,地理相邻空间权重矩阵将会不够准确。因此,本书选取的地理距离矩阵的构建方法是取地理距离平方的倒数。其形式如式4-10所示:

$$W_{ij}^d = \frac{1}{(d_{ij})^2}$$

$$W_1 = \begin{cases} \dfrac{W_{ij}^d}{\sum_j W_{ij}^d}, i \neq j \\ 0, i = j \end{cases} \quad (4-10)$$

其中,W_{ij}为第i行第j列的矩阵元素;d_{ij}为城市i和城市j之间的质心距离。

第二种空间权重矩阵是将城市的经济属性纳入考虑范畴内。由于中国的经济发展存在较为明显的不均衡,仅用地理属性可能难以准确地反映空间溢出效应。经济距离矩阵(W_2)的具体形式如式4-11所示。

$$W_{ij}^e = W_{ij}^d \times \text{diag}(\overline{Y_1}/\overline{Y}, \overline{Y_2}/\overline{Y}, \cdots, \overline{Y_n}/\overline{Y})$$

$$W_2 = \begin{cases} \dfrac{W_{ij}^e}{\sum_j W_{ij}^e}, i \neq j \\ 0, i = j \end{cases} \quad (4-11)$$

其中，$\bar{Y}_i$ 表示观察期内城市 i 人均 GDP 的平均值，$\bar{Y}$ 则是观察期内所有城市人均 GDP 的平均值。

第三种空间权重矩阵为技术距离矩阵（W_3）。由于除了经济因素之外，随着现代技术的进步，城市间的地理距离和经济距离都会随之发生变化。因此，本章选用第三种空间权重矩阵，即技术距离矩阵（W_3），其形式如式 4-12 所示：

$$W_{ij}^t = W_{ij}^d \times \text{diag}(\overline{P_1}/\bar{P}, \overline{P_2}/\bar{P}, \cdots, \overline{P_n}/\bar{P})$$

$$W_3 = \begin{cases} \dfrac{W_{ij}^t}{\sum_j W_{ij}^t}, i \neq j \\ 0, i = j \end{cases} \quad (4-12)$$

其中，$\bar{P}_i = \dfrac{1}{t_1 - t_0 + 1} \sum_{t_0}^{t_1} P_{ij}$ 为观察期内城市 i 的专利申请授权数的平均值，$\bar{P}$ 则表示观察期内所有城市专利申请授权数的平均值，也同样地进行了标准化处理。

表 4-4 主要变量的描述性统计

变量名称	变量表示	均值	标准差	最大值	最小值	样本数
城镇化质量	lnUR	-8.54	0.67	-4.72	-10.27	3 990
"效果型"环境规制	lnERR	3.41	1.15	4.60	-3.91	3 990
"过程型"环境规制	lnERP	-3.73	1.36	1.33	-14.51	3 990
土地财政	lnLF	12.51	1.72	16.84	3.26	3 990
金融支持	lnFD	1.31	0.76	4.61	-4.84	3 990
经济开放	lnFDI	0.94	1.17	3.18	-9.21	3 990

资料来源：作者运用 STATA 软件计算整理所得。

二、实证分析结果

(一) 全国层面的计量结果分析

基于以上空间杜宾模型,使用 2003—2016 年中国 285 个地级以上城市的面板数据并采用基于极大似然估计函数进行估计,并使用三种不同的空间权重矩阵,即地理距离矩阵(W_1)、经济距离矩阵(W_2)和技术距离矩阵(W_3)进行估计。首先,是基于全国层面的计量结果分析,其中,第 2—4 列为"效果型"环境规制的估计结果,第 5—7 列为"过程型"环境规制的估计结果。第 2 行至第 7 行为核心解释变量以及控制变量的实证检验回归系数,第 8—13 行是以上核心解释变量以及控制变量的空间滞后项的检验的回归系数。将实证分析结果报告于表 4-5。

表 4-5　全国样本的空间杜宾模型估计结果

解释变量	"效果型"环境规制			"过程型"环境规制		
	W_1	W_2	W_3	W_1	W_2	W_3
$\ln ER$	0.074 8*** (5.884 9)	0.069 8*** (5.623 9)	0.071 4*** (5.765 4)	−0.074 1*** (−4.475 7)	−0.075 1*** (−4.602 5)	−0.074 8*** (−4.536 5)
$(\ln ER)^2$	0.009 2*** (4.053 9)	0.010 8*** (4.654 9)	0.011 1*** (4.785 3)	−0.001 3 (−0.806 3)	−0.001 3 (−0.805 6)	−0.001 4 (−0.809 1)
$\ln LF$	0.011 6*** (3.387 9)	0.012 6*** (3.567 8)	0.010 8*** (3.298 7)	0.015 0*** (4.327 5)	0.017 4*** (4.327 5)	0.016 8*** (4.327 5)
$\ln FD$	0.030 6*** (3.358 0)	0.031 4*** (3.478 6)	0.034 7*** (3.369 6)	0.056 8*** (5.689 6)	0.062 5*** (5.689 6)	0.059 4*** (5.689 6)
$\ln FDI$	0.094 9*** (14.008 1)	0.095 8*** (14.924 5)	0.096 3*** (15.387 6)	0.102 3*** (14.920 5)	0.128 6*** (14.920 5)	0.119 3*** (14.920 5)
$W \cdot \ln ER$	0.268*** (16.407)	0.302 8*** (17.296 4)	0.296 4*** (16.925 4)	−0.222 2*** (−7.509 2)	−0.295 7*** (−7.509 2)	−0.246 2*** (−7.509 2)
$W \cdot (\ln ER)^2$	0.034 4*** (11.655)	0.029 5** (11.913 4)	0.027 65** (12.487 6)	−0.014 0*** (−3.998 9)	−0.015 9*** (−3.998 9)	−0.016 4*** (−3.998 9)

续　表

解释变量	"效果型"环境规制			"过程型"环境规制		
	W_1	W_2	W_3	W_1	W_2	W_3
$W \cdot \ln LF$	0.025*** (4.820)	0.025*** (4.537)	0.026*** (5.016)	0.035*** (6.746)	0.029*** (6.746)	0.039*** (6.746)
$W \cdot \ln FD$	0.020 4* (1.930 5)	0.023 6* (1.930 5)	0.022 1* (1.930 5)	0.027 0** (2.388 9)	0.029 1** (2.388 9)	0.026 6** (2.388 9)
$W \cdot \ln FDI$	−0.084*** (−10.625)	−0.084 1*** (−10.646 7)	−0.084 1*** (−10.636)	−0.077 0*** (−9.630)	−0.062 5*** (−9.285)	−0.068 2*** (−9.967)
$\log L$	−396.697	−387.287	−392.296	−502.479	−525.695	−519.296
R^2	0.853	0.852	0.862	0.849	0.850	0.860

注：括号中的数值为 t 统计量；*、**、*** 分别代表10%、5%和1%显著性水平。
资料来源：作者根据MATLAB估计结果整理所得。

从表4-5所示的全国样本的空间杜宾模型估计结果来看，能够得到以下几个结论：

第一，从环境规制项的弹性系数可以看出，在不同的空间矩阵条件下，"效果型"环境规制（lnERR）的回归系数在全国各地区均显著为正，即工业二氧化硫去除率越高，城镇化质量越高。该结论表明，环境规制的力度增强能够促进城镇化质量的提高。此外，在不同的空间矩阵条件下，"过程型"环境规制（lnERP）的回归系数在全国各地区均为负，即每万元GDP产生的工业二氧化硫越多，城镇化质量越低。也就是说，每万元GDP排放的污染越少，越有利于城镇化质量的提升。

第二，"效果型"环境规制的平方项$[W \cdot (\ln ERR)^2]$的回归系数为正，"过程型"环境规制的平方项$[W \cdot (\ln ERP)^2]$的回归系数为负，与一次项的"效果型"环境规制（lnERR）和"过程型"环境规制（lnERP）的弹性系数同号。这说明不同类型的环境规制与城镇化质量之间均不存在非线性关系。

第三，从环境规制空间滞后项的弹性系数来看，"效果型"环境规制的空间滞后项（$W \cdot \ln ERR$）和"过程型"环境规制的空间滞后项（$W \cdot \ln ERP$）的估计系数均显著为正，说明不同类型的环境规制具有显著的正向空间溢出效应。也就是说，某个城市的环境规制的力度增强，不仅有利于本地区城镇化质量的提升，也能够通过正向的空间溢出效应，对邻近地区的城镇化质量带来益处。

最后，从其余控制变量的模型估计结果来看，土地财政（$lnLF$）和金融发展（$lnFD$）及其空间滞后项在全国层面的估计结果显著为正，说明该要素可以促进城镇化的高质量发展，并且邻近地区的该要素的提高可促进本地区的城镇化质量的提高。经济开放度（$lnFDI$）的估计结果显著为正，其空间滞后项（$W \cdot lnFDI$）的估计结果却显著为负，并且其间接效应显著为负，说明本地区经济开放程度的提高可以促进本地区的城镇化高质量发展，而邻近地区经济开放程度的提高会对本地区的城镇化质量起到抑制作用。

（二）区域层面的实证结果分析

本书参照国家地理区域划分标准将全国划分为东部、中部和西部地区进行对比，以进一步探究其空间异质性，见表 4-6。从区域层面的实证分析结果来看，能够得出以下几个结论：

表 4-6 区域层面环境规制空间杜宾模型估计结果

变量	"效果型"环境规制			"过程型"环境规制		
	东部	中部	西部	东部	中部	西部
$lnER$	0.060 7** (2.046 1)	0.037 3** (1.969 6)	0.098 7*** (3.876 2)	−0.136 6 (−1.072 6)	−0.135 3*** (−3.788 7)	−0.063 0 (−1.411 2)
$(lnER)^2$	0.006 0 (0.899 5)	0.004 5 (1.496 0)	0.013 1*** (2.837 4)	−0.008 7 (0.788 6)	−0.009 3** (−2.308 0)	0.003 3 (0.600 4)
$lnLF$	0.012 2** (2.086 0)	0.010 8** (1.962 8)	0.011 4* (1.708 5)	0.024 9** (2.516 8)	0.014 3*** (2.586 2)	0.007 9 (1.160 7)
$lnFD$	0.037 0** (2.415 2)	0.057 2*** (4.282 6)	0.041 0 (1.586 0)	0.107 4*** (3.555 9)	0.077 6*** (4.321 4)	0.076 4*** (2.916 4)
$lnFDI$	0.141 1*** (9.903 9)	0.136 7*** (9.781 9)	0.069 7*** (6.738 4)	−0.060 2*** (10.313 8)	0.144 8*** (10.270 3)	0.078 0*** (7.422 0)
$W \cdot lnER$	0.236 5*** (6.386 2)	0.234 0*** (9.720 2)	0.314 7*** (8.757 7)	−0.136 6*** (−3.386 1)	−0.140 7*** (−2.733 7)	−0.233 1*** (−3.839 8)

续 表

变量	"效果型"环境规制			"过程型"环境规制		
	东部	中部	西部	东部	中部	西部
$W \cdot (\ln ER)^2$	0.039 9*** (4.700 1)	0.029 0*** (7.897 9)	0.044 2*** (6.153 4)	−0.008 7** (−1.981 3)	−0.002 9 (−0.467 7)	−0.016 5** (−2.210 8)
$W \cdot \ln LF$	0.015 2* (1.847 3)	0.006 0 (0.704 9)	0.043 4*** (4.540 3)	0.024 9*** (3.012 3)	0.012 8 (1.583 8)	0.039 3*** (4.048 9)
$W \cdot \ln FD$	0.081 8*** (4.082 8)	0.119 8*** (6.516 7)	−0.043 6* (−1.686 6)	0.107 4*** (5.284 2)	0.156 9*** (7.256 9)	−0.063 0** (−2.408 5)
$W \cdot \ln FDI$	−0.077 2*** (−4.029 5)	−0.042 8*** (−2.230 6)	−0.079 6*** (−7.133 2)	−0.060 2*** (−3.152 4)	−0.028 1 (−1.459 5)	−0.081 5*** (−7.225 6)
$\log L$	−40.951 4	−68.866 9	−196.586 7	−62.020 0	−93.971 9	−219.360 1
R^2	0.848 9	0.845 1	0.808 9	0.848 4	0.841 2	0.805 5

注：括号中的数值为 t 统计量；*、**、*** 分别代表 10%、5% 和 1% 显著性水平。
资料来源：作者根据 MATLAB 估计结果整理所得。

首先，核心解释变量和其他控制变量的估计系数在东部、中部和西部地区样本符号都与全国样本的结果一致。也就是说，"效果型"环境规制和"过程型"环境规制在全国的各个区域均有利于城镇化质量的提升。工业二氧化硫的去除率越高，每万元 GDP 排放的工业二氧化硫越少，全国各个区域的城镇化质量越高。

此外，环境规制项的一次项与二次项的符号在全国各区域的弹性系数符号相同，即在全国各地区，环境规制与城镇化质量不存在非线性关系。

其次，环境规制对城镇化质量影响的空间异质性体现出显著性的差异。从核心解释变量的弹性系数来看，"效果型"环境规制（$\ln ERR$）的回归系数在西部地区比东部地区和中部地区更加显著，即工业二氧化硫的去除率的提高对城镇化质量的提升效果在西部地区最为明显。"过程型"环境规制（$\ln ERP$）的回归系数在中部地区显著，而在东部地区、西部地区不显著，即对于中部地区而言，每万元 GDP 产生的工业二氧化硫越少，城镇化质量越高。然而，东部地区和西部地区暂未体现出该结论。

(三) 空间溢出效应分解

根据前文的理论分析，之所以借助空间计量的实证分析方法，是因为城市的环境规制和城镇化质量均具有较强的空间依赖性。也就是说，一个城市的环境规制强度的变化不仅会影响这个城市城镇化的发展质量，同时会改变周围其他城市的城镇化质量，并通过城市间的相互作用的反馈效应传导到该城市本身。因此，基于上文的研究结论，有必要将反馈效应进行剔除。因此，本章借鉴 Lesage 和 Pace(2009)的研究，通过对回归结果进行偏微分的方法，进一步将空间溢出效应分解为直接效应和间接效应。核心解释变量和控制变量的直接效应和间接效应的分解结果报告在表 4-7、表 4-8 中。

从效应分解的结果来看，"效果型"环境规制的直接效应和间接效应均显著为正，也就是说，本地区的工业二氧化硫的去除率越高，本地区的城镇化质量越高，并且通过正向的空间溢出效应，邻近地区的城镇化质量也能够受益。从表 4-7 的回归结果来看，间接效应的弹性系数比直接效应的弹性系数大。以全国为例，"效果型"环境规制的直接效应为 0.135 0，并通过了 1% 水平的显著性检验；而其间接效应为 0.507 6，大于直接效应的系数，并且也通过了 1% 水平的显著性检验。也就是说，本地区工业二氧化硫的去除率每增加 1 个单位，本地区的城镇化质量会提升 0.135 0，而邻近地区的城镇化质量能提升 0.507 6。此外，该结论对于东部地区、中部地区和西部地区均成立。

表 4-7 "效果型"环境规制空间杜宾模型效应分解

	变量	全国	东部	中部	西部
直接效应	$\ln ERR$	0.135 0*** (10.253 9)	0.117 1*** (3.764 9)	0.077 5*** (4.252 7)	0.168 5*** (6.545 0)
	$(\ln ERR)^2$	0.016 8*** (6.950 6)	0.015 2** (2.071 7)	0.009 4*** (3.159 0)	0.022 9*** (4.629 6)
	$\ln LF$	0.017 7*** (4.662 6)	0.016 3** (2.534 9)	0.012 6** (2.077 6)	0.021 0*** (2.837 6)
	$\ln FD$	0.038 0*** (4.408 0)	0.057 3*** (3.631 4)	0.078 0*** (6.193 4)	0.036 3 (1.566 1)
	$\ln FDI$	0.086 9*** (13.219 8)	0.138 3*** (9.362 3)	0.138 2*** (9.783 4)	0.060 2*** (6.738 4)

续 表

	变量	全国	东部	中部	西部
间接效应	lnERR	0.5076*** (21.4450)	0.4292*** (7.7394)	0.3666*** (11.8180)	0.5383*** (11.0018)
	(lnERR)^2	0.0647*** (13.4423)	0.0692*** (5.0075)	0.0453*** (8.5729)	0.0750*** (7.3215)
	lnLF	0.0502*** (5.5979)	0.0327** (2.4211)	0.0151 (1.1876)	0.0730*** (4.8475)
	lnFD	0.0582*** (4.2533)	0.1601*** (5.2808)	0.2081*** (8.3399)	−0.0406 (−1.5948)
	lnFDI	−0.0657*** (−6.2420)	−0.0229 (−0.7840)	0.0145 (0.5307)	−0.0764*** (−6.0018)

注：括号中的数值为 t 统计量；*、**、***分别代表10%、5%和1%显著性水平。
资料来源：作者根据 MATLAB 估计结果整理所得。

相似地,"过程型"环境规制的直接效应和间接效应均显著为负,也就是说,本地区的每万元 GDP 产生的工业二氧化硫越少,本地区的城镇化质量越高,并且通过正向的空间溢出效应,邻近地区的城镇化质量也能够受益。从表4-8 的回归结果来看,间接效应的弹性系数比直接效应的弹性系数大,以全国为例,"过程型"环境规制的直接效应为 −0.1392,并通过了1%水平的显著性检验；而其间接效应为 −0.4921,绝对值大于直接效应的系数,并且也通过了1%水平的显著性检验。也就是说,本地区每万元 GDP 排放的工业二氧化硫每减少1个单位,本地区的城镇化质量会提升 0.1392,而邻近地区的城镇化质量能提升 0.4921。此外,该结论对于东部地区、中部地区和西部地区均成立。

表4-8 "过程型"环境规制空间杜宾模型效应分解

	变量	全国	东部	中部	西部
直接效应	lnERP	−0.1392*** (−7.2654)	−0.0606** (−2.3530)	−0.1700*** (−4.3415)	−0.1296** (−2.4718)
	(lnERP)^2	−0.005** (−2.5080)	−0.0004 (−0.1664)	−0.0104** (−2.3330)	−0.0006 (−0.0913)

续　表

	变量	全国	东部	中部	西部
直接效应	lnLF	0.025 7*** (6.510 9)	0.022 2*** (3.271 1)	0.017 8*** (2.827 5)	0.018 5** (2.378 6)
	lnFD	0.070 7*** (7.654 6)	0.089 9*** (5.511 9)	0.110 9*** (6.554 4)	0.069 1*** (2.921 7)
	lnFDI	0.097 0*** (14.380 5)	0.151 9*** (9.900 4)	0.150 6*** (10.423 4)	0.067 3*** (6.807 9)
间接效应	lnERP	−0.492 1*** (−8.837 0)	−0.272 3*** (−3.682 4)	−0.301 7*** (−3.853 2)	−0.435 3*** (−4.102 7)
	(lnERP)^2	−0.027 9*** (−4.182 6)	−0.014 7* (−1.850 9)	−0.010 4 (−1.078 8)	−0.024 7** (−1.845 6)
	lnLF	0.080 0*** (7.967 3)	0.058 2*** (3.931 4)	0.028 2** (2.183 3)	0.070 7*** (4.152 2)
	lnFD	0.107 2*** (7.083 5)	0.248 6*** (7.941 7)	0.287 2*** (11.712 1)	−0.043 8* (−1.689 4)
	lnFDI	−0.042 7*** (−3.590 9)	0.028 2 (0.900 3)	0.047 0* (1.677 3)	−0.074 2*** (−5.218 5)

注：括号中的数值为 t 统计量；*、**、*** 分别代表10%、5%和1%显著性水平。
资料来源：作者根据MATLAB估计结果整理所得。

综上，能够得出以下结论：首先，对于"效果型"环境规制和"过程型"环境规制而言，不仅本地区的环境规制对于本地区的城镇化质量有直接的正向影响，还由于环境规制带来的新的发展模式具有外溢性，对于邻近地区的城镇化质量也能产生间接的正向影响。其次，环境规制对城镇化质量提升的间接效应比直接效应更加明显。在全国样本中，"效果型"环境规制的直接效应弹性系数为0.135 0，间接效应的弹性系数为0.507 6，间接效应比直接效应更加明显。"过程型"环境规制的直接效应弹性系数为−0.139 2，间接效应的弹性系数为−0.492 1，同样比直接效应更加明显。该结论在东部地区、中部地区和西部地区均成立。对"效果型"环境规制而言，东部地区、中部地区和西部地区的环境规制对城镇化质量影响的直接效应分别为0.117 1、0.077 5和

0.1684，并均通过了1％水平上的显著性检验；其间接效应的弹性系数分别为 0.4292、0.3666 和 0.5383，且均通过了1％显著性水平检验。对"过程型"环境规制而言，东部地区、中部地区和西部地区的环境规制对城镇化质量影响的直接效应分别为 -0.0606、-0.1700 和 -0.1296，并均通过了1％水平上的显著性检验；其间接效应的弹性系数分别为 -0.2723、-0.3017 和 -0.4353，且均通过了1％显著性水平检验。从以上弹性系数均可以看出，在对于环境规制空间杜宾模型效应分解后，间接效应比直接效应更加明显。

三、稳健性检验

为进一步确保研究结论的可靠性，本节将进行一系列稳健性检验。首先，本书使用地理相邻空间矩阵再次估计了以上模型。其次，在进行稳健性分析时，将核心解释变量替换为工业烟尘去除率、每万元GDP的工业烟尘排放量，分别作为"效果型"环境规制和"过程型"环境规制的衡量方式。此外，引入"效果型"环境规制和"过程型"环境规制的交互项，估计方程见式4-13，并且运用固定效应的空间杜宾模型进行估计，相应的实证分析结果在表4-9中予以报告。

$$\ln UR_{it} = \beta_1 \ln ERP_{it} + \beta_2 (\ln ERP_{it})^2 + \beta_3 \ln ERR_{it} + \beta_4 (\ln ERR_{it})^2 + \\ \beta_5 \ln ERP_{it} \cdot \ln ERR_{it} + \beta_6 \ln LF_{it} + \beta_7 \ln FD_{it} + \beta_8 \ln FDI_{it} + \\ \rho W \ln UR_{it} + \theta_1 W \ln ERP_{it} + \theta_2 W (\ln ERP_{it})^2 + \theta_3 W \ln ERR_{it} + \\ \theta_4 W (\ln ERR_{it})^2 + \theta_5 W \ln ERP_{it} \cdot \ln ERR_{it} + \theta_6 W \ln LF_{it} + \\ \theta_7 W \ln FD_{it} + \theta_8 W \ln FDI_{it} + \varepsilon_{it} \tag{4-13}$$

表4-9 稳健性检验结果

变量	系数值			
	全国	东部	中部	西部
$\ln ERR$	0.0875*** (5.0915)	0.0717** (2.3376)	0.0645** (2.4681)	0.1268*** (4.1126)
$(\ln ERR)^2$	0.0085*** (3.7444)	0.0052 (0.7816)	0.0034 (1.1054)	0.0113** (2.3922)

续 表

变量	系数值			
	全国	东部	中部	西部
$\ln ERP$	−0.051 5*** (−3.060 5)	−0.017 7 (−1.063 1)	−0.115 5*** (−3.258 2)	−0.036 3 (−0.827 3)
$(\ln ERP)^2$	−0.000 2 (−0.114 3)	−0.004 6** (−2.577 6)	−0.010 5*** (−2.655 2)	0.004 2 (0.791 5)
$\ln ERP \cdot \ln ERR$	0.004 8 (1.459 2)	0.007 2* (1.678 2)	0.009 7* (1.956 4)	0.009 3 (1.513 1)
$\ln LF$	0.011 2*** (3.334 6)	0.013 2** (2.269 2)	0.010 7** (1.989 5)	0.010 3 (1.563 0)
$\ln FD$	0.045 3*** (4.663 0)	0.029 2* (1.825 5)	0.055 9*** (3.090 5)	0.061 4** (2.430 0)
$\ln FDI$	0.096 7*** (14.571 7)	0.141 8*** (9.929 9)	0.126 6*** (9.169 3)	0.075 1*** (7.435 6)
$W \cdot \ln ERP$	0.246 0*** (10.209 5)	0.217 9*** (5.599 9)	0.236 6*** (6.322 4)	0.291 7*** (6.821 7)
$W \cdot (\ln ERP)^2$	0.032 8*** (11.211 3)	0.040 0*** (4.709 7)	0.029 4*** (7.885 6)	0.034 6*** (4.699 1)
$W \cdot \ln ERR$	−0.219 2*** (−7.479 9)	0.019 8 (0.763 1)	−0.192 8*** (−3.807 5)	−0.190 3*** (−3.175 9)
$W \cdot (\ln ERR)^2$	−0.014 6*** (−4.324 0)	0.005 5* (1.830 4)	−0.009 9 (−1.619 2)	−0.013 9* (−1.935 3)
$W \cdot \ln ERP \cdot \ln ERR$	−0.002 0 (−0.421 2)	−0.007 9 (−1.398 6)	0.002 7 (0.324 4)	0.008 5 (0.958 5)
$W \cdot \ln LF$	0.026 1*** (5.200 3)	0.012 0 (1.455 7)	0.006 3 (0.795 5)	0.039 5*** (4.187 3)
$W \cdot \ln FD$	0.010 2 (−0.924 7)	0.093 9*** (4.490 9)	0.117 9*** (5.346 7)	−0.053 1** (−2.106 6)

续 表

变 量	系 数 值			
	全 国	东 部	中 部	西 部
$W \cdot \ln FDI$	−0.077 8*** (−10.027 8)	−0.075 7*** (−3.934 7)	−0.053 9*** (−2.838 2)	−0.071 7*** (−6.565 5)
logL	−252.406 1	−31.572 5	−23.783 1	−143.955 4
R^2	0.859 2	0.851 1	0.850 8	0.821 5
Teta	0.382 0	0.458 0	0.312 0	0.321 9

注：括号中的数值为 t 统计量；*、**、***分别代表10%、5%和1%显著性水平。
资料来源：作者根据 MATLAB 估计结果整理所得。

结果显示，从"效果型"环境规制和"过程型"环境规制项及其平方项、空间滞后项的回归系数来看，结论与前文所得结论高度一致。"效果型"环境规制（lnERR）的回归系数在全国各地区均显著为正，并且"过程型"环境规制（lnERP）的回归系数在全国各地区均为负。此外，"效果型"环境规制的平方项[$W \cdot (\ln ERR)^2$]的回归系数为正，"过程型"环境规制的平方项[$W \cdot (\ln ERP)^2$]的回归系数为负，与一次项的"效果型"环境规制（lnERR）和"过程型"环境规制（lnERP）的弹性系数同号，说明不同类型的环境规制与城镇化质量之间均不存在非线性关系。最后，在全国的样本中，"效果型"环境规制的空间滞后项（$W \cdot \ln ERR$）和"过程型"环境规制的空间滞后项（$W \cdot \ln ERP$）的估计系数均显著为正，说明不同类型的环境规制具有显著的正向空间溢出效应。也就是说，某个城市的环境规制的力度增强，不仅有利于本地区城镇化质量的提升，也能够通过正向的空间溢出效应，对邻近地区的城镇化质量带来益处。以上结论均与上文一致，再次显示了研究结果的稳健性，说明本章的结论比较可靠。

第四节 本 章 小 结

本章围绕研究环境规制对城镇化质量的影响及其空间溢出效应展开。通过理论分析可知，当环境规制政策为城镇化的高质量发展带来益处时，邻近地区也会采取相应的策略来进行环境规制,从而产生观摩效应。此外,随着环境规制的力度增大,规制压力会增加企业的成本,尤其是污染排放较高的企业会受到环境规制带来的约束压力,可能为了逃避遵循成本而进行产业转移。因此,环境规制强度在研究样本之间很难相互独立。基于此,本章计算出2003—2016年全国285个地级及以上城市截面数据的Moran值,发现环境规制和城镇化质量确实存在较强的空间自相关性。因此,有必要引入空间计量模型进行实证研究。根据环境规制政策的不同,将环境规制工具区分为"过程型"和"效果型"两种类型进行区别研究,以探究不同类型的环境规制工具是否会对城镇化质量产生不同的影响。对回归结果进行偏微分的方法,进一步将空间溢出效应分解为直接效应和间接效应,进行深入的分析。同时,将全国地级及以上城市样本区分为东部地区、中部地区和西部地区进行异质性分析。主要的研究发现有:

第一,"效果型"和"过程型"环境规制强度的提升有利于城镇化质量的提升。在不同的空间矩阵条件下,工业二氧化硫的去除率越高,每万元GDP产生的工业二氧化硫越少,越有利于城镇化质量的提升。"效果型"环境规制和"过程型"环境规制的平方项的回归系数与一次项的弹性系数同号,说明不同类型的环境规制与城镇化质量之间均不存在非线性关系。此外,从环境规制空间滞后项的回归结果来看,"效果型"环境规制的空间滞后项和"过程型"环境规制的空间滞后项的估计系数均显著为正,说明不同类型的环境规制具有显著的正向空间溢出效应。也就是说,某个城市的环境规制力度增强,不仅有利于本地区城镇化质量的提升,也能够通过正向的空间溢出效应,对邻近地区的城镇化质量带来益处。

第二,从直接效应和间接效应的分解结果来看,首先,对于"效果型"环境规制和"过程型"环境规制而言,不仅本地区的环境规制对于本地区的城镇化质量有直接的正向影响,还由于环境规制带来的新的发展模式具有外溢性,对于邻近地区的城镇化质量也能产生间接的正向影响。其次,环境规制对城镇化质量提升的间接效应比直接效应更加明显。"效果型"环境规制的直接效应弹性系数为0.1350,间接效应的弹性系数为0.5076,间接效应比直接效应更加明显。"过程型"环境规制的直接效应弹性系数为−0.1392,间接效应的弹性系数为−0.4921,同样比直接效应更加明显。综上,不仅本地区的环境规制对于本地区的高质量城镇化有直接的正向影响,还由于环境规制带来的新的发展模式具有外溢性,邻近地区的环境规制对于本地区的城镇化质量也能产生间接的正向影响,并且间接效应比直接效应更加明显。

第三,分区域来看,虽然核心解释变量和其他控制变量的估计系数在东部、中部和西部地区样本符号都与全国样本的结果一致,但是环境规制对城镇化质量影响的空间异质性体现出显著性的差异。从核心解释变量的弹性系数来看,"效果型"环境规制的回归系数在西部地区比东部地区和中部地区更加显著,即工业二氧化硫的去除率的提高对城镇化质量的提升效果在西部地区最为明显。"过程型"环境规制的回归系数在中部地区显著,而在东部地区、西部地区不显著,即对于中部地区而言,每万元 GDP 产生的工业二氧化硫越少,城镇化质量越高。然而,东部地区和西部地区暂未体现出该结论。

基于上述研究结论,本书提出如下对策建议:

首先,由本章结论可以看出,环境规制与城镇化质量之间呈现出线性关系,环境规制显著地提高了城镇化质量。可以看出,环境规制可以成为未来城镇化高质量发展的新动力。因此,中国应当进一步提高环境规制的力度,强化环境规制的制度建设。中国的环境规制政策虽然自 20 世纪 80 年代以来就在不断地完善和演进中,但是与国外的发达国家相比,中国的环境规制政策依然存在许多有待完善之处。一是有些环境规制政策不够科学合理。当某个城市或省份的环境规制力度增强时,污染密集型产业往往会选择为了逃避规制成本,而迁移到环境规制力度较低的城市或省份。但是,从全国的视角来看,排放的污染物以及对生态环境的破坏的总量实则并未减少。因此,缺乏区域联合治污的环境规制政策是不够合理完善的。二是需要进一步加强环境规制的法律保障,使环境治理有法可依。虽然中国正在逐渐加大对市场激励型环境规制政策的运用,但是截至目前,命令控制型环境规制政策依然在中国的环境规制政策体系中占据主导地位。该类型的环境规制工具作为一种法律强制手段,必须保证执法严格,违法必究,才能够有效地发挥出对于环境质量治理的效能。

其次,环境规制和城镇化质量具有显著空间溢出效应,因此,区域联防联控势在必行。应当进一步打破行政壁垒,坚决避免出现"以邻为壑"的污染治理条块分割。在 20 世纪 80 年代,中国环境规制的理念为"谁污染,谁治理"。虽然在当时,对环境保护的重视已是一种巨大的进步,然而,在当前的形势下需要进一步更新。不仅应当将治理与预防相结合,也要避免走"先污染,后治理"的老路。此外,在区域联防联控的同时不能忽略因地制宜的原则。在地区层面,由于中国的城镇化质量具有地区差异性,需要考虑环境规制对不同地区的城镇化质量影响的异质性。各地区应当根据自身经济发展水平和实际需求,在满足国家基本环境规制标准的基础上,进一步细化适合本地区的环境规制政策。同时,也要杜绝地方官员为追求政绩,以破坏环境为代价追求经济增长的做法。应当进一步增强企业和公民的保护环境、节能减排的意识,将环保理念根植于企业管理者和普通民众的意识里,融入大众的日常行为中。

最后,粗放式的城市化发展道路是环境规制政策难以实施和效果受影响的主要根源。应当转变城镇化发展的理念,杜绝缺乏长期发展规划的"摊大饼"式的空间扩张形式,尤其是在当前土地资源约束趋紧的条件下,更应坚决避免对土地资源的浪费和使用效率低下等现象发生。应当形成重点发展紧凑型城市、严控城市规模的低效扩张的城镇化高质量发展理念。具体而言,政府不仅应将土地资源高效利用作为发展目标,而且应当提高对于城市群范围、城市范围甚至县域空间范围在空间布局层面的宏观规划,进一步提高规划的前瞻性和专业性,尽快走上城镇化高质量发展的快车道。

第五章　环境规制基于技术创新对城镇化质量的影响分析

第一节　问题的提出

基于前文的分析，在中国的城镇化进程中，资源与环境的协调问题较为突出。首先，随着人口向城镇的转移和集聚，基础设施难以满足城镇常住人口的需求，再加上户籍制度的二元分割现象，使得大批农业人口虽转变为非农人口，但不享有城市居民的医疗保障、社会身份、福利待遇等。这不仅会造成一定的社会问题，也导致城镇地区面临日益突出的就业、住房、交通、环境等多方面的压力，同时对城镇地区的地方政府平衡资源和环境带来极大的挑战。中国在追求城镇化率快速提高，先前快速的城镇化发展依赖的是廉价的劳动力和土地要素。而如今，人口红利正在逐渐消失，在过去几十年进城务工的数以亿计的农民工依然难以完成身份转变，以上种种因素都阻碍了城镇化的高质量发展。其次，由于过于看重以房地产化方式推动的城镇规模在空间层面的扩大，却缺少具有长远考虑的城市空间规划和发展眼光，造成许多城市存在低质量蔓延现象，其规模形成"摊大饼"式的无序扩张。长此以往这会导致控制城市化的问题，甚至开始出现更多的"鬼城"。以上问题会进一步加剧中国在城镇化进程中存在产业同构以及产业处于全球价值链中低端等现象。如何实现发展模式由传统的"要素驱动"转型为"创新驱动"，是城镇化高质量发展必须解决的现实问题、关键问题。

基于第四章的实证分析，环境规制无论是以环境治理的效果还是以生产过程的绿色化为导向，均有利于提高城镇化质量，并且具有明显的空间溢出效应。然而，其背后的影响机理是什么？本书的文献综述部分，梳理和总结了环境规制对许多因素的影响，例如环境规制对工业绿色转型、区域生态效率、绿色全要素生产率、技术创新、产业结构的影响等。从第五章起,不仅需要深入分析环境规制对城镇化质量影响的内在机理,更应当明确抓手,最大化地发挥出环境规制对城镇化质量促进效应。基于前文的分析,可以知道,要想改变目前过度依赖土地财政和廉价劳动力的"要素驱动"模式,则必须向"创新驱动"转型,即以激发技术创新为抓手,提高城镇化质量。因此,在影响机理的部分,技术创新将被首先纳入分析体系中。由于技术创新会促进产业结构升级,并且在其过程中将会伴随着要素的流动和资源的重新配置。因此,本章首先以技术创新为切入口,研究环境规制基于技术创新对城镇化质量的影响。那么,环境规制基于技术创新影响城镇化质量的机理为何?也就是说,环境规制基于技术创新会对城镇化质量产生怎样的影响?倘若是促进作用,环境规制的力度是否越大越好?对于不同类型的技术创新(治污技术创新、生产技术创新),影响机理是否具有异质性?以上是本章需要分析并解决的几个核心问题。

本章是在理论分析的基础上,运用实证检验的方法,探究环境规制基于技术创新对城镇化质量的影响。由文献综述部分可以看出,已有较多文献验证了"波特假说"是否存在,结论分为同意、反对和中立三种观点。而结论的不同与选取指标的不同以及研究样本所在区域、所在时间不同均有关。因此,本章在利用动态面板模型进行实证检验时,不同于以往使用单个指标衡量技术进步的研究,而是使用四个不同的指标,从不同的角度去衡量技术进步,探究是否会存在不同的结论。此外,本章还探究环境规制基于技术创新促进城镇化高质量发展的过程中是否存在"门槛效应"。本章将在理论分析和实证检验的基础上试图回答以上问题,核心是分析环境规制基于技术创新对城镇化质量产生的影响。本章将分为三个部分,首先,对环境规制倒逼技术创新的机理进行数理推导,对其将怎样影响城镇化质量加以机理分析。其次,将技术创新区分为治污技术创新和生产技术创新,运用动态面板模型分析环境规制基于技术创新对城镇化质量的影响。最后,基于实证分析中得出的环境规制对城镇化质量的影响非线性的结论,采用面板门槛回归模型进行更加深入的实证检验。

第二节 环境规制、技术创新影响城镇化质量的理论分析

环境规制会对企业造成压力,增加其"遵循成本"。企业可能在治污技术

创新和生产技术创新之间进行选择,分别指的是针对末端进行治理从而控制污染排放,以及改良生产工艺来提高生产效率两种做法。也就是说,假设政府规定的排放标准为 $\bar{e}$,企业为追求利润最大化会按照排污量为 $\bar{e}$ 进行生产。该做法是从清洁工艺的角度进行技术创新和研发,可以被称作生产技术创新。

为使自身的污染排放水平控制在环境规制的范围内,厂商会在二者之间进行选择,或是同时运用上述两种方法。本章将以上选择区别分析,采用数理方法进行建模。首先,假设存在一个技术水平为 A、资本投入和劳动投入分别为 K 和 L 的企业。其污染排放量为 E。那么,其生产函数为:

$$q = A \cdot L^a \cdot K^b \cdot E^c$$

接着,该企业对上述提及的治污技术创新的研发投入为 T_1,对生产技术创新的研发投入为 T_2,并假设在增加某一种技术创新投入时,对另一种技术创新的投入不变。假设环境规制要求的排放上限为 $\bar{e}$,那么企业此时需要减少的污染排放量为:

$$M = E - \bar{e} = g(q) - \bar{e}$$

第一种可能的情景是,当企业选择治污技术投入时,即利用末端治理的方式来降低污染的排放量时,假设劳动力价格和资本价格分别为 p_1 和 w_1,则企业的利润为:

$$\pi_1 = p \cdot A \cdot L_1^a \cdot K_1^b \cdot E^c - p_1 L_1 - w_1 K_1 - T_1 \qquad (5-1)$$

第二种可能是企业选择生产技术投入,即通过生产过程中对生产工艺的改良来提高生产率,使得在排污量不变时其产量增加的方法。同样,假设劳动力价格和资本价格分别为 p_1 和 w_1,则企业的利润为:

$$\pi_2 = p \cdot A_2 \cdot L_1^a \cdot K_1^b \cdot E^c - p_1 L_1 - w_1 K_1 - T_2 \qquad (5-2)$$

式 5-1 减去式 5-2,经过运算,可得企业利润变化为:

$$\begin{aligned}\pi_R &= \pi_2 - \pi_1 = p \cdot A_2 \cdot L_1^a \cdot K_1^b \cdot E^c - p_1 L_1 - w_1 K_1 - T_2 - \\ & \quad (p \cdot A_1 \cdot L_1^a \cdot K_1^b \cdot E^c - p_1 L_1 - w_1 K_1 - T_1) \\ &= p L_1^a K_1^b E^c (A_2 - A_1) - (T_2 - T_1) \qquad (5-3)\end{aligned}$$

通过消除相同的项,能够看出,如果 $\pi_R > 0$,则说明企业选择进行生产技术创新带来的收益大于选择进行治污技术创新带来的收益;反之,如果 $\pi_R < 0$,则说明企业选择进行生产技术创新带来的收益小于选择进行治污技术创

新带来的收益。

接下来,进一步探究环境规制对生产技术进步的影响是否呈现线性关系。假设企业的产出函数为:

$$F = A(K_A)f(K_P)$$

其利润函数由产品价格、生产技术水平和资本投入构成,可以表示为:

$$P \cdot A(K_A)f(K_P)$$

其中,$f(K_P)$ 为既定生产技术水平下的产出水平。同时,假设厂商在生产过程中所排放的污染为 $W(F,E)$,并且假设采取的技术投入和技术水平都是可加总的,即 $E=E_1+E_2$,$T=T_1+T_2$。其中,E_1 为治污技术投入,E_2 为生产技术投入;T_1 为治污技术水平,T_2 为生产技术水平,技术水平的大小与技术投入有关,即 $T'_1(E_1)>0$,$T'_2(E_2)>0$。也就是说,无论是选择了治污技术创新还是生产技术创新,随着投入的增加,其技术水平一定会增加。

随后,假设厂商从总产出中分配比重 $a(0<a<1)$ 用于达到环境规制的强制性规定,那么该部分投入为 $aA(K_A) \cdot f(K_P)$。

基于上述所有的已有条件,可将企业微观层面的优化行为表示为:

$$\text{Max} \Pi = \bar{P}[T_A(K_A)f(K_P) - aT_A(K_A)f(K_P)]$$
$$\text{s.t.} \, W[T_A(K_A)f(K_P), aT_A(K_A)f(K_P)] = R \quad (5-4)$$

此时厂商的优化条件为:

$$P(1-a)T'_A(K_A)f(K_P) + \lambda \frac{\partial W[T_A(K_A)f(K_P), aT_2(K_A)f(K_P)]}{\partial K_A} = 0 \quad (5-5)$$

$$P(1-a)T_A(K_A)f'(K_P) + \lambda \frac{\partial W[T_A(K_A)f(K_P), aT_A(K_A)f(K_P)]}{\partial K_P} = 0 \quad (5-6)$$

$$-PT_A(K_A)f(K_P) + \lambda \frac{\partial W[T_A(K_A)f(K_P), aT_A(K_A)f(K_P)]}{\partial a} = 0 \quad (5-7)$$

$$R = W[T_A(K_A)f(K_P), aT_A(K_A)f(K_P)] \quad (5-8)$$

以上是厂商优化的一阶条件,经过进一步的计算,可得:

$$\partial W/\partial E = -\partial W/\partial F \qquad (5-9)$$

式 5-9 表示,企业为达到利润最大化,满足的条件是生产边际污染的增加量等于治污边际污染的减少量。因此,环境规制的力度越小,排放的污染越多;环境规制的力度越大,排放的污染越少。

$$\frac{\partial T}{\partial T_A} = \frac{\partial T}{\partial W} \cdot \frac{\partial W}{\partial T_A} + \frac{\partial T}{\partial W} \cdot \frac{\partial W}{\partial E} \cdot af$$

整理可得:

$$\frac{\partial T}{\partial T_A} = \left(\frac{\partial T_A}{\partial W} + \frac{\partial T_E}{\partial W}\right) \cdot \left[\frac{\partial W}{\partial F}(1-2a)\right] \cdot f \qquad (5-10)$$

由式(5-5)中的 $\partial W/\partial K_A = \partial W/\partial F \cdot T_A \cdot f + \partial W/\partial E \cdot a \cdot T_A \cdot f$, $\partial W/\partial F > 0, 0 < a < 1$ 和 $\partial W/\partial E = -\partial W/\partial F$,可知:

$$\partial W/\partial K_A > 0$$

又因为 $P(1-a)T_A \cdot f > 0$,可得 $\lambda < 0$,代入式 5-7 可得:

$$\partial W/\partial a < 0$$

上式说明,厂商对治污技术投入比重越大,污染的排放量则越低。

根据式 5-10,当 $0 < a < 0.5$ 时,厂商的减排压力较小,由于 $\partial W/\partial F \cdot (1-2a)] \cdot f > 0$,当 $T'(T_A, \cdot) > 0$,得:

$$\partial T_A/\partial W + \partial T_E/\partial W > 0$$

此时,如果企业选择治污技术,则 $E = E_E$,由于 $\partial W/\partial E < 0$,则 $\partial T_E/\partial W < 0$。可得 $\partial T_A/\partial W > 0$。

又因为 $\partial T_A/\partial a = \partial T_A/\partial W \cdot \partial W/\partial a < 0$,因此,当环境规制的力度增强时,企业能排放的污染量减少,企业的生产技术水平会下降。

而如果企业选择生产技术,则 $E = E_A$,由于 $\partial T_A/\partial W = \partial T_A/\partial E_A \cdot \partial E_A/\partial W < 0$,那么 $\partial T_A/\partial a = \partial T_A/\partial W \cdot \partial W/\partial a > 0$,此时,随着环境规制的强度增加,企业的生产技术上升。

当 $0.5 < a < 1$ 时,$\partial W/\partial F \cdot (1-2a)] \cdot f < 0$,当 $T'(T_A, \cdot) > 0$,得 $\partial T_A/\partial W + \partial T_E/\partial W < 0$,此时,如果企业选择治污技术,则 $\partial T_E/\partial W < 0$,因此会有 $\partial T_A/\partial W < 0$ 或 $0 < \partial T_A/\partial W < -\partial T_E/\partial W$ 两种情况。

综上所述,环境规制的强度和企业的生产技术创新之间的关系比较复杂,可能会呈现出由企业的技术选择不同而导致的"U"形关系、倒"U"形关系或不显著三种可能。进一步的，技术创新对城镇化质量的影响也存在直接和间接的传导机制，通过技术进步效应、生产效率提高效应、能源利用效率提高效应等途径推动城镇化的质量提升。

1. 技术创新对城镇化质量的直接促进效应

技术创新对产业结构升级具有引致作用，从而推动经济发展方式更加集约，能够促进城镇化的高质量发展。随着技术的进步，资源投入会由污染密集型行业向清洁行业发生转移，污染密集型行业的占比会减小，其排污会得到控制和技术方面的处理，生态环境会得到一定的改善。其次，技术创新会伴随着服务、高新技术、金融、制造等行业的发展，必定会产生大量人才的集聚。以上劳动力的集聚也会伴随着人口城镇化的提高和经济发展的活动增加。与此同时，城市将会增加公共设施的配套，为缓解交通压力，会增加综合交通枢纽的建设等，城市建设的空间利用率也会得到进一步的提升。因此，能够实现经济发展方式更加集约，技术密集型产业更加壮大，生态环境更加绿色，城镇化质量能够得到进一步的提高。

2. 技术创新对能源利用效率的提升

技术创新能够提高能源的利用效率，也能够带来资源和能源利用效率的提高和单位产出污染排放的减少。前文已分析过，在环境技术调整意愿最低时，不同行业的技术调整成本不同。资源配置中固定资产比例越高，技术调整的成本越大。因此，随着环境规制的力度增强，固定资产投入越低的行业会率先进行技术创新，而重资产行业或企业会由于较大的"遵循成本"，难以得到进一步的壮大和发展。当治污技术创新和生产技术创新得到一定的发展后，重资产行业和企业可能会购买其专利或技术，以便达到环境规制的要求。此时，重资产的污染密集型行业的技术也能得到进步。例如，其排污设备进行了替换或者更新，对排放物增加了新的处理方法，生产的自动化率得到了提高等。通过以上行为，期望产出增加而非期望产出减少，城镇化质量得到了提高。

3. 技术创新对生产效率的提升

技术创新不断涌现并形成累积效应促进技术进步，能够提高生产效率，从而推动城镇化的高质量发展。随着环境规制力度的增强，第三产业，尤其是现代服务业的劳动力会增长和发生集聚。中国目前城镇化高质量发展的瓶颈在于，中国的大城市不够大，大城市化率较低，"高能"城市集群明显落后，难以发挥足够的集聚效应，生产效率难以进一步提高。而依托技术创新，高端制造业与服务业将会得到发展与壮大,人口和产业的集聚会得到进一步提升,人口城镇化和经济发展均能够得到促进。因此,集聚效应不仅有利于产生更明显的空间溢出效应,增强知识、技术等层面的互相学习,使规模报酬递增效应得到更好的发挥,而且企业的生产效率得到了进一步的提升,进而能够促进城镇化质量的提升。

第三节 环境规制、技术创新影响城镇化质量的实证分析

一、动态面板模型构建

本章沿用上一章构建的计量模型,即本章以柯布-道格拉斯生产函数为城镇化发展核算框架,将对于城镇化的高质量发展有重要影响的因素和环境规制情况共同纳入该核算框架,构建包含环境规制的多要素生产函数模型:

$$UR_{i,t} = A_{i,0} \cdot e^{\theta_{it}} \cdot ER_{it}^{\alpha} \cdot TI_{it}^{\beta} \cdot \quad (5-11)$$

为了避免多重共线问题,本章对模型(5-11)式子两边同时取对数,并加入其他控制变量,则得到环境规制、技术创新影响城镇化质量的计量模型,即得到:

$$\ln UR_{i,t} = \phi + \alpha \ln ER_{i,t} + \beta \ln TI_{i,t} + \gamma_j X + \gamma_i + \mu_{it} \quad (5-12)$$

其中,i 和 t 分别表示研究地区和年份,$UR_{i,t}$ 表示城镇化发展水平,$ER_{i,t}$ 表示环境规制,$TI_{i,t}$ 表示技术创新,X 为控制变量;γ_i 为个体效应,μ_{it} 为随机干扰项且服从正态分布;ϕ、α、β 和 γ_j 为对应待估参数。

此外,由于城镇化质量的提高是具有路径依赖性的连续动态调整过程,容易受到上一期的影响,有必要将城镇化质量的滞后项 $UR_{i,t-1}$ 作为解释变量引入模型,来分析城镇化质量的动态变化。因此,在模型 5-12 的基础上,进一步将计量模型设定如下:

$$\ln UR_{i,t} = \phi + \varphi \ln UR_{i,t-1} + \alpha \ln ER_{i,t} + \beta \ln TI_{i,t} + \gamma_j X + \gamma_i + \mu_{it}$$

$$(5-13)$$

其中,i 和 t 分别表示研究地区和年份,$UR_{i,t}$ 表示城镇化质量,$UR_{i,t-1}$ 表示城镇化质量的一阶滞后项,$ER_{i,t}$ 表示环境规制,$TI_{i,t}$ 表示技术创新,根据

前文的分析,技术创新分为治污技术创新和生产技术创新,主要包括技术研发（TR）、技术转化（TT）、绿色工艺创新（GPG）和绿色产品创新程度（GPC）四方面,X 为控制变量；γ_i 为个体效应,μ_{it} 为随机干扰项且服从正态分布；ϕ、α、β 和 γ_j 为对应待估参数。

根据理论分析,技术创新需要大量的资金投入,大多数情况下并不能使企业在短期内获得利润或收回成本,但是长期来看可能会带来正收益。因此,本章在模型 5-13 的基础上加入环境规制的二次项来分析环境规制与城镇化质量之间的非线性关系,模型设定如下：

$$\ln UR_{i,t} = \phi + \varphi \ln UR_{i,t-1} + \alpha_1 \ln ER_{i,t} + \alpha_2 (\ln ER_{i,t})^2 + \gamma_j X + \gamma_i + \mu_{it} \tag{5-14}$$

其中,i 和 t 分别表示研究地区和年份,$UR_{i,t}$ 表示城镇化质量,$UR_{i,t-1}$ 表示城镇化质量的一阶滞后项,$ER_{i,t}$ 表示环境规制,用 $(\ln ER_{i,t})^2 = \ln ER_{i,t} \cdot \ln ER_{i,t}$ 来分析环境规制与城镇化质量之间的非线性关系,X 为控制变量；γ_i 为个体效应,μ_{it} 为随机干扰项且服从正态分布；ϕ、α、β 和 γ_j 为对应待估参数。

由前文理论分析部分可知,环境规制和技术创新有内在的联系。为此,本书在模型 5-14 基础上进一步将环境规制和技术创新交互项 $\ln ERTI_{i,t}$ 引入模型,用来分析二者的激励配合对城市化发展的影响,此时模型设定如下：

$$\ln UR_{i,t} = \phi + \varphi \ln UR_{i,t-1} + \alpha \ln ER_{i,t} + \beta \ln TI_{i,t} + \delta \ln ERTI_{i,t} + \gamma_j X + \gamma_i + \mu_{it} \tag{5-15}$$

其中,i 和 t 分别表示研究地区和年份,$UR_{i,t}$ 表示城镇化质量,$UR_{i,t-1}$ 表示城镇化质量的一阶滞后项,$ER_{i,t}$ 表示环境规制,$\ln ERTI_{i,t} = \ln ER_{i,t} \cdot \ln TI_{i,t}$ 表示环境规制与技术创新交互项,X 为控制变量；γ_i 表示个体效应,μ_{it} 为随机干扰项且服从正态分布；ϕ、α、β 和 γ_j 为对应待估参数。

二、变量选取、数据来源与变量描述性统计

（一）变量选取

1. 被解释变量

城镇化质量（UR）是被解释变量。出于数据可得性,本章选择的与技术创

新的相关变量暂无城市层面的数据,因为本章的研究样本是全国的31个省份。因此,将测度结果按照省内各地级及以上城市的生产总值占比进行加权平均进而得到各省的城镇化质量。

2. 核心解释变量

环境规制(ER)和技术创新(TI)是本章的核心解释变量。基于上述理论分析,本章基于技术创新分析对城镇化质量的影响时,视角是微观层面的,即企业为达到政策规定的要求而选择技术创新的力度和方式。前文已介绍过度量环境规制力度的四种最常用的做法。例如,用一种或多种污染物的排放量或去除率衡量环境规制的强度、通过缴纳排污费用的数额大小来衡量环境规制强度以及用污染治理成本或环境污染治理投资衡量环境规制强度等。本章选取当年各省环保类行政处罚案件数来衡量环境规制的力度。

技术创新(TI)。大部分关于技术创新的研究采用专利申请数、授权数或新产品产值等指标来衡量技术创新程度。本章为避免单个指标难以衡量技术创新水平,将技术创新分为治污技术创新和生产技术创新两个方面进行探讨。由以上数理分析可知,环境规制对城镇化质量的改善主要通过治污技术创新和生产技术创新,即厂商在面临严格的环境规制力度时,会有两种主要的应对方式:

第一种厂商面临严格的污染排放限制时会加大治污投资以提高治污技术创新,达到减少污染排放的目的,可被称作治污技术创新,从技术开发和技术转化的角度进行分析。以往对技术创新的研究大多用专利授权数进行表征。然而,专利申请的授权需要较长时间,以上表征方式可能造成实证检验结论的偏差。因此,本章用专利申请数表征技术开发(TR),用新产品销售收入来表征技术转化(TT)。

第二种方式是厂商可以通过生产技术创新,将重点集中在生产技术、生产效率、产品改善等方面,采用低污染排放的生产工艺、机器或专利技术。强调污染的"防"与"治"结合,是生产技术创新的基础和关键,涉及设计、开发、生产和销售等全过程的新技术、新工艺,以实现资源节约、能耗降低、污染物减排等。本章以万元工业产值的废水排放量来衡量绿色工艺创新(GPG),用单位新产品产值的能源消耗水平来表征绿色产品创新(GPD)。为了与其他指标的方向一致,将绿色产品创新(GPD)和绿色工艺创新(GPG)的测度结果取倒数用于实证检验中。

3. 控制变量

通过对现有研究的比较和实际需求的分析,本章选取经济开放(FDI)、能源结构(ES)作为控制变量。外资的进入可以弥补本地资本不足、带来先进的技术,同时通过示范、竞争、人员培训与流动等方式可能刺激本地区的技术创新、产业升级等,进而会对城镇化质量造成影响,因此需要在过程中加以控制。用外商投资企业产值占工业总产值比重表征。由于能源消费结构在很大程度上影响生态环境,进而会影响到城镇化质量,尤其是能源消费结构产生了较高的碳等污染物排放,本章选取一次能源消费中煤炭所占比重来衡量能源结构(ES)。

(二)数据来源

本章的研究对象为2001—2018年中国31个省份,研究所需的所有原始数据来源于包括《中国统计年鉴》《中国环境统计年鉴》《中国科技年鉴》以及《中国能源统计资料》在内的公开资料。此外,为克服可能存在的异方差并保证数据的平滑性,本章将所用数据进行了对数化处理,对于部分缺失值进行了线性平均的插值处理。

(三)变量的描述性统计

本章在实证研究中使用的变量的描述统计如表5-1所示。

表5-1 变量数据的主要统计性特征

变量名称	变量表示	均值	标准差	最小值	最大值	样本数
城镇化质量	UR	0.538	0.140	0.219	0.896	310
环境规制	ER	0.195	0.300	0.005	2.771	310
技术开发	TR	10.015	1.693	5.087	5.369	310
技术转化	TT	14.397	2.298	5.369	19.046	310
绿色工艺创新	GPG	2.134	1.545	−3.545	5.087	310
绿色产品创新	GPD	0.730	0.583	−4.351	1.849	310
能源结构	ES	0.236	0.182	0.004	0.819	310
经济开放	FDI	10.980	1.347	6.986	13.245	310

数据来源:作者运用STATA软件计算整理所得。

三、环境规制、技术创新影响城镇化质量的动态面板回归结果分析

相关理论认为,由于动态调整,过去的行为会对经济个体的当前状态产生影响,为分析城镇化质量的惯性和动态特征,需要将被解释变量的滞后项作为解释变量引入模型。然而,该方法虽然能使静态分析变为动态分析以及反映城镇化质量的动态变化,但也会带来模型的内生性问题。为规避以上问题,本书借鉴 Arellano and Bond(1998)所使用的系统 GMM 方法,增加工具变量的个数,以此方法来解决弱工具变量的问题。基于此,本章利用前文测算出的中国城镇化质量进行省份的加权平均,进一步对计量模型 5-15 进行系统 GMM 估计,并根据 Sargan 检验以及 AR(1)、AR(2)检验来识别工具变量的有效性和估计结果的可靠性。

环境规制、技术创新影响城镇化质量的总体 SGMM 估计结果报告于表 5-2。根据表 5-2 的检验结果可以看出,下列 5 个不同的计量模型均无法拒绝过度识别约束有效的原假设,且均不存在二阶自相关问题,估计结果可靠。方程 1 加入了环境规制的一次方和二次方项,以探究环境规制对城镇化质量的影响。方程 2 至方程 5 分别加入了技术开发(TR)、技术转化(TT)、绿色工艺创新(GPG)、绿色产品创新(GPD)及其与环境规制(ER)的交互项。方程 2 和方程 3 探究环境规制、治污技术创新对城镇化质量的影响;方程 4 和方程 5 探究环境规制、生产技术创新对城镇化质量的影响。从表 5-2 的实证检验回归结果,能够得出以下几个结论:

表 5-2　环境规制、技术创新影响城镇化质量的总体 SGMM 估计结果

变　量	(1)	(2)	(3)	(4)	(5)
$L_1 \cdot \ln UR$	0.203*** (0.479 2)	0.173*** (0.055 6)	0.175*** (0.047 5)	0.065 9 (0.054 0)	0.201*** (0.033 3)
$\ln ER$	−0.281*** (−0.077 8)	−0.116 8*** (−0.027 3)	−0.107 0*** (−0.123 2)	0.020 9 (0.91)	0.091 5 (0.036 3)
$(\ln ER)^2$	0.158*** (0.047 9)	0.358*** (0.006 70)	0.383*** (0.005 03)	0.447*** (0.005 63)	0.362*** (0.008 91)

续 表

变　量	(1)	(2)	(3)	(4)	(5)
ln*TR*		0.716*** (0.021 9)			
ln*TT*			0.377* (0.018 5)		
ln*GPG*				0.615*** (0.007 97)	
ln*GPD*					0.111** (0.043 0)
ln*ERTR*		0.113* (0.059 1)			
ln*ERTT*			0.071*** (0.001 3)		
ln*ERGPG*				0.040*** (0.000 45)	
ln*ERGPD*					0.102*** (0.011 1)
ln*FDI*	−0.107*** (−0.015 0)	−0.050 5*** (−0.017 6)	−0.099 9*** (−0.012 1)	−0.103*** (−0.011 6)	−0.103*** (−0.013 8)
ln*ES*	−0.080 7*** (0.016 0)	−0.105*** (0.015 3)	−0.093 8*** (0.015 0)	−0.074 7*** (0.018 2)	−0.088 5*** (0.014 7)
常数项	−0.752*** (0.003 67)	1.682*** (0.082 0)	0.968*** (0.072 3)	−0.876*** (0.004 82)	−0.756*** (0.003 58)
Sargan	27.596 7	27.274 3	26.294 7	27.385 6	26.184 6
AR(1)	−2.836 5	−2.406 8	−2.259 6	−2.696 6	−2.587 3
AR(2)	−0.507 8	−0.682 3	−0.371 8	−0.561 5	−0.749 5

注：括号中的数值为 t 统计量；*、**、*** 分别代表 10%、5% 和 1% 显著性水平；AR(1)、AR(2) 和 Sargan 分别表示 AR(1)、AR(2) 和 Sargan 的检验值。

资料来源：作者运用 STATA 软件计算整理所得。

第一,环境规制与城镇化质量之间存在显著的"U"形关系。从方程 1 的实证检验结果可以看出,环境规制的一次项的弹性系数在 1% 的显著性水平上为负,二次项的弹性系数在 1% 的显著性水平上为正,说明环境规制与城镇化质量之间存在显著的"U"形关系。这意味着随着环境规制强度的逐渐加大,城镇化质量呈现先降后升的变化趋势。该结论与第四章的结论不同的原因在于,第四章运用的是空间计量方法,考虑了空间溢出效应。而本章在不考虑空间溢出效应的前提下,环境规制在力度由小增大时,必然会带来工业生产成本的提高和治污费用的增加,挤占企业用于研发的支出,从而降低企业的竞争力,不利于经济发展。这也是以往的研究在验证"波特假说"时所得结论不同的原因之一。

第二,在考虑治污技术创新时,环境规制与城镇化质量之间依然呈现出明显的"U"形关系,并且环境规制与治污技术创新(包含技术开发、技术转化)能够较好地协调配合,共同促进城镇化的高质量发展。方程 2 和 3 是为了探究环境规制和治污技术进步对城镇化质量的影响。方程 2 加入了技术开发($lnTR$)变量及其与环境规制的交互项($lnERTR$),方程 3 加入了技术转化($lnTT$)变量及其与环境规制的交互项($lnERTT$)。环境规制的一次项的弹性系数在 1% 的显著性水平上为负,二次项的弹性系数在 1% 的显著性水平上为正,说明环境规制与城镇化质量之间呈现出明显的 U 形关系。从变量 $lnTR$ 的弹性系数和显著性水平可知,技术开发的投入增加有利于城镇化质量的提高。从交互项的系数及显著性水平可知,环境规制强化了技术开发对城镇化高质量发展的促进作用。方程 3 的检验结果与方程 2 相似,说明技术转化能够显著促进城镇化质量的提升,与环境规制的交互项也有利于城镇化质量的提高。因此,环境规制与治污技术创新(包含技术开发、技术转化)能够较好地协调配合,共同促进城镇化的高质量发展。

第三,在考虑生产技术创新时,环境规制项不显著,而生产技术创新能够显著地提升城镇化质量。方程 4 和 5 是探究环境规制、生产技术创新对城镇化质量的影响。方程 4 加入了绿色工艺创新($lnGPG$)变量及其与环境规制的交互项($lnERGPG$),方程 5 加入了绿色产品创新($lnGPD$)变量及其与环境规制的交互项($lnERGPD$)。从方程 4 的结果来看,环境规制的一次项不显著,二次项在 1% 的显著性水平上为正。绿色工艺创新($lnGPG$)及其与环境规制的交互项($lnERGPG$)的回归系数显著为正,均通过了 1% 的显著性检验。方程 5 的检验结果与方程 4 相似,环境规制的一次项不显著,二次项在 1% 的

续 表

	东 部 地 区				中 西 部 地 区			
	(1)	(2)	(3)	(4)	(5)	(6)	(7)	(8)
$\ln ERTT$	−0.061*** (−0.017 6)	0.076*** (0.002 6)				0.047* (0.012 5)		
$\ln ERGPG$			0.073*** (0.000 4)				0.023 (0.004 9)	
$\ln ERGPD$				0.289*** (0.045)				0.099 (0.010 7)
$\ln FDI$		−0.087*** (−0.011 7)	−0.103*** (−0.013 0)	−0.102*** (−0.014 6)	−0.045*** (−0.010 1)	−0.044 1*** (−0.010 7)	−0.047 2*** (−0.011 5)	−0.041 3*** (−0.012 9)
$\ln ES$	−0.121*** (−0.013 8)	−0.082*** (0.043)	−0.075*** (0.049)	−0.088*** (0.028)	−0.434*** (0.022 8)	−0.439*** (0.026 4)	−0.417*** (0.016 9)	−0.439*** (0.027 8)
常数项	1.692*** (0.084)	0.973*** (0.077)	−0.817*** (0.004 2)	−0.756*** (0.003 8)	1.623*** (0.125 7)	0.601*** (0.152 2)	−0.738*** (0.019 83)	−0.689*** (0.015 63)
Sargan	27.284 7	26.284 6	27.397 5	26.238 4	23.896 7	22.752 5	24.158 5	23.801 5
AR(1)	−2.457	−2.258	−2.658	−2.547	−2.584 8	−2.561 8	−2.559 5	−2.515 9
AR(2)	−0.669 3	−0.387 1	−0.547 4	−0.756 87	−0.823 6	0.409 6	2.193 1	1.294 5

注：*、**、*** 分别代表 10%、5% 和 1% 显著水平；AR(1)、AR(2) 和 Sargan 分别表示 AR(1)、AR(2) 和 Sargan 的检验值，括号中的数值为标准误。

资料来源：作者运用 STATA 软件计算整理所得。

量起到抑制作用。

对中西部地区而言,从方程 5 和 6 可知,基于治污技术创新,环境规制的一次项显著为正,二次项显著为负,即环境规制对城镇化质量的影响呈现出先促进、后抑制的倒 U 形关系。而从方程 7 和 8 可以看出,基于生产技术创新,环境规制的一次项、二次项均不显著。可能的原因是:中西部地区经济发展相对于东部地区相对落后,属于资源禀赋区域,大多属于资源密集型行业,但是受制于经济发展水平相对落后,企业对于成本增加的承受能力有限,公众的环保意识有待增强。以上会对企业的技术创新造成阻碍。再加上目前在中西部地区,主要的环境规制方式依然以末端治理为主,在产品的生命周期实现节能减排的绿色生产方式较为少见。

第四节 环境规制、技术创新影响城镇化质量的动态面板门槛实证分析

一、动态面板门槛模型设定

根据上一节的实证分析结果可以看出,当以全国各省份为研究样本时,环境规制的一次项对城镇化质量影响的回归系数显著为负,而环境规制的二次项对城镇化质量影响的回归系数显著为正,并均通过了 1% 水平的显著性检验。因此,环境规制的力度存在"度"的问题,并非越强越好。当环境规制强度低于某一水平时,没有促进城镇化高质量发展的作用,甚至会产生抑制作用。然而,当超过某一水平时,环境规制对城镇化质量存在促进作用或促进的作用增强。也就是说,技术创新在不同强度的环境规制的影响下,可能会存在"门槛"。这决定了环境规制在技术创新推动城镇化高质量发展的过程中具有"门槛特征"。基于此,该小节通过构造动态面板门槛模型分析在存在环境规制门槛的情况下,环境规制和技术创新对城镇化质量的影响。

Hansen(2000)将面板门槛模型设定为如下形式:

$$y_{it} = \phi_i + \beta_1 x_{it} \cdot I(q_{it} \leqslant \lambda) + \beta_2 x_{it} \cdot I(q_{it} > \lambda) + e_{it} \quad (5-16)$$

其中,i 和 t 分别表示研究地区和年份,y_{it} 为因变量,x_{it} 为自变量,$I(\cdot)$ 为指标函数,q_{it} 为门槛变量,λ 为门槛值,e_{it} 为随机扰动项且满足 $e_{it} \sim$

$iid(0,\delta^2)$，ϕ_i、β_1 和 β_2 为对应待估参数。

也就是说，当 $q_{it} \leqslant \lambda$ 时，$y_{it} = \phi_i + \beta_1 x_{it} + e_{it}$；

而当 $q_{it} > \lambda$ 时，$y_{it} = \phi_i + \beta_2 x_{it} + e_{it}$。

借鉴以上门槛模型，结合本章的研究内容，门槛回归模型设定如下：

$$\ln UR_{it} = \alpha_0 + \alpha_1 \ln ER_{it} \cdot I(ER_{it} \leqslant \lambda) + \alpha_2 \ln ER_{it} \cdot I(ER_{it} > \lambda) + \\ \beta_1 \ln FDI_{it} + \beta_2 \ln ES_{it} + \beta_3 \ln TI_{it} + year + \varepsilon_{it} \quad (5-17)$$

其中，i 和 t 分别表示研究地区和年份，UR_{it} 表示城镇化质量，$I(\cdot)$ 为指标函数，门槛变量 q_{it} 为环境规制强度，λ 为门槛值，$\ln TI_{it}$ 为技术创新水平，与前文保持一致，用技术开发（TR）、技术转化（TT）、绿色工艺创新（GPG）和绿色产品创新（GPD）四个维度表征技术创新。X 为控制变量；ε_{it} 为随机扰动项且满足 $\varepsilon_{it} \sim iid(0,\delta^2)$，$\phi$、$\varphi$、$\beta_1$、$\beta_2$ 和 γ_j 为对应待估参数。

二、变量选取、数据来源与统计分析

为保证本章在实证分析时的一致性、可比性和系统性，本节在进行环境规制、企业创新影响城镇化质量的动态面板门槛模型分析时，变量选取、数据来源与统计分析均与本书 5.3 节的变量选取、数据来源与统计分析保持一致。

三、动态面板门槛检验

确定门槛值的原理在于，只要给定一个门槛值 λ，则可以根据该门槛值，对模型参数进行估计得到系数的估计和其对应着的估计模型的残差平方和。若给定的门槛值越接近于真实门槛值，那么得到的残差平方和就越小。基于此，可以连续给出所有可能的门槛值，通过比对残差值，来确定残差值最小时对应的门槛值，该值即为真实的门槛值。

基于该确定原理，使用 stata14.0 软件进行面板门槛估计，通过自举抽样（Bootstrap）检验方法来判断环境规制对城镇化质量门槛效应的显著情况以及门槛个数，并在此基础上选择合适的模型来探究环境规制对城镇化质量的门槛效应。抽样结果显示环境规制对城镇化质量具有显著单一门槛效应，具体结果见表 5-4，从中可以发现，环境规制的单门槛在 1% 的水平下显著，而双门槛不显著，由此可以判断环境规制存在单一门槛，且门槛值为 0.197 2。

表 5-4 面板门槛值估计和显著性检验结果

门槛变量	门槛数	门槛值	95％置信区间	F 值	临 界 值		
					10％	5％	1％
lnER	单一	0.197 2	[0.186 3,0.203 4]	43.48	12.714 1	17.606 2	20.681 9
lnER	双重	0.250 7	[0.244 6,0.259 4]	−0.65	9.914 1	11.845 1	17.750 8

基于此,依据单一门槛值,将环境规制力度分为低强度(lnER≤0.197 2)和高强度(lnER>0.197 2),再进一步探究在特定的环境规制力度下,技术创新(TI)对城镇化质量(UR)的动态面板门槛模型回归结果,并将回归结果报告于表 5-5。从表 5-5 的回归结果可知,所有模型的被解释变量的一阶滞后项显著为正,说明滞后一期的城镇化质量会显著地影响本期的城镇化质量。此外,AR(2)的 p 值显示随机扰动项不存在二阶序列相关,Sargan 的 P 值显示不能拒绝模型所选择的工具变量是有效的假设,所以使用 SGMM 进行估计是合理有效的。

从表 5-5 中第 2 列至第 5 列的回归结果可知,技术开发对城镇化质量的提升在门槛值的左侧和右侧分别为 0.295 和 1.316,技术转化对城镇化质量的提升在门槛值的左侧和右侧分别为 0.781 和 1.491,并均在 1％的显著性水平上为正。这说明治污技术创新在突破环境规制的门槛值之后对城镇化质量提升的促进作用增强,这与在系统 GMM 模型中的实证检验结果一致。从第 6 列至第 9 列的回归结果可知,绿色工艺创新对城镇化质量的提升在门槛值的左侧和右侧分别为 0.185 和 0.106,绿色产品创新对城镇化质量的提升在门槛值的左侧和右侧分别为 0.744 和 0.500,并在 5％和 1％的显著性水平上为正,治污技术创新对城镇化质量的提升不存在明显的变化。结合上文在系统 GMM 模型中的回归结果来看,环境规制对城镇化质量的一次项系数为正,但是不显著;二次项系数为正,并通过了 1％的显著性水平检验。这表明环境规制基于治污技术创新对城镇化质量的提升不存在非线性关系。综上,当环境规制的力度达到一定强度时,治污技术创新促进城镇化高质量发展的效果更加明显。而不同于属于末端治理的治污技术进步,生产技术创新对城镇化高质量发展的促进作用更加稳定,而不取决于环境规制的力度。

表 5-5 动态面板门槛模型估计结果

变量	低强度	高强度	低强度	高强度	低强度	高强度
$L_1 \cdot \ln UR$	0.161** (0.063 8)	0.313*** (0.058 9)	0.153*** (0.041 9)	0.168*** (0.048 6)	0.201*** (0.033 3)	0.165*** (0.034 9)
$\ln TR$	0.295*** (0.842)	1.316*** (0.353)				
$\ln TT$			0.781*** (1.223)	1.491*** (0.511)		
$\ln GPG$					0.185*** (0.401)	0.106*** (0.170)
$\ln GPD$					0.744** (0.196)	0.500*** (0.077)
常数项	4.748*** (1.429)	9.596* (5.272)	−2.359 (−4.153)	9.480 (9.915)	10.56*** (0.616)	14.99*** (0.893)	0.854** (0.380)	0.912 (0.560)
AR(1)	−2.958 3	−2.365 9	−2.048 5	−1.983 4	−2.522 2	−1.485 7	−2.516 7	−2.359 6
AR(2)	−0.693 6	−0.639 5	−0.583 6	−0.723 5	−0.638 2	−0.593 7	−0.755 6	−0.477 9
Sargan	25.394 6	22.485 6	19.384 6	16.572 9	16.392 6	17.258 3	22.295 8	18.376 5

注：回归系数括号内数字代表显著性水平，AR 和 Hansen test 括号内数值分别为 prob>z 和 prob>z 的值；括号中的数值为 t 统计量；*、**、*** 分别代表 10%、5% 和 1% 显著性水平。

资料来源：作者运用 STATA 软件计算整理所得。

原因可能在于,在环境规制低强度($\ln ER \leq 0.1972$)的情况下,企业往往出于成本的考虑不会选择进行技术创新或研发。由于技术的研发需要大量的费用,当环境规制的成本在可承受范围内时,企业往往会选择承受环境规制带来的成本,而非投入巨大的成本进行技术创新。因此,在这一阶段,环境规制无法通过技术创新对城镇化质量的提升产生促进作用。而环境规制的高强度($\ln ER > 0.1972$)时,企业无法继续抱有侥幸心理,为了生存,必须采取措施提高治污力度、改进绿色生产技术。虽然企业将付出巨大的成本,但是随着时间的推移,技术创新带来的益处会使企业的竞争力得到提高。这种"创新补偿"效应体现在以下两个方面。一方面,企业通过技术创新符合了政府提出的环境规制政策的规定,不再需要承受被罚款或被迫关停并转等代价。另一方面,技术创新可以促进先进生产技术的使用,而这一进步将给企业自身带来诸多实际的好处。例如,生产过程机械化、智能化、自动化的提升,有利于企业在当前实现数字化转型,更好地融入数字经济时代。同时,人力资源的成本得到降低,企业的生产效率被进一步激发,竞争力和经济效益均得到提高。而到了这一阶段,技术创新对城镇化的高质量发展的促进作用更加显著,从而实现了环境规制基于技术创新促进城镇化质量提升的效果。目前,跨过该门槛值的省份或直辖市包括北京市、天津市、重庆市、上海市、河北省、吉林省、辽宁省、山东省、广东省、浙江省、甘肃省、陕西省等地区,而其他地区尚未跨过门槛值。从区域分布来看,跨越门槛值的区域多集中在东部地区,少数处于中西部地区。

第五节 环境规制基于技术创新促进城镇化高质量发展的启示

本章首先对环境规制对城镇化质量的影响进行了理论分析,以环境规制的压力下企业如何在治污技术与生产技术之间选择为切入口,从生产函数出发,构建了环境规制、技术创新和城镇化质量之间的数理模型,并进一步将环境规制通过倒逼技术创新对城镇化质量的传导进行了理论分析。在此基础上,本章进一步运用面板回归模型和动态门槛回归方法,实证检验了环境规制基于治污技术进步、生产技术创新对于城镇化高质量发展的影响。通过研究发现:

第一,在考虑治污技术创新时,环境规制与城镇化质量之间依然呈现出明显的"U"形关系,并且环境规制与治污技术创新(包含技术开发、技术转化)能够较好地协调配合,共同促进城镇化的高质量发展。技术开发、技术转化的投入增加有利于城镇化质量的提高,从交互项的系数及显著性水平可知,环境规制强化了技术开发、技术转化对城镇化高质量发展的促进作用。

第二,在探究环境规制、生产技术创新对城镇化质量的影响时,虽然生产技术创新能够显著促进城镇化质量的提升,但是与治污技术创新不同,环境规制不显著,与城镇化质量之间不存在 U 形关系。一方面,在早期的经济发展中,因为技术溢出效应较小,相对而言技术创新的成本较高,从而末端治理边际效益要远大于技术创新的总体边际效益,企业会选择进行末端治理,缺乏从事源头治理的清洁技术创新的动力,而更愿意将用于清洁技术创新的资金用于末端治理。另一方面,企业在服从政府的环境规制下,用于污染治理的资金投入会挤占用于生产技术创新的资金,从而会在一定程度上阻碍技术的创新。

第三,环境规制对城镇化的质量提升存在单门槛效应,治污技术创新和生产技术创新在环境规制力度不同的情况下,对城镇化质量的提升作用存在差异。当环境规制达到一定强度时,治污技术创新促进城镇化高质量发展的效果更加明显。而不同于属于末端治理的治污技术进步,生产技术创新对城镇化高质量发展的促进作用更加稳定,而不取决于环境规制的力度。

鉴于此,相应的政策启示在于:

首先,提高环境规制强度,从而倒逼企业进行技术创新。上述结论显示,当环境规制强度较低时,治污技术创新对城镇化质量起到抑制作用。当环境规制的力度达到一定程度时,能够催动相关部门和企业对生产技术创新和治污技术创新进行研发投入,企业的侥幸心理能够被规避,治污技术创新对城镇化质量的提升作用更为显著。目前,通过环境规制力度门槛值的地区还较少,依然有较多地区的环境规制力度在门槛值之下。因此,应当进一步提高环境规制力度,通过关停并转等措施刺激污染密集型行业的企业进行技术创新,推动其生产方式向绿色生产的转型。例如,对技术落后且污染严重的企业勒令停业整改,整改不到位者坚决取缔,对环保型企业给予补贴等。企业只有从根源上采用"防"与"治"相结合的生产技术创新才可以避免由"遵循成本"引致的效率受损,才能不再依赖末端治理消极应对环境规制政策,从而实现生态环境改善和城镇化高质量发展的"双赢"。

其次,不同的技术创新方式对于环境规制对城镇化质量的促进作用不同,应当推动企业面对环保压力时从末端治理向绿色生产过程的转变。上文的结论显示,生产技术创新对城镇化高质量发展的促进作用更加稳定和显著;而治污技术创新作用的发挥必须以环境规制的强度达到一定水平为前提。因此,一方面,政府应转变其职能,加大对企业技术创新进行宣传、普及以及推广的帮助力度,帮助更多的企业获取采用绿色创新技术、生产技术创新的渠道和可能;另一方面,也可利用专项资金投入,扶持产学研机构共同参与环保类型的技术创新,借助技术溢出效应推动创新技术的传播。通过以上措施能够有效地规避环境规制对企业生产成本的挤占,最终实现技术进步、节能减排、能效提高,有利于城镇化的高质量发展。

最后,切忌在制定环境规制政策时一刀切或过度规制,应适当注意企业的规制承受能力。一是要注意环境规制力度的"适度"。从研究结论也可以看出,环境规制基于技术创新对城镇化质量的提高存在单一门槛效应。倘若环境规制过于严厉,使得过多企业难以承受规制带来的成本而被淘汰,反而会对经济发展造成较大冲击,会使城镇化质量陷入不升反降的局面。二是要树立正确的发展理念,环境规制力度的增加将会推动企业采用更加清洁、高效的生产方式,但是该过程是循序渐进的,企业进行决策也需要一定的时间,不可急于求成。三是应当鼓励地区间治污技术创新和生产技术创新的空间溢出效应,打破行政壁垒,实现区域联合治污,共同推动绿色经济转型和城镇化的高质量发展。

第六章　环境规制基于产业结构调整对城镇化质量的影响分析

第一节　问题的提出

改革开放以来,中国的城镇化快速发展,城镇化率已超过国外高收入国家。在过去的几十年,城镇化的快速发展依赖的是中国特有的人口红利和土地红利。而如今,一方面,人口红利正在逐渐消失,在过去几十年数以亿计的进城务工的农民工依然难以完成身份转变,以上种种因素都阻碍了城镇化的高质量发展。另一方面,由于过于看重以房地产化方式推动的城镇规模在空间层面的扩大,而缺少具有长远考虑的城市空间规划和发展眼光,造成许多城市存在低质量蔓延现象,其规模进行"摊大饼"式的无序扩张,长此以往会导致空心城市化的问题,甚至开始出现更多的"鬼城"。出于对经济增长的追求,在过去的几十年也出现了对生态环境很大程度上的破坏,导致城镇化快速发展过程中的环境质量亟待提高的问题。也正是因为以上问题的存在,会进一步造成中国在城镇化进程中存在产业同构以及产业处于全球价值链中低端等问题。

如今,面对以上现实问题,实现生态环境改善和城镇化质量提升"双赢"的路径之一是产业结构的调整和优化,包括"产业合理化"和"产业高度化"这两个维度。基于前文剖析的先前城镇化发展的问题所在,要素驱动型的传统城镇化虽然在数量上有效地提升了城镇化率,但实则并未推动产业结构的优化与升级。然而,依靠投资驱动、房地产化等驱动力的城镇化不仅不可持续,而且会出现产业同构以及产业处于全球价值链中低端等问题。如何在城镇化进程中促进城市产业结构的优化升级,也是当下必须思考的现实问题。一方面,工业化是城镇化发展的动力源。工业生产使劳动力、土地、资金、技术等生产

第六章 环境规制基于产业结构调整对城镇化质量的影响分析

资料向一定区域集中并形成城镇,城镇又随着工业规模扩张和道路日益通达而向外延伸,与相邻城镇连接形成更大规模的城镇群,同时不同的市场要素在城镇化过程中进行空间集聚和配置。另一方面,城镇化是工业化发展的支撑基础。城镇化为工业化发展提供优秀人才、基础设施、市场需求和投资空间。为适应城镇化进程中人民不断优化的消费层次和消费结构,产业结构也不断优化升级,进而拓宽和加深了工业化发展的广度和深度,并带动第三产业的发展。

尤其是在现阶段,生态文明新格局虽然也重视从源头和末端同时治理生态环境,但更强调源头治理和末端治理的协同,也就是党的二十大报告提出的统筹产业结构调整、污染治理、生态保护、应对气候变化。这意味着生态文明新格局不仅将通过产业结构调整从源头助推污染治理、生态保护、应对气候变化,还将通过强化生态环境末端治理和相关要求倒逼产业结构调整。即使中国的工业化率在2011年达到了顶峰,然而中国当时的城镇化率并未超过60%,而西方较为发达的国家在相同时期的城镇化率达到了70%左右。由此可以看出,中国的城镇化发展存在问题,而以环境规制为抓手,从而倒逼技术创新和产业结构的优化与升级,对城镇化质量的提升十分关键。

由上一章的研究结论可知,环境规制能够与技术创新形成合力,共同促进城镇化质量的提高。而技术创新将会进一步引致产业结构的调整和优化,能够推动产业间的协调,也能够促进技术密集型、知识密集型产业的发展。因此,可以看出,产业结构的优化与升级能够作为协调城镇化发展和环境保护的重要路径,也是城镇化高质量发展的必由之路。那么,环境规制通过优化产业结构,从而推动城镇化的高质量发展的影响机理是怎样的?如果环境规制能够通过优化产业结构促进城镇化的高质量发展,是通过怎样的产业结构调整的?本章将从理论和实证研究层面对以上问题展开研究,揭示出环境规制通过产业结构的调整影响城镇化质量的影响机理。

本章将分为三个部分进行论述。首先是理论分析,通过构建理论模型,以环境规制影响微观企业行为决策为切入口,厘清环境规制将如何倒逼产业结构调整,以及产业结构调整对城镇化高质量发展的促进效应。其次,基于中介效应模型,以实证检验的方法验证环境规制基于不同中间变量对城镇化质量的影响。最后引入空间因素,运用空间计量模型,探究环境规制基于产业结构调整对城镇化质量的空间溢出效应。

第二节　环境规制、产业结构调整影响
城镇化质量的机理分析

一、环境规制倒逼产业结构调整的理论模型

本章首先对于环境规制倒逼产业结构优化升级的机理构建数理模型,并在以上机理的基础上,进一步分析其会对城镇化质量造成怎样的影响。首先,从微观的视角来看,环境规制会影响生产的要素投入价格,尤其是对于污染密集型行业的生产要素而言。生产要素的投入价格的概念会引起企业生产决策的改变。因此,企业由于受到环境规制的压力,会改变其行为决策。出于对利益最大化的追求,企业会采取措施以减少上述非生产性的成本增加。下文将从数理推导的角度构建理论模型,将企业会面临的不同情形纳入分析中。理论分析的思路如下:

首先,假设一个经济体中有地区 1 和地区 2。在地区 1,企业 A 同时生产污染型产品和清洁型产品。假设污染型产品在地区 1 的价格和销量分别为 P_1、Q_1,则污染型产品在地区 1 的收益为 P_1Q_1;但是由于跨地区贸易存在成本,在地区 2 的售价实际为 γP_2,假设污染型产品在地区 2 的销量 Q_2,则污染型产品在地区 2 的收益为 $\gamma P_2 Q_2$。假设清洁型产品的价格为 P_s,销量为 S。在成本方面,假设企业的污染型和清洁型生产的要素价格分别为 η_1、ξ,将其所需成本折算成生产要素 K,并假定其投入要素 βK 用于污染型产品生产。综上,企业 A 的利润为:

$$\max \pi, \pi = P_1Q_1 + \gamma P_2 Q_2 + P_s S - [\eta_1 \beta + \xi(1-\beta)]K \quad (6-1)$$

其次,假定地区 1 施加了较强的环境规制,清洁型产品的要素价格近似不变,但是污染型生产的要素价格会提高,将提高后的要素价格记为 η_1'。接下来,分析要素价格的变化将对企业的行为决策带来怎样的影响。

首先,当环境规制的力度较弱时,企业倾向于忍受环境规制带来的高成本,由于技术研发会带来更大的成本,所以出于侥幸心理或者对于利益最大化的追求,企业往往会选择维持现状。此时,由于污染型生产要素的价格由 η_1 提高到 η_1',所以企业对应的利润变为:

$$\pi_1 = P_1Q_1 + \gamma P_2Q_2 + P_sS - [\eta_1'\beta + \xi(1-\beta)]K \qquad (6-2)$$

将该情形设定为决策 1。

接着,随着环境规制力度的增加,企业的非生产性成本进一步上升。到某种程度后,由于地区 2 的要素价格较低(记为 η_2),企业将会考虑将产业转移。通过该决策,企业能够减少由于环境规制带来的成本。然而,该决策同样会带来跨地区贸易的成本问题,此时,企业对应的利润变为:

$$\pi_2 = \gamma P_1Q_1 + \gamma P_2Q_2 + P_sS - [\eta_2\beta + \xi(1-\beta)]K \qquad (6-3)$$

将该情形设定为决策 2,即进行污染产业转移。

然而,如果承受成本增加或进行产业转移的做法均无法抵消环境规制所带来的成本时,企业为了其生存和发展,则会选择转移投资方向,也就是在生产结构上进行更多清洁型产品的生产。因此产品结构则发生了本地升级。而当此类微观企业达到一定规模时,对整个经济体而言,就产生了产业结构优化升级的效果。

此时,假设企业投入要素 $\beta'K$ 用于污染产品生产,那么用于清洁型产品生产的投入要素为 $(1-\beta')K$,不难看出,$\beta' < \beta$。假定污染型产品在地区 1 和地区 2 的销量分别为 Q_1' 和 Q_2',清洁型产品销量为 S'。此时,企业对应的利润则变为:

$$\pi_3 = P_1Q_1' + \gamma P_2Q_2' + P_sS' - [\eta_1'\beta' + \xi(1-\beta')]K \qquad (6-4)$$

将此情形设定为决策 3。

最后,将三种决策进行相互比较,以得出企业进行何种行为决策的结论。

首先,若 $\pi_2 > \pi_1$,可解得:

$$\eta_1' > \eta_2 + \frac{(1-\gamma)(P_1Q_1 - P_2Q_2)}{\beta K} \qquad (6-5)$$

其次,类似地,将决策 1 和决策 3 比较,若 $\pi_3 > \pi_1$,可解得:

$$\eta_1' > \xi + \frac{P_1(Q_1' - Q_1) + \gamma P_2(Q_2' - Q_2) + P_s(S' - S)}{K(\beta' - \beta)} \qquad (6-6)$$

为方便表述,将(6-5)右侧式子记为 η^*,将(6-6)右侧式子记为 η^{**}。

综上,在企业选择决策 1 时,需要满足下列条件:

$$\eta_1' < \max\{\eta^*, \eta^{**}\}$$

随着环境规制力度的增强,污染型生产成本 η_1' 不断上升,如果 $\eta_1'>\eta^*$ 或 $\eta_1'>\eta^{**}$,企业将会选择决策2或决策3,即进行产业转移或者产业结构调整。当环境规制强度满足 $\eta_1'>\max\{\eta^*,\eta^{**}\}$,企业则会同时进行产业转移和产业结构优化升级。

二、环境规制通过产业结构调整影响城镇化质量的传导机制

由前文中的理论推导来看,出于成本约束和对利益最大化的追求,企业在环境规制的压力下,生产行为和资源的分配会得到诱导性的改变,即选择将该成本转嫁给消费者,或者寻找其替代商品。同时,政府将会通过关停并转等方式对污染密集型企业进行整改,传统的重污染产业会由于环境规制的压制而受到一定程度的抑制。因此,产业结构会随着消费者的消费结构的改变而发生调整。第二种做法为将部分产业进行转移,企业通过向环境规制力度相对较弱、环境成本相对较低的地区转移部分产业,能够降低企业成本,也会带来地区的产业结构的调整。第三种也就是上一章讨论的技术创新,即通过投资方向的转变,从源头进行技术创新,在减排的同时提高其生产效率,以达到保持较高产出的目的。而第三种措施会使产业向清洁化的高能效方向转型,规制产业、新兴产业会逐渐壮大,企业的投资结构会发生改变,产业结构也将随之发生改变。

通过以上三种方式的调整,随着技术溢出效应的增加和"创新补偿"的作用增强,污染末端治理技术会逐步向源头治理过渡,生产技术创新会呈现出正向激励。同时,基于第五章的理论研究结论,不同行业即使在环境技术调整意愿相同的情况下,技术调整行为的成本也不同。随着环境规制力度的增强,具有较低边际治污成本的企业具有一定的比较优势。相比之下,边际治污成本较高的企业对于成本上升的承受能力较差。当环境规制的力度大幅增强时,该类企业的生产往往会逐渐萎缩或被替代。这类企业往往是重固定资产型的污染密集行业的企业。此时将会有单位产出更高、单位能耗更低的新产业和新产品出现,主导的产业部门将会循序渐进地发生更替。

此时,随着产业结构的调整与优化,会对劳动力和资本方面均产生影响。首先,第一个表现是人口和产业会在第三产业,尤其是现代服务业,产生劳动力增长和发生集聚。通过前文的分析可知。中国目前城镇化高质量发展的瓶颈在于,中国的大城市化率和"高能"城市集群明显落后。不仅不利于服务、高

新技术、金融、制造等行业的发展,也会带来要素流动的不充分和资源错配引致的效率流失。而通过高端制造业与服务业的发展与壮大,大量的劳动力会发生迁移,城市的配套设施会逐渐完善,城镇居民的生活质量和公共服务也会逐渐得到改善。因此,无论是在人口城镇化维度、经济发展维度,还是城市建设维度、公共服务维度以及节能环保维度,城镇的生态环境会进一步改善,城镇化的质量也将会进一步提升。

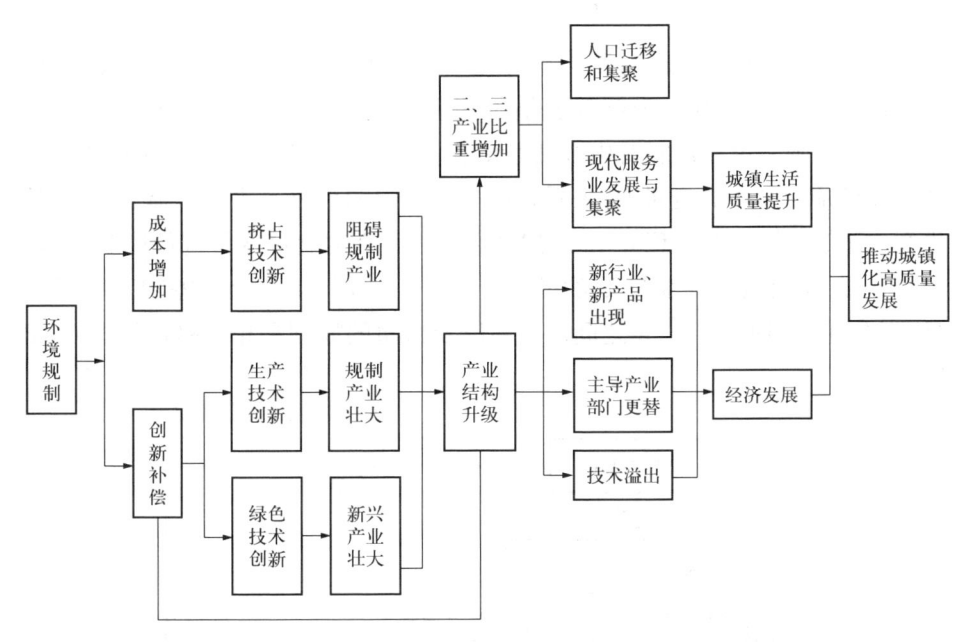

图6-1 环境规制基于产业结构调整对城镇化质量的影响机制

资料来源:作者绘制。

第三节 环境规制、产业结构调整影响城镇化质量的中介效应模型分析

一、研究方法、变量选择与数据说明

(一)研究方法

在国内,中介效应分析最早应用在心理学领域,后来逐渐被推广到更多的

进行实证分析造成的结果的偶然性,也避免了主观性的问题造成结果偏差的可能。因此,这种方法能够更好地为环境规制对城镇化质量影响的稳健性提供进一步的支撑。测算出的环境规制综合指数越大,表示环境规制的力度越强。

表6-1 环境规制综合评价指标体系

项目	指标定义	计算公式
废水	工业废水排放达标率	(工业废水排放达标量/工业废水排放总量)×100%
废气	工业二氧化硫去除率	(工业二氧化硫排放去除量/工业二氧化硫排放总量)×100%
	工业烟尘去除率	(工业烟尘排放去除量/工业烟尘排放总量)×100%
	工业粉尘去除率	(工业粉尘排放去除量/工业粉尘排放总量)×100%
固体废物	工业固体废物综合利用率	[工业固体废物综合利用量/(工业固体废物产生量+综合利用往年贮存量)×100%]

首先,对上述五个单项指标进行标准化处理,具体处理方法如(6-11):

$$x_{ij}^* = [x_{ij} - x_{\min(j)}]/[x_{\max(j)} - x_{\min(j)}] \qquad (6-11)$$

$$G_{ij} = x_{ij}^* / \sum_{i=1}^{m} x_{ij}^*, \quad h_j = -\left(\frac{1}{\ln m}\right) \sum_{i=1}^{m} G_{ij} \ln G_{ij}, \quad f_j = 1 - h_j$$

$$K_j = f_j / \sum_{j=1}^{n} f_j = (1 - h_j) / \sum_{j=1}^{n} (1 - h_j), \text{且} \ 0 \leqslant K_j \leqslant 1$$

由此可得,第 i 年的环境规制综合指数 ER_i 为:

$$ER_i = \sum_{j=1}^{n} (K_j \cdot 100) \cdot (G_{ij} \cdot 100) \qquad (6-12)$$

3. 中介变量

产业结构优化是一个动态过程,一般指的是产业结构不断向合理化、高度化的方向转变(孙晓华等,2017)。从经济含义的层面来看,产业结构合理化反映了各个产业部门投入和产出结构的协调情况以及资源的合理利用程度。由上文的分析可知,传统的城镇化造成各地的地方政府追求房地产化的城镇化率的提高以及城镇空间的扩大,忽视对要素的空间布局和对产业的长期规划,从而造成产业部门投入和产出结构的不协调。此外,产业结构高级化与合理化的侧重点不同,高级化指的是产业结构从一种较低级形式向一种较高度形式不断转变的过程。本章试图分析环境规制是否会改变不同产业间的投入产出、产业间的结构比例以及劳动生产率的变动。这两个变量与本书试图分析的内容一致。因此,本章选择产业结构合理化、产业结构高级化程度作为中介变量,并分别选择对应的代理指标反映以上产业结构优化升级的程度。

(1) 产业结构合理化

在以往的研究中,常用结构偏离度来衡量产业结构合理化的程度。然而,该方法存在忽略产业的相对重要性的问题,可能会使测度结果不够准确,泰尔指数却能够规避上述问题。因此,本书借鉴干春晖等(2011)的做法,选取泰尔指数的倒数来表征产业结构合理化的程度。泰尔指数越小说明产业结构越合理,也就是说,产业结构合理化指数越大,说明产业结构越合理,各个产业部门投入和产出结构的协调情况越好。将产业结构合理化指数表示为 TL,其计算公式如式 6-13 所示。

$$TL = 1 \Big/ \sum_{i=1}^{n} \left(\frac{Y_i}{Y}\right) \ln\left(\frac{Y_i}{L_i} \Big/ \frac{Y}{L}\right) \tag{6-13}$$

其中,Y 和 L 分别代表各城市的产值和就业人数,那么 Y 与 L 的比值则为生产率。城市 i 的生产率与整体生产率的比值可以反映出各产业的生产率与整体生产率的偏离程度。而其倒数也就可以反映出各个产业部门投入和产出结构的协调情况。

(2) 产业结构高级化

产业结构高级化是产业结构升级的重要部分,反映的是产业结构在不同的经济发展水平及发展阶段下由低水平到高水平的演进。本书参考以往对产业结构高级化研究的做法,将产业结构高级化指数的测度方式表示为产业间比例关系与产业劳动生产率的乘积,计算公式如式 6-14 所示:

$$ES = \sum_{m=1}^{3} \frac{Y_m}{Y} \times LP_m, m = 1, 2, 3 \tag{6-14}$$

其中，ES 代表产业高度化，Y_m/Y 表示第一、二、三产业产值分别在总产出中所占的比重，LP_m 指的是劳动生产率。产业结构高级化指数越小，说明产业结构高级化程度越低，反之亦然。

4. 其他控制变量

根据以往研究以及对实际需求的考虑，还有较多因素会对城镇化质量造成较大影响，需要在实证检验时进行控制。出于对本章研究内容的考虑，本章选取的控制变量包括政府干预(GOV)、金融支持(FIN)、经济开放(FDI)和科技创新(TC)。一是政府干预(GOV)，政府力量在城镇化的建设过程中不容控制，需要在实证检验中加以控制，采用当地政府的财政支出与GDP的比值来衡量。二是金融支持(FIN)，用人均金融机构贷款来衡量。三是经济开放(FDI)，用外商投资企业产值占工业总产值比重表征。四是科技创新水平(TC)。本章使用各地级及以上城市的专利授权数来表示。

（三）数据来源与变量描述

基于数据可得性的考虑，本章的研究对象为 2003—2016 年的中国 285 个地级及以上城市。使用的原始数据均来源于《中国城市统计年鉴》《中国城市建设统计年鉴》《中国环境统计年鉴》和《中国环境年鉴》。此外，为克服可能存在的异方差并保证数据的平滑性，本章将所用数据进行了对数化处理，对于缺失值进行了线性平均的插值处理。本章在实证研究中使用的变量的描述统计如表 6-2 所示。

表 6-2 变量定义与描述性统计

变量	变量含义	样本量	平均值	标准差	最大值	最小值
lnUR	城镇化质量	3990	−8.54	0.67	−4.72	−10.27
lnER	环境规制水平	3990	4.02	0.36	5.46	2.60
lnTL	产业结构合理化	3990	−0.39	0.35	1.13	−2.29
lnES	产业结构高级化	3990	1.74	0.18	2.71	1.17
lnGOV	政府干预	3990	−2.04	0.58	0.46	−5.99
lnFIN	金融支持	3990	1.31	0.76	4.61	−4.84

续 表

变 量	变量含义	样本量	平均值	标准差	最大值	最小值
$\ln FDI$	经济开放程度	3 990	0.94	1.17	3.18	−9.21
$\ln TC$	科技水平	3 990	6.01	2.03	11.68	0.00

资料来源：作者根据 STATA 估计结果整理所得。

二、模型构建

基于前文关于中介效应方法的介绍以及前文的理论分析，本章的研究样本为 2003—2016 年期间中国的 285 个地级及以上城市，利用中介效应模型来实证检验产业结构调整（包括产业结构合理化、高级化调整）在环境规制促进城镇化高质量发展中的中介作用。因此，将产业结构合理化、产业结构高级化设为核心解释变量，以验证环境规制促进城镇化高质量发展发挥的中介效应。

当产业结构调整为中介变量 M 时，根据上文对于中介效应模型的介绍，参考方程 6-7 至方程 6-9，可将本节的中介效应计量模型设定如下：

$$\ln UR_{it} = \alpha_0 + c\ln ER_{it} + \alpha_1 \ln control_{it} + \varepsilon_{it} \quad (6-15)$$

$$\ln IND_{it} = \beta_0 + a\ln ER_{it} + \beta_1 \ln control_{it} + \varepsilon_{it} \quad (6-16)$$

$$\ln UR_{it} = \gamma_0 + c'\ln ER_{it} + b\ln IND_{it} + \gamma_1 \ln control_{it} + \varepsilon_{it} \quad (6-17)$$

其中，i 代表城市，t 代表年份，ε_{it} 为随机扰动项。IND_{it} 为产业结构调整，分为产业结构合理化（TL）和产业结构高级化（ES）两种。ER 为环境规制程度，UR 表示城镇化质量，$control_{it}$ 为控制变量，包括政府干预（GOV）、金融支持（FIN）、经济开放（FDI）和科技水平（TEL）。

三、模型估计结果与解释

基于前文的理论分析和模型构建，本节使用中介模型来实证检验环境规制通过影响产业结构合理化程度对城镇化质量产生的影响。表 6-3 中的 Panel A 报告了产业结构合理化作为环境规制影响城镇化质量的中介效应检验结果；Panel B 为环境规制通过产业结构高级化影响城镇化质量的中介效应检验结果。

从表 6-3 中 Panel A 的回归结果显示,在方程 1 中,环境规制对城镇化质量影响的回归系数为 0.356,且通过了 1% 水平的显著性检验,而方程 3 中环境规制对城镇化质量影响的回归系数为 0.296,小于方程 1 中 0.356 的回归系数,且通过了 1% 水平的显著性检验。再进一步从方程 2 看环境规制对产业结构调整的影响。方程 2 为考察环境规制对产业结构合理化的影响,环境规制项的弹性系数为 0.176,且通过了 1% 水平的显著性检验。可以看出,环境规制显著地促进了产业结构的合理化调整。此外,方程 3 中产业结构合理化项的弹性系数为 0.340,且通过了 5% 水平的显著性检验。由此可见,环境规制能够显著地促进城镇化的高质量发展,但是在不考虑产业结构调整效应时,环境规制对城镇化质量提升的促进作用被高估,并且,环境规制通过倒逼产业结构合理化从而促进了城镇化的高质量发展。因此,产业结构合理化的中介效应显著。

表 6-3 中的 Panel B 的回归结果显示,从方程 5 中环境规制对产业结构高级化影响的回归系数为 -0.014 0,但是未通过显著性检验,即环境规制并未促进产业结构的高级化。对比方程 4 和方程 6 可以看出,环境规制对城镇化质量影响的回归系数分别为 0.356 和 0.360,且均通过了 1% 水平的显著性检验。方程 4 中核心解释变量的回归系数并未大于方程 6 中核心解释变量的回归系数,再加上方程 5 中环境规制对产业结构高级化的估计系数不显著(未通过 Sobel 检验)。由此可知,环境规制并没有倒逼产业结构向高级化转型的作用,但是环境规制和产业结构高级化均能显著提升城镇化的发展质量。也就是说,环境规制、产业结构高级化分别直接地促进了城镇化质量的提升,并非环境规制通过倒逼产业结构高级化,从而作用于城镇化的高质量发展。

表 6-3 环境规制通过产业结构调整影响城镇化质量的中介效应

	Panel A: TL			Panel B: ES		
	(1)	(2)	(3)	(4)	(5)	(6)
被解释变量	UR	TL	UR	UR	TS	UR
ER	0.356*** (0.028 4)	0.176*** (0.020 8)	0.296*** (0.027 7)	0.356*** (0.028 4)	-0.014 0 (0.011 5)	0.360*** (0.028 1)

续　表

被解释变量	Panel A: TL			Panel B: ES		
	(1)	(2)	(3)	(4)	(5)	(6)
	UR	TL	UR	UR	TS	UR
IND			0.340*** (0.020 9)			0.344*** (0.038 8)
GOV	−0.071 9*** (0.011 6)	−0.077 3*** (0.008 5)	−0.045 6*** (0.011 4)	−0.071 9*** (0.011 6)	0.053 7*** (0.004 7)	−0.090 4*** (0.011 7)
FIN	0.124 9*** (0.005 6)	0.010 7*** (0.004 1)	0.120 8*** (0.005 5)	0.124 9*** (0.005 6)	0.010 7*** (0.004 1)	0.120 8*** (0.005 5)
FDI	0.123 8*** (0.004 0)	0.071 1*** (0.003 0)	0.163 7*** (0.004 4)	0.185 6*** (0.004 0)	0.071 1*** (0.003 0)	0.163 7*** (0.004 2)
TC	0.109 3*** (0.011 4)	0.095 1*** (0.008 3)	0.080 0*** (0.011 3)	0.109 3*** (0.011 4)	0.095 1*** (0.008 3)	0.080 0*** (0.011 3)
常数项	−9.895*** (0.040 7)	−0.927*** (0.029 9)	−9.579*** (0.0439)	−9.895*** (0.040 7)	1.641*** (0.016 5)	−10.46*** (0.075 3)
R^2	0.642	0.312	0.665	0.642	0.152	0.649
N	3 990	3 990	3 990	3 990	3 990	3 990

注：*、**、***分别代表10%、5%和1%显著水平，括号中的数值为标准误。
资料来源：作者运用STATA软件计算整理所得。

四、稳健性分析

本章对环境规制力度的测度方法较前文发生了改变，为显示结论的稳健性，此节选取本书第四章使用的方法，即选取工业二氧化硫的去除率来表征"效果型"环境规制，用每万元GDP工业二氧化硫的产生量来表征"过程型"环境规制。结论显示，二者实证分析结果十分接近。由于篇幅限制，本书将"效果型"环境规制稳健性检验的对应结果报告于表6-4。

表 6-4 稳健性检验回归结果

	Panel A: TL			Panel B: ES		
	(1)	(2)	(3)	(4)	(5)	(6)
被解释变量	UR	TL	UR	UR	TS	UR
ER	0.060 0*** (0.012 9)	0.049 2*** (0.009 4)	0.042 0*** (0.012 5)	0.060 0*** (0.012 9)	0.017 0 (0.051)	0.061 4*** (0.012 8)
IND			0.364*** (0.039 5)			0.326*** (0.039 5)
GOV	−0.075 1*** (0.011 8)	−0.079 5*** (0.008 6)	−0.046 1*** (0.011 5)	−0.075 1*** (0.011 8)	0.053 3*** (0.004 7)	−0.092 4*** (0.011 9)
FIN	0.085 1*** (0.009 1)	0.002 73 (0.006 6)	0.084 1*** (0.008 8)	0.124 7*** (0.005 6)	0.007 95*** (0.003 0)	0.122 0*** (0.005 6)
FDI	0.122*** (0.005 8)	0.010 2** (0.004 2)	0.118*** (0.005 6)	0.185 8*** (0.004 0)	0.038 8*** (0.002 2)	0.177 9*** (0.004 2)
TC	0.214*** (0.003 5)	0.084 8*** (0.002 6)	0.184*** (0.003 9)	0.110 5*** (0.011 4)	−0.037 5*** (0.006 1)	0.118 8*** (0.011 4)
常数项	−10.03*** (0.052 7)	1.709*** (0.038 3)	−9.690*** (0.054 4)	−10.03*** (0.080 8)	1.709*** (0.043 1)	−10.59*** (0.085 4)
R^2	0.630	0.304	0.656	0.630	0.154	0.636
N	3 990	3 990	3 990	3 990	3 990	3 990

注：*、**、*** 分别代表 10%、5% 和 1% 显著水平，括号中的数值为标准误。
资料来源：作者运用 STATA 软件计算整理所得。

从 Panel A 的实证检验结果显示，方程 1 和方程 3 中的环境规制对城镇化质量影响的回归系数分别为 0.060 0 和 0.042 0，且通过了 1% 水平的显著性检验。可以看出，方程 3 中环境规制项的弹性系数小于方程 1 中的弹性系数。此外，再通过方程 3 可以看出，产业结构合理化指数项的弹性系数为 0.364，且通过了 5% 水平的显著性检验。由以上结果可以判断，环境规制通过产业结构合理化这一中介变量对城镇化质量的提高产生了促进作用。环境规制能够显著地促进城镇化的高质量发展，但是在不考虑产业结构调整效应时，环境规制对城镇化质量提升的促进作用会被高估，并且，环境规制通过倒逼产业结构合理化从而促进了城镇化的高质量发展。因此，产业结构合理化的中介效应显著。

相似地，从 Panel B 可以看出，通过对比，在方程 4 和方程 6 中，环境规制对城镇化质量影响的回归系数分别为 0.0600 和 0.0614，且均通过了 1%水平的显著性检验。方程 4 中核心解释变量的回归系数并未大于方程 6 中核心解释变量的回归系数，说明在不考虑产业结构调整效应时，环境规制对城镇化质量的促进作用没有被高估。再加上方程 5 中环境规制对产业结构高级化的估计系数不显著（未通过 Sobel 检验）。结合以上分析，能够得出以下结论：产业结构高级化和环境规制均可以显著地促进城镇化质量的提高，但是产业结构高级化并未在环境规制促进城镇化质量提高中发挥中介效应，与上节的中介效应模型的实证检验结论高度一致。因此，中介效应模型的实证分析结论是稳健的。

第四节 环境规制、产业结构调整影响城镇化质量的空间计量模型分析

一、空间计量模型设定

（一）模型设定

一般而言，实证检验存在一个假设前提，即各地区的所有变量是相互独立的。但是，本书的研究对象为中国 285 个地级及以上城市的环境规制和城镇化质量，各地区之间不独立，无法割裂开进行分析。首先，空气是流通的，某个城市的环境规制不仅会改善本城市的环境质量，也会使地理相邻的城市受益。本地区在提高环境规制的力度后，生态环境的改善必然会给邻近地区带来正面的影响；相对地，邻近地区的空气质量会对本地区带来空间溢出效应。同样地，环境规制的法律法规和成果都很难独立。当环境规制政策为城镇化的高质量发展带来益处时，邻近地区也会采取相应的策略来进行环境规制，从而产生规模效应。此外，随着环境规制的力度增大，规制压力会增加企业的成本，尤其是污染排放较高的企业会受到环境规制带来的约束压力。此时，其会采取措施减少对能源的利用。基于本章在理论分析部分的推导，对许多企业而

言,尤其是对污染密集型企业而言,当环境规制强度达到一定的程度时,存在进行产业转移的可能,也就是理论分析中的决策二描述的情景。基于此,有必要在考虑空间因素的前提下,分析各地区环境规制对城镇化质量产生的影响。基于此,本节进一步使用空间计量模型分析环境规制、产业结构优化升级对城镇化质量的影响。

本书的第四章通过空间自相关检验可看出,环境规制和城镇化质量均存在自相关,因此,本节对空间自相关的检验内容不再赘述。考虑到存在的空间自相关因素,本章使用空间计量模型进行检验。考虑到研究区域之间可能存在的空间相互作用,一般在模型中引入空间滞后因变量、空间滞后自变量和空间滞后误差项,也就是较为常用的三种空间计量模型。如果因变量依赖于邻近地区对应因变量的观察值或局部特性,就相应地将空间滞后因子 WY 作为自变量引入模型;如果因变量依赖于邻近地区自变量的观测值,就相应地将空间滞后因子 WX 作为自变量引入模型;如果邻近地区不可观察的扰动项对因变量能够产生作用,即将空间误差因子引入模型。而如果是将因变量和自变量的空间滞后项同时引入一个模型,则该模型被称为空间杜宾模型(SDM)。以上空间模型的具体模型和符号含义均已在第四章中详细展开,本章不再赘述。

根据本章的研究内容,需要依据检验结果选择空间计量模型。首先,根据 Hausman 检验的结果,选择固定效应模型。其次,由于本章研究样本的时间跨度为 14 年,属于短面板,时间固定效应不显著,所以选择空间固定效应模型。此外,选择模型的步骤为通过拉格朗日乘数检验(LM Test)判断模型中是否具有空间滞后变量或空间误差变量对因变量的影响。若拒绝零假设,则说明模型中应包含空间交互影响的元素,选择 SAR 或 SEM 空间计量模型。若 SAR 或 SEM 空间计量模型的零假设被拒绝,意味着拒绝不存在空间滞后效应和不存在空间误差模型的原假设,表明模型同时具有空间滞后和空间误差两种模型的特征,则需选择 SDM 模型。而在两种模型均无法被拒绝的情况下,需要进一步对 SDM 模型进行检验分析。

经过检验,本章空间计量模型的 LR 检验和 Wald 检验的 P 值均小于 0.05,这表明空间杜宾模型既不能简化为空间滞后模型也不能简化为空间误差模型。空间杜宾模型能最好地拟合数据。另外,本书重点关注环境规制对城镇化质量的空间溢出效应,不仅考虑本地区环境规制对城镇化质量的影响,同时还要考察邻近地区环境规制对本地区城镇化质量的影响。空间滞后模型由于引进了因变量的滞后项 $W_{ij} \cdot Y_{jt}$,所以它反映了本地区和周边地区的城镇化建设水平之间的影响,解决的是空间依赖性问题;空间误差模型中的空间误差系数 λ 度量的是某城市的不可观测因素对于周围城市城镇化质量的影响,解决的是空间异质性问题;而空间杜宾模型同时解决了以上两个问题,是空间滞后模型及空间误差模型的一般形式,能够更好地估计不同观测个体产生的溢出效应和基于面板数据测算空间溢出效应。

综上,本章建立如下的空间计量模型:

$$UR_{it} = \alpha_0 + \alpha_1 ER_{it} + \alpha_2 IND_{it} + \gamma_1 \sum_{i \neq j} W_{ij} ER_{jt} + \gamma_2 \sum_{i \neq j} W_{ij} IND_{jt} + control_{it} + \mu_i + v_t + \varepsilon_{it} \quad (6-18)$$

其中,IND_{it} 表示产业结构调整,w_{ij} 表示空间权重矩阵,γ 表示空间效应系数,其他变量的含义同上。此外,本章使用反距离权重矩阵、经济距离矩阵与技术距离矩阵空间权重矩阵。其含义及构建方法在第四章,此章节不再赘述。

(二)变量指标的选取、数据来源与统计分析

为了实现本章分析的一致性、可比性和系统性,本节在进行环境规制、产业结构影响城镇化的动态面板门槛模型分析时,变量选取、数据来源与统计分析均与本书第六章第三节的变量选取、数据来源与统计分析保持一致,本节中不再赘述。

二、空间计量回归结果与讨论

基于对模型构建、指标选取和数据来源等分析,本节对式 6-18 的实证模型进行检验,并将检验结果报告在表 6-5 中。从整体上来看,在运用反距离权重矩阵、经济距离矩阵与技术距离矩阵、空间权重矩阵进行实证检验时,弹性系数的符号和显著性水平比较接近。从核心解释变量来看,无论是在探究产业结构合理化还是产业结构高级化时,环境规制项($\ln ER$)及其空间滞后项($W \cdot \ln ER$)的系数均显著为正,说明本地的环境规制不仅可以促进本地区城镇化质量的提高,也可以促进邻近地区的城镇化质量的提高。该结论与本书第四章的结论保持一致。

表6-5 不同空间权重矩阵下的空间计量模型回归结果

	产业结构合理化(被解释变量: UR)			产业结构高级化(被解释变量: UR)		
	W_1	W_2	W_3	W_1	W_2	W_3
lnER	0.077*** (6.585)	0.079*** (3.150)	0.009 (0.960)	0.082*** (4.249)	0.090*** (3.530)	0.012 (1.305)
lnTL	0.187*** (4.039)	0.191*** (6.700)	0.199*** (6.950)	−0.049 (−1.074)	−0.061 (−1.332)	−0.068 (−1.474)
lnGOV	−0.057*** (−5.082)	−0.0558*** (−4.948)	−0.056*** (−4.970)	−0.061*** (−5.342)	−0.059*** (−5.167)	−0.059*** (−5.190)
lnFIN	0.038*** (4.188)	0.0380*** (4.230)	0.040*** (4.419)	0.027*** (3.026)	0.027*** (3.028)	0.029*** (3.231)
lnFDI	0.087*** (13.434)	0.0853*** (13.485)	0.085*** (13.438)	0.088*** (13.852)	0.088*** (13.838)	0.088*** (13.820)
lnTEL	0.078*** (9.243)	0.0818*** (9.633)	0.088*** (10.394)	0.085*** (9.988)	0.089*** (10.476)	0.096*** (11.345)
W·lnER	0.165*** (6.243)	0.2192*** (5.8139)	0.107** (2.200)	0.183*** (6.881)	0.244*** (6.458)	0.034** (2.666)
W·lnTL	0.076* (1.725)	0.0796* (1.807)	0.028** (2.435)	0.082 (1.413)	0.054 (0.937)	0.045 (0.776)

续表

	产业结构合理化（被解释变量：UR）				产业结构高级化（被解释变量：UR）		
	W_1	W_2	W_3		W_1	W_2	W_3
$W \cdot \ln GOV$	−0.051*** (−3.555)	−0.0455*** (−3.198)	−0.041*** (−2.900)	$W \cdot \ln GOV$	−0.045*** (−3.173)	−0.040*** (−2.810)	−0.035** (−2.406)
$W \cdot \ln FIN$	−0.014 (−1.367)	−0.0170* (−1.622)	−0.016 (−1.559)	$W \cdot \ln FIN$	−0.005 (−0.530)	−0.008 (−0.792)	−0.008 (−0.776)
$W \cdot \ln FDI$	−0.076*** (−10.300)	−0.074*** (−10.112)	−0.075*** (−10.090)	$W \cdot \ln FDI$	−0.078*** (−10.504)	−0.076*** (−10.293)	−0.077*** (−10.326)
$W \cdot \ln TEL$	0.089*** (8.593)	0.098*** (9.541)	0.112*** (11.084)	$W \cdot \ln TEL$	0.095*** (9.273)	0.108*** (10.653)	0.125*** (12.623)
N	3 990	3 990	3 990	N	3 990	3 990	3 990
R^2	0.873 3	0.872 6	0.871 1	R^2	0.871 7	0.873 3	0.869 1

注：*、**、*** 分别代表10%、5%和1%显著水平，括号中的数值为标准误。
资料来源：作者运用STATA软件计算整理所得。

产业结构合理化项（$\ln TL$）的弹性系数在1%的水平上显著为正，其空间滞后项（$W \cdot \ln TL$）的弹性系数在5%或10%的水平上显著为正，说明本地区的产业结构合理化不仅可以促进本地区城镇化质量的提高，也能够通过正向的空间溢出效应促进邻近地区城镇化质量的进一步提升。然而，产业结构高级化（$\ln ES$）及其空间滞后项（$W \cdot \ln ES$）的弹性系数不显著，这说明目前的产业结构高级化程度并未发挥促进城镇化质量提升的作用。原因在于，目前，产业的服务化还不充分，在产业结构合理化没有达到一定程度的时候，急于求成进行高度化的转型，很可能造成缺乏产业合理度的"虚高"现象。

从控制变量来看，政府支持（$\ln GOV$）的弹性系数显著为负，说明目前在城镇化建设层面，政府的财政投入暂时还不够充分。其空间滞后项（$W \cdot \ln GOV$）的系数也显著为负，即本地区的政府支持会抑制邻近地区的城镇化质量的提高。这也说明了城市间的行政壁垒依然存在，暂时没有形成合力共同参与城镇化建设。金融支持（$\ln FIN$）的系数在1%的水平上显著为正，说明金融支持可以显著地促进城镇化质量的提高。然而，其空间滞后项（$W \cdot \ln FIN$）不显著，说明目前的金融行业主要服务于本地区，其流通性、灵活度的不足使其很难给邻近地区带来溢出效应，无法促进邻近地区的城镇化质量的提高。经济开放程度（$\ln FDI$）和科技创新（$\ln TEL$）的弹性系数均显著为正，并通过了1%的显著性水平。可以看出，目前，经济开放程度和科技创新都是城镇化质量提升的重要驱动力，是值得重视和大力促进的重要因素。然而，区别在于，科技创新的空间滞后项（$W \cdot \ln TEL$）依然在1%的水平上显著为正，而经济开放程度的空间滞后项（$W \cdot \ln FDI$）在1%的水平上显著为负。这说明科技创新存在很强的空间溢出效应，本地区的科技发展可以明显地使得邻近地区受益。然而，本地区的经济开放水平的提高只会促进本地区的城镇化质量的提高，而抑制邻近地区的城镇化质量。

本书进一步参照国家地理区域划分标准将全国划分为东部、中部和西部地区进行对比，以探究其空间异质性。具体的实证分析方法与本书第四章中所使用的空间计量方法一致，此处不再重复。本章将分地区的空间计量实证分析结果报告于表6-6。从区域层面的空间计量回归结果来看，能够得出以下结论：

首先，在考虑产业结构调整效应时，无论是在考虑产业结构合理化还是高级化时，环境规制对城镇化高质量发展的促进作用都是在西部地区最为显著，在东部地区次之，在中部地区最不显著。在考虑空间溢出效应时，无论考虑产

表6-6 基于地理距离权重矩阵的分地区空间计量模型回归结果

	产业结构合理化(被解释变量: UR)				产业结构高级化(被解释变量: UR)		
	东部地区	中部地区	西部地区		东部地区	中部地区	西部地区
lnER	0.068* (1.913)	0.049 (1.638)	0.101*** (2.904)	lnER	0.080** (2.272)	0.052* (1.702)	0.101*** (2.911)
lnTL	0.243*** (3.561)	0.198*** (4.742)	0.158*** (3.323)	lnES	−0.022 (−0.252)	0.016 (0.186)	−0.149* (−1.915)
lnGOV	−0.067*** (−3.029)	−0.146*** (−8.144)	0.026 (1.408)	lnGOV	−0.081*** (−3.649)	−0.152*** (−8.324)	0.029 (1.521)
lnFIN	0.043*** (2.724)	0.072*** (5.402)	0.028 (1.206)	lnFIN	0.028* (1.793)	0.057*** (4.275)	0.023 (0.965)
lnFDI	0.132*** (9.716)	0.124*** (9.514)	0.059*** (6.311)	lnFDI	0.140*** (10.362)	0.128*** (9.685)	0.058*** (6.178)
lnTEL	0.102*** (6.392)	0.077*** (6.314)	0.014 (0.919)	lnTEL	0.113*** (7.104)	0.085*** (6.849)	0.024 (1.563)
W·lnER	0.106** (2.230)	0.139*** (3.488)	0.181*** (3.803)	W·lnER	0.135*** (2.874)	0.154*** (3.829)	0.183*** (3.831)
W·lnTL	0.356*** (3.251)	0.113* (1.830)	0.038 (0.542)	W·lnES	0.158 (1.366)	0.028 (0.268)	−0.154 (−1.626)

续 表

	产业结构合理化(被解释变量: UR)			产业结构高级化(被解释变量: UR)		
	东部地区	中部地区	西部地区	东部地区	中部地区	西部地区
$W \cdot \ln GOV$	−0.077*** (−2.606)	0.010 (0.444)	−0.130*** (−5.664)	−0.065** (−2.218)	0.015 (0.651)	−0.130*** (−5.578)
$W \cdot \ln FIN$	0.048** (2.266)	0.006 (0.338)	−0.030 (−1.264)	0.037 (1.732)	0.005 (0.259)	−0.026 (−1.101)
$W \cdot \ln FDI$	−0.059*** (−3.221)	−0.049*** (−2.645)	−0.072*** (−7.103)	−0.059*** (−3.225)	−0.052*** (−2.770)	−0.076*** (−7.467)
$W \cdot \ln TEL$	0.046** (2.451)	0.086*** (5.487)	0.143*** (7.794)	0.053*** (2.837)	0.099*** (6.492)	0.155*** (8.642)
N	1414	1526	1050	1414	1526	1050
R^2	0.8733	0.8726	0.8711	0.8639	0.8674	0.8691

注: *、**、*** 分别代表10%、5%和1%显著水平,括号中的数值为标准误。
资料来源: 作者运用STATA软件计算整理所得。

业结构的合理化还是高级化调整,环境规制的空间滞后项($W·\ln ER$)系数均显著为正,并且弹性系数均大于环境规制项($\ln ER$)的回归系数。这说明本地区的环境规制能够促进本地区的城镇化高质量发展,也能够通过空间溢出效应促进邻近地区的城镇化高质量发展,再通过传导机制作用于自身。

其次,产业结构合理化在东部地区、中部地区、西部地区都能显著地促进城镇化的高质量发展,且均通过了1%水平的显著性检验。这可以看出产业结构的合理化转型对于城镇化的高质量发展有显著的促进作用。在考虑空间因素时,产业结构合理化的空间滞后项的回归系数在东部地区显著为正,且通过了1%水平的显著性检验;在中部地区也显著为正,但是显著性低于东部地区,仅通过了5%水平的显著性检验;在西部地区不显著。因此,可以看出,在东部地区,当一个特定城市的产业结构向合理化方向进行调整后,会显著地提高邻近城市的城镇化质量。在中部地区,也有相似的空间溢出效应,只是显著性没有东部地区高。然而,在西部地区,上述空间溢出效应尚不存在。可能的原因是,西部地区之间的区域合作机制比较薄弱,每个城市都在依托自身的建设以提高城镇化质量,城市之间并未在知识和技术等层面互相学习,也缺少产业之间的互为补充或紧密合作。此外,产业结构高级化对城镇化高质量发展的作用在东、中部地区不显著,在西部地区起到抑制作用。其空间滞后项在任何地区均不显著。

最后,控制变量的系数及显著性水平在东部地区、中部地区和西部地区结论接近。金融支持($\ln FIN$)、科技进步($\ln TEL$)的系数在东部地区、中部地区均显著为正,西部地区的金融发展和科技进步有待提高,目前尚不利于城镇化的高质量发展。而从空间滞后项来看,科技进步的空间滞后项($W·\ln TEL$)的弹性系数显著为正,说明科技的进步具有很明显的空间溢出效应。本地区科技进步不仅可以提高本地区的城镇化质量,也有利于邻近地区的城镇化高质量发展。经济开放($\ln FDI$)在东部地区、中部地区和西部地区的系数显著为正,说明在全国的任何地区,引入外资的积累都可作为城镇化高质量发展的助推剂。其空间滞后项($W·\ln FDI$)均显著为负,说明经济开放的空间溢出性显著为负,即本地区的经济开放不利于邻近地区的城镇化高质量发展。这说明引入的外资只对本地区的城镇化质量产生正面影响,而对邻近地区的城镇化质量产生不利影响。该现象与外资的溢出性较低有关,外资企业的劳动力可能较为稀缺以及需要较长的培养周期。

第五节　环境规制基于产业结构调整促进城镇化高质量发展的启示

　　本章以环境规制会在微观层面影响企业的生产行为和决策为切入点,首先基于构建的环境规制倒逼产业结构调整的理论模型展开分析,对三种情形和对应的决策进行了梳理推导,进而延伸至城镇化质量提升的影响机理。接着,本章进一步利用2003—2016年期间中国285个地级及以上城市面板数据,通过中介效应模型和空间计量模型对环境规制能否通过倒逼产业结构调整从而促进城镇化质量的提高进行了实证检验。研究结论如下:

　　第一,环境规制能够倒逼产业结构的合理化,从而有利于城镇化的高质量发展。然而,环境规制对于产业结构高级化并没有类似的倒逼作用,因此产业结构高级化没有发挥环境规制促进城镇化高质量发展的中介作用。

　　第二,从全国来看,环境规制及其空间滞后项的回归系数均显著为正,说明一个特定城市的环境规制力度加大不仅可以促进该城市城镇化质量的提高,也可以促进邻近城市的城镇化质量的提高。产业结构合理化程度的提高不仅有利于本地区城镇化质量的提高,也能够促进邻近地区的城镇化高质量发展。然而,产业结构高级化没有类似的空间溢出作用。

　　第三,分区域来看,产业结构合理化的空间滞后项的回归系数在东部地区显著为正,且通过了1%水平的显著性检验;在中部地区也显著为正,但是显著性低于东部地区,仅通过了5%水平的显著性检验;在西部地区不显著。也就是说,在东部地区,当一个特定城市的产业结构向合理化方向进行调整后,会显著地提高邻近城市的城镇化质量。在中部地区,也有相似的空间溢出作用,只是显著性没有东部地区高。然而,在西部地区,上述空间溢出效应尚不存在。可以看出,空间异质性存在。然而,产业结构高级化在西部地区抑制了城镇化的高质量发展,在东部地区、中部地区的促进作用不显著。

　　基于以上结论,本章相对应的政策启示如下:

　　首先,环境规制有利于城镇化的高质量发展,政府应当将环境规制作为重要抓手和驱动力,利用其倒逼产业结构调整和优化的效应,建立长效机制,提高城镇化发展的质量。一是要将命令控制型与市场激励型的环境规制、自愿型环境规制等政策工具并举,提高环境规制的力度和效力。一方面加大命令控制型的环境规制力度,提高环境规制方面的执法力度,使得环境规制有法可依,从而有利于进一步提高治污能力,减少污染排放。另一方面,在当前阶段,企业在生产过程中排放的污染为主要的污染形式,应当促进市场激励型环境规制的创新,并且加大发挥自愿型环境规制工具的作用,进一步促进公众参与企业履行保护环境的社会责任的监督作用,并且加大对于绿色经济、低碳经济、循环经济的宣传教育力度。此外,鼓励更多的企业进行环境类别的信息披露。二是应当注重"防"与"治"相结合。目前中国的环境规制类型大多属于源头治理,还需要加强在生产过程中对于污染的预防,也就是上一章提及的生产技术创新,在产品从生产到销售的全生命周期实现生产技术的进步,即实现"清洁生产"。三是拓宽环境规制关注的主体。虽然被规制的对象是厂商或企业,但是加强市场另一端的参与者即消费者行为,会对环境污染的改善起到较为明显的作用。政府应当引导公众形成对"清洁型"产品的偏好,只有这样才会从源头上激励企业生产更多环境友好型的商品。四是重视环境规制以及产业结构调整的空间溢出效应,保证邻近地区环境规制的协同性,在源头上减少甚至杜绝企业通过跨地区转移从而逃避规制的做法。

其次,产业结构调整是协调城镇化高质量发展和环境保护的关键路径。一方面,政府应当循序渐进地进一步促进产业结构的合理化调整,并且发挥其空间溢出效应,提高本地区和邻近地区的城镇化质量。另一方面,在面对产业结构的高级化调整时,政府应当遵循发展规律,切忌在合理化基础尚且薄弱时,盲目追求产业向高级化方向进行转变。地方政府在进行产业结构的调整与优化时,应当铭记合理化是高级化的基础,高级化是合理化的目的。前文的实证检验结果显示,目前环境规制通过产业结构合理化调整促进城镇化的高质量发展,而产业结构高级化尚且不具备该中介效应。这说明目前推进产业结构的高级化为时尚早,不可一蹴而就,产业结构的合理化是目前产业结构调整的重点方向。具体而言,目前推进生态环境改善与城镇化质量同步提升的发展路径在于,以环境规制为工具,提高知识、技术密集型产业在总产出中的占比,加快形成产业间配合更加协调、资源利用更加合理有效的产业结构。

产业转型升级与新型城镇化建设协调联动、相互影响,是推动社会经济高质量发展的两大抓手。一方面,新型城镇化为产业转型升级提供支撑和依托。新型城镇化以生产要素自由流动为基础,以满足人民日益增长的个性化、多元化需求为目标,通过集聚经济和规模经济效应,为产业转型升级提供要素供给和市场需求。另一方面,产业转型升级推动新型城镇化实现空间优化和质量提升。在城镇化发展中后期,与土地等传统要素的作用日趋减弱不同,技术、人力资本等要素的作用日益突出。产业转型升级带来的新技术、新产品、新业态和新模式有利于提升城市基础设施网络化、智能化水平和居民生活质量,通过产业转移优化城市群空间结构,破除中小城镇"产业空心化"困境,促进农业农村现代化发展,提高农业全要素生产率,保障国家粮食安全和重要农产品供给安全。加强产业转型升级与新型城镇化的紧密衔接,一是把握第四次产业革命浪潮,加快建设现代化产业体系,推动高端制造业和绿色低碳产业发展。未来,建议进一步促进数字经济发展与新型城镇化建设相结合,实现产业数字化和数字产业化。应继续深化产学研用融合发展,推进产业动能转换和产业链价值链创新。未来,要发挥知识溢出效应和共享机制作用,加快引导东部发达城市群的产业和技术向中西部城市群转移。二是大力发展服务业等就业导向型产业,加强进城农民工职业技能和就业培训,既为生产性服务业和生活性服务业提供高素质劳动力,又为农民工扩大就业岗位和增加收入来源提供支撑,缩小城乡居民收入差距。三是加快推进全国统一大市场建设,促进生产要素跨区域、跨时空自由流动、有效配置和高效集聚。最后,需要重视环境规制与产业结构调整的激励配合作用。

一是要注意环境规制力度的"适度"。从上一章的研究结论也可以看出,环境规制基于技术创新对城镇化质量的提高存在单一门槛效应。在本章探究基于产业结构调整优化的传导机制时,虽未出现倒 U 形关系的结论,但仍需关注环境规制力度的适度,切忌过度规制或一刀切。倘若环境规制过于严厉,很多企业将难以承受规制带来的成本而被淘汰,反而会对经济发展造成一定的冲击,对城镇化质量的提升则造成不升反降的困境。二是要树立正确的发展理念,只有当环境规制的工具类型及规制力度与中国目前的产业结构现状相配套时,二者的激励配合才能对城镇化的质量提升起到最大的促进作用。而前文也提及环境规制和产业调整效应对城镇化质量的影响具有空间异质性,环境规制对中部地区的城镇化高质量发展没有产生促进作用,然而其对东部地区和西部地区的促进作用显著。对于经济发展相对发达的东部地区而言,政府应当重视节能环保产业、清洁能源产业、清洁生产产业等新兴产业的发展。对于中部地区而言,需要提高环境规制的力度,通过加大投资等经济手段鼓励企业提高治污水平。对于经济发展相对落后、产业结构合理程度有待提高的西部地区而言,盲目地追求高度化的调整将不利于其城镇化发展,应当在完善其产业结构的基础上,实施相匹配的环境规制政策。综上,地方政府需要根据各地区产业结构现状,制定因地制宜的、适宜的、差异化的环境规制政策。

第七章 环境规制基于资源配置对城镇化质量的影响分析

第一节 问题的提出

基于前文的分析,环境规制作为抓手或驱动力,通过激发技术创新、促进产业结构调整与优化均能够促进城镇化质量的提升。以环境规制为突破点,有利于打破上述难以为继的"要素驱动"型的城镇化方式。因此,第五章和第六章分别对环境规制基于技术创新和产业结构优化对城镇化质量的影响进行了理论和实证分析,对于其影响机理进行了阐释。然而,无论是技术创新,还是产业结构的调整与优化,其本质均为要素或资源的再配置。上述影响机理的背后,是环境规制会对资源配置产生影响,这也是本章的分析核心,即环境规制的资源再配置效应能够缓解资源错配引致的效率流失,从而能够提高城镇化的质量。因此,除了技术创新和产业结构的视角外,要素配置的因素不可忽视,不同维度的资源错配会直接降低中国的经济发展和 TFP 增长速度(陈永伟等,2011;柏培文,2014;靳来群,2018),也会对城镇化的高质量发展造成阻力。通过前文的分析我们知道,依赖廉价劳动力和土地要素的城镇化发展方式难以为继。土地财政虽然在前几十年对于推动经济发展是有效的,但是其背后有巨大的风险,也不利于在城镇化中形成长期的财政收支模式。再加上人口结构的变化、大量达到 55 岁的农民工返乡以及疫情后外需的不确定性,中国传统的依靠廉价劳动力所推动的快速增长的城镇化发展方式必须转变。以上问题均对城镇化的高质量发展产生了一定的抑制作用,最直接的表现是中国的大城市化率和"高能"城市集群明显落后。这可能会导致中国在服务、高新技术、金融、制造等行业发展的动力不足,也会带来要素流动的不充分和资源错配引致的效率流失,均会对城镇化的高质量发展带来阻力。

中国在2011年后进入城镇化发展第三阶段,人口向大城市聚集的特征变得更加明显。随着技术创新的提高和产业结构的发展演变,城市对人力资本集聚的需求已经超过对资本集聚的需求。从美国、日本的发展经验来看,在其城市化率达到60%后,此后的城市化率上升几乎完全由"大城市化率"提高推动。美国的总体城市化率从1950年的64%上升到2020年的83%。在此期间,100万以上城市人口比例从24%上升至47%,500万以上城市人口占比从1950年的不足8%上升到了2020年的23%。日本的情况与之类似,大城市的"集群效应"在知识经济时代对推动产业升级尤为重要,降低交流、交易、物流成本的效果在服务、高新技术、金融、制造等行业更加明显。相比同样人均收入水平的国家和发达国家,中国大城市化率和"高能"城市集群却明显落后。虽然有北京、上海、广州、深圳等超级城市,但是中国居住在100万、500万以上较大城市的人口占比依然显著偏低。要素流动的不充分和资源错配引致的效率流失,都给城镇化的高质量发展带来阻力。受制于"土地财政"和"人口红利"的不可持续性,将城镇化发展方式由"要素驱动"转变为"创新驱动"是中国实现城镇化高质量发展和转变经济发展方式的必然路径,提高城镇化质量是关键所在。2022年底,中国常住人口城镇化率达到65.2%。要继续深入推进户籍制度改革,促进有能力在城镇稳定就业和生活的农业转移人口有序实现市民化,推动城乡劳动者平等就业、同工同酬;推进以县城为重要载体的城镇化建设,率先在县域内破除城乡二元结构,增强城乡经济联系,畅通城乡经济循环,推动城乡融合发展。此外,城镇化是转移农业过剩人口的有效途径。然而在城镇化的进程中,农业就业数量明显下降,见表7-1,主要原因之一为农村劳动力人口向城镇二、三产业流动。目前,中国城镇化进程中发展不平衡、城市群作用发挥不显著等问题突出,中小城市产业基础薄弱,城市吸引力竞争力不强,人口承载能力弱。

表7-1 中国三次产业就业情况

指标	总量指标(万人)			平均增长速度(%)	
	1978年	2000年	2022年	1979—2022年	2001—2022年
第一产业	28 318	36 043	17 663	−1.1	−3.5
第二产业	6 945	16 219	21 105	2.7	1.3

续 表

指　标	总量指标(万人)			平均增长速度(%)	
	1978 年	2000 年	2022 年	1979—2022 年	2001—2022 年
第三产业	4 890	19 823	34 583	4.8	2.8
城镇登记失业人口	530	595	1 203	2.0	3.6

数据来源:《中国统计年鉴》及国家统计局公开数据。

那么,中国的大城市化率和"高能"城市集群明显落后的原因是什么？环境规制作为抓手或驱动力,是否能够改善要素流动的不充分和资源错配引致的效率流失？党的二十大报告强调"坚持城乡融合发展,畅通城乡要素流动"指明了城乡融合发展的思路和方向。从人的角度看,劳动力是所有生产要素中最活跃、最有活力的因素,是促进城乡融合发展的核心力量。推进人的城镇化,一个重要的环节在户籍制度。畅通劳动力要素流动,既要深化户籍制度改革,实现基本公共服务均等化,加强就业技能培训,以确保进城农民工"来得了、住得起、留得下";又要为有下乡创业和居住需求的城市人员提供引导和支持,为乡村振兴和农业现代化招才引智。从资本的角度看,资金是促进城乡融合的源头活水。引导城市资本回流乡村,并以县城为载体,依托资源禀赋,完善基础设施建设,发展产业经济。因此,本章从人和资本流动的视角切入,试图回答以下问题：中国各省的地级市间资源错配程度如何？环境规制是否能够在倒逼技术创新和产业结构优化升级的过程中纠正资源错配的作用？本章将通过理论分析和实证检验回答以上问题。首先是通过模型推导进行机理分析,再进一步运用实证分析进行验证,最终得出环境规制如何通过纠正资源错配的机制对城镇化质量产生影响,对中国转变经济增长方式、提升城镇化质量都具有十分重要的意义。

第二节　环境规制、资源配置影响
城镇化质量的机理分析

在本书的第五章中,已得出环境规制能够基于技术创新提高城镇化质量的结论。在第五章的理论研究部分的假设之一,是企业对技术创新拥有充足的资本。然而,在现实中,污染密集行业和清洁行业在面对环境规制时,由于要素投入结构不同,其环境技术调整意愿和成本都是不同的。一般来说,要素投入中固定资产投资比重越高的,进行环保调整所需的环境规制的力度越强。由于污染密集行业和清洁行业的资源配置状况不同,如果污染密集型行业的企业资本投入过多,环境规制可以通过纠正资本错配,从而降低污染密集行业企业的生产和投资,可以在降低污染的同时,促进经济的绿色发展。

同时,由于环境规制从污染密集型行业转移至清洁行业,劳动力或资本的效率会得到提高,而在清洁行业的资源配置效率也会进一步提升。此时,在宏观上来看,环境规制能够发挥出资源再配置的作用,对经济发展和城镇化质量的提升均有很大帮助。

首先,将污染密集行业和清洁行业的生产函数表示如式 7-1 所示:

$$Y_{1t} = \Phi_{1t} A_{1t} K_{1t}^{\alpha_1} L_{1t}^{\beta_1} E_{1t}^{\gamma_1}$$

$$\Phi_{1t} = \Phi(\phi_t, K_{1rd,t}) = (\phi_t - \phi_1)^2 \rho_1 K_{1rd,t}^{\rho_2} + \Phi_{10} \quad (7-1)$$

相对应地,清洁行业的综合技术研发能力较强且机器设备重置成本较低,其生产函数表示如式 7-2 所示:

$$Y_{2t} = \Phi_{2t} A_{2t} K_{2t}^{\alpha_2} L_{2t}^{\beta_2} E_{2t}^{\gamma_2}$$

$$\Phi_{2t} = \Phi(\phi_t, K_{2rd,t}) = (\phi_t - \phi_2)^2 \rho_3 K_{2rd,t}^{\rho_8} + \Phi_{20} \quad (7-2)$$

其中,ϕ_t 是环境规制强度。污染行业的环境技术水平、全要素生产率以及其使用的资本、劳动和环境资源分别为 Φ_{1t}、A_{1t}、$K_{1t}^{\alpha_1}$、$L_{1t}^{\beta_1}$ 和 $E_{1t}^{\gamma_1}$;类似的,清洁行业的环境技术水平、全要素生产率和其使用的资本、劳动和环境资源分别为 Φ_{2t}、A_{2t}、$K_{2t}^{\alpha_2}$、$L_{2t}^{\beta_2}$ 和 $E_{2t}^{\gamma_2}$。基于本书第六章的理论分析可知,污染密集型行业和清洁行业的利润函数分别由式 7-3 和式 7-4 所示:

$$\Pi_{1t} = P_{1t} Y_{1t} - r_{1t} K_{1t} - w_t L_{1t} - P_t^e E_{1t} - \tau(\phi_t) EM_{1t} -$$
$$(r_{1rd,t} - v_0) K_{1rd,t} \quad (7-3)$$

$$\Pi_{2t} = P_{2t} Y_{2t} - r_{2t} K_{2t} - w_t L_{2t} - P_t^e E_{2t} - \tau(\phi_t) EM_{2t} -$$
$$(r_{2rd,t} - v_0) K_{2rd,t} \quad (7-4)$$

在此基础上,将个体决策和政府预算的函数纳入动态一般均衡模型中,来分析环境规的资源再配置效应的机理。

首先，从个体决策来看，目标是效用最大化，也就是在个体收入确定的前提下，对储蓄和消费污染型产品和清洁型产品的数量进行决策。将公众对污染品和清洁品的跨期替代弹性分别记为 σ_1 和 σ_2，并且，贴现率为 β。假设公众对于清洁品的青睐程度为 ξ。那么，个体决策的目标函数可表示为：

$$\max \sum_{t=0}^{\infty} \beta^t \left(\frac{C_{1t}^{1-\sigma_1}}{1-\sigma_1} \right) + \xi \frac{C_{2t}^{1-\sigma_2}}{1-\sigma_2} \tag{7-5}$$

再将公众对污染品和清洁品的储蓄量分别记为 S_{1t}、S_{2t}，二者相加为总储蓄量 S_t，将其价格水平记为 Q_t。将污染品和清洁品的替代弹性记为 θ_1。因此，公众的预算方程可表示为：

$$P_{1t}C_{1t} + P_{2t}C_{2t} + Q_t S_t + \Pi_t G_t \leqslant r_{1t}K_{1t} + r_{2t}K_{2t} + r_{1rd,t}K_{1rd,t} + r_{2rd,t}K_{2rd,t} + w_t L_t$$

$$S_t = S_{1t}^{\theta_1} S_{2t}^{1-\theta_1} \tag{7-6}$$

$$Q_t = \left(\frac{P_{1t}}{\theta_1} \right)^{\theta_1} \left(\frac{P_{2t}}{1-\theta_1} \right)^{1-\theta_1}$$

其次，从政府预算的角度分析。由于政府会对企业污染环境的行为进行规制，包括环保类事件的处罚、对绿色创新技术研发的激励等。政府预算约束方程为：

$$\tau(\phi_t)(EM_{1t} + EM_{2t}) = v_0(K_{1rd,t} + K_{2rd,t}) \tag{7-7}$$

此时，中间产品部门的利润最大化问题为：

$$\max_{K_i, L_i, Z_i} P_i Y_i - rK_i - wL_i - \tau X_i \tag{7-8}$$

最优条件为 $r = \alpha p_i A_i z_i^{\alpha} K_i^{\alpha-1} L_i^{1-\alpha} - \alpha \tau A_i z_i^{\alpha(\beta+1)} K_i^{\alpha-1} L_i^{1-\alpha}$ (7-9)

$$w = (1-\alpha) p_i A_i z_i^{\alpha} K_i^{\alpha} L_i^{-\alpha} - (1-\alpha) \tau A_i z_i^{\alpha(\beta+1)} K_i^{\alpha} L_i^{-\alpha} \tag{7-10}$$

$$z_i = \begin{cases} \left[\dfrac{p_i}{\tau(\beta+1)} \right]^{\frac{1}{\alpha\beta}}, & p_i < \tau(\beta+1) \\ 1, & p_i \geqslant \tau(\beta+1) \end{cases} \tag{7-11}$$

由 7-9 和式 7-10 可知，

$$\frac{w}{r} = \frac{(1-\alpha)}{\alpha} \frac{K_i}{L_i} = \frac{(1-\alpha)}{\alpha} k_i, \text{ 即 } k_i = \frac{\alpha}{(1-\alpha)} \frac{w}{r} \quad (7-12)$$

式 7-12 意味着市场均衡时，各部门所用的人均资本为相同的常数，均为：

$$k_i = \frac{K_i}{L_i} = \frac{K}{L} = \frac{\alpha}{(1-\alpha)} \frac{w}{r} = k \quad (7-13)$$

由式 7-11 可知，在经济发展的初始阶段，发展的重点在经济增长，而忽视了生态环境的重要性。此时，环境规制的力度较弱，不仅环境污染税偏低，对排放污染的标准也较低，即 τ 和 β 均较小。那么在一段时间内，$\tau(\beta+1)$ 较小，而 p_i 较大，则满足：

$$p_i \geqslant \tau(\beta+1)$$

因此，$z_i = 1$，说明该生产部门将所有物质资本投资于生产活动，不会采取措施控制污染。

而随着经济的发展和污染的加剧，人们的环保意识逐步增强，政府也会采取多种环境规制的政策和手段进行管制，此时 τ 和 β 将会增大，此时则满足关系式：

$$p_i < \tau(\beta+1)$$

此时，$z_i = \left[\dfrac{p_i}{\tau(\beta+1)}\right]^{\frac{1}{\alpha\beta}}$，也就是说经济体会将一部分资本用于物质生产，将另一部分用于污染治理。

当最终部门利润最大化时：

$\max\limits_{Y_i} PY - \sum\limits_i P_i Y_i$，整理并代入最终生产函数得：

$$Y = \left(\sum_i \Phi_i Y_i^{\frac{\varepsilon-1}{\varepsilon}}\right)^{\frac{\varepsilon}{\varepsilon-1}} = \left(\sum_i \Phi_i \left[\left(P\frac{\Phi_i}{P_i}\right)^{\varepsilon} Y\right]^{\frac{\varepsilon-1}{\varepsilon}}\right)^{\frac{\varepsilon}{\varepsilon-1}}$$

整理得：

$$\frac{Y_i}{Y_j} = \left(\frac{P_i \Phi_i}{P_j \Phi_j}\right)^{\varepsilon} \quad (7-14)$$

代入中间产品生产函数可得：

$$\frac{Y_i}{Y_j} = \frac{A_i(z_iK_i)^{\alpha}L_i^{1-\alpha}}{A_j(z_jK_j)^{\alpha}L_j^{1-\alpha}} = \left(\frac{P_i\Phi_i}{P_j\Phi_j}\right)^{\varepsilon} \qquad (7-15)$$

进一步简化后可得：

$$\frac{A_i}{A_j} = \frac{P_j^{\frac{\beta+1}{\beta}}}{P_i^{\frac{\beta+1}{\beta}}} \qquad (7-16)$$

由此可以看出，中间产品的价格实际上是由各中间产品的技术水平决定的，技术水平高的中间部门，生产率就高，因而价格相对就较低。污染排放标准的严厉程度会加大中间产品的价格差异。

再将式7-16代入式7-15并求导，最终可得：

$$m = \frac{L_i}{L} = \frac{A_i^{\frac{(\varepsilon-1)\beta}{\beta+1}}\Phi_i^{\varepsilon}}{\sum_j A_j^{\frac{(\varepsilon-1)\beta}{\beta+1}}\Phi_j^{\varepsilon}} \qquad (7-17)$$

因此，从该式可以看出，中间产品部门之间要素转移方向的关键在于各中间部门技术增长率之间存在差异以及中间产品在生产最终产品时的替代弹性的大小。具体而言：

如果 $0<\varepsilon<1$，劳动力从技术进步快的中间部门向技术进步慢的中间部门转移。

如果 $\varepsilon>1$，劳动力从技术进步慢的中间部门向技术进步快的中间部门转移。并且，污染排放的标准越严厉，这种转移速度就越大，也就是资源重新配置的速度就越快。

因此，随着环境规制力度的增强，劳动力的转移方向为从技术进步慢的中间部门流向技术进步快的中间部门，也就是第六章中，环境规制会基于产业结构调整和优化促进城镇化质量提高的驱动所在。此时，随着产业结构的调整与优化，会在劳动力和资本方面均产生影响。

首先，第一个表现是第三产业，尤其是现代服务业的劳动力会增长和发生集聚。前文分析过中国目前城镇化高质量发展的瓶颈在于，中国的大城市化率和"高能"城市集群明显落后，不利于服务、高新技术、金融、制造等行业的发展，也会带来要素流动的不充分和资源错配引致的效率流失。而通过高端制造业与服务业的发展与壮大，会有效地解决上述由于资源错配引致效率流失的问题。

第二个表现是资本配置会发生变化。以上理论分析已提及,同样在环境技术调整意愿最低时,不同行业的技术调整成本不同。资源配置中固定资产比例越高,技术调整的成本越大。因此,随着环境规制的力度增强,固定资产投入越低的行业会率先进行技术创新,而重资产行业或企业会由于较大的"遵循成本",难以得到进一步的壮大和发展。当治污技术创新和生产技术创新得到一定的发展后,重资产行业和企业可能会购买其专利或技术,以便达到环境规制的要求。此时,重资产的污染密集型行业的技术也能得到进步,例如,其排污设备进行了替换或者更新,对排放物增加了新的处理方法,生产的自动化率得到了提高,等等。通过以上行为,资本配置效率得到了提高。而在上述动态过程中,资本配置效率无论是在污染密集型行业,还是清洁行业,实则均得到了提高。

通过以上动态的调整与变化,污染密集型行业的资本和劳动力均会向清洁行业发生转移。这不仅使得资本错配得到了缓解,也有利于城镇化的高质量发展。首先,污染密集型行业的占比会减小,其排污会得到控制和技术方面的处理,生态环境会得到一定的改善。其次,在资源重新配置的过程中,清洁行业,尤其是服务、高新技术、金融、制造等行业会产生大量人才的集聚。以上劳动力的集聚也会伴随着人口城镇化的提高和经济发展的活动增加。与此同时,城市将会增加公共设施的配套,为缓解交通压力,会增加综合交通枢纽的建设,等等,城市建设的空间利用率也会得到进一步的提升。

第三节 环境规制、资源配置影响城镇化质量的实证分析

一、研究设计与模型构建

基于上文的分析以及图7-1的影响机制可知,首先,随着环境规制力度的增强,劳动力的转移方向为从技术进步慢的中间部门流向技术进步快的中间部门,从而会引致产业结构的调整与优化,人口和产业可能会向第三产业,尤其是现代服务业集聚。通过高端制造业与服务业的发展与壮大,大量劳动力会从技术进步慢的中间部门向技术进步快的中间部门转移。其次,资本配置也会发生变化。同样在环境技术调整意愿最低时,不同行业的技术调整成本不同。资源配置中固定资产比例越高,技术调整的成本越大。因此,随着环

图 7-1 环境规制基于资源配置影响城镇化质量的机制

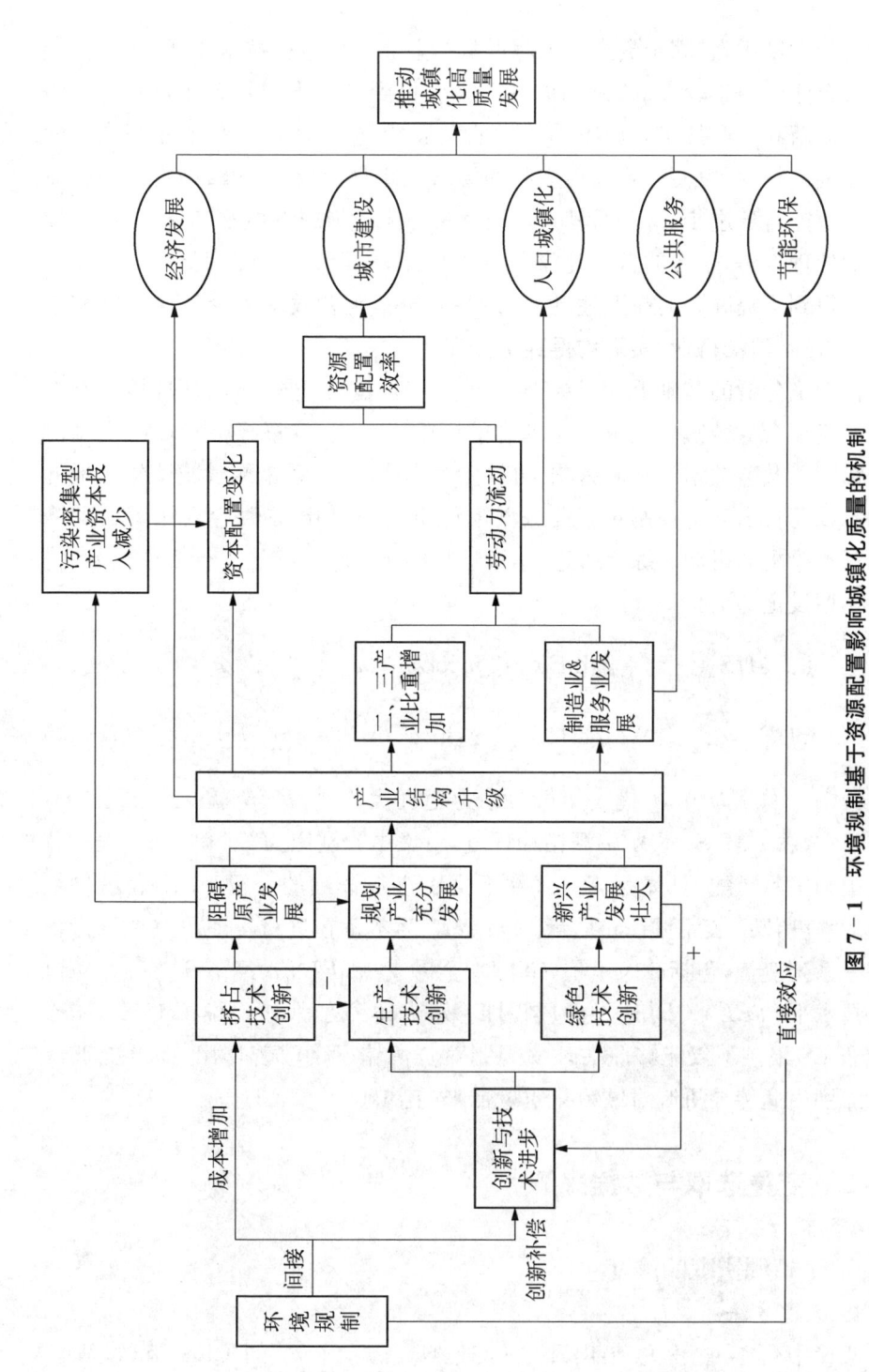

资料来源：作者绘制。

境规制的力度增强,固定资产投入越低的行业会率先进行技术创新,而重资产行业或企业会由于较大的"遵循成本",难以得到进一步的壮大和发展。当治污技术创新和生产技术创新得到一定的发展后,重资产行业和企业可能会购买其专利或技术,以便达到环境规制的要求。此时,重资产的污染密集型行业的技术也能得到进步。例如,其排污设备进行了替换或者更新,对排放物增加了新的处理方法,生产的自动化率得到了提高,等等。通过以上行为,资本配置效率得到了提高。而在上述动态过程中,资本配置效率无论是在污染密集型行业,还是清洁行业,实则均得到了提高。

在理论分析的基础上,本章还需要通过实证检验,进一步验证环境规制基于资源错配会对城镇化质量产生怎样的影响。首先,本章将检验环境规制对资本错配以及劳动错配有何影响,再检验资本错配、劳动错配对城镇化质量的影响。以此看出环境规制对于促进城镇化质量的提升,是否存在缓解劳动错配和资本错配的机制。综上所述,本章选择两步最小二乘法进行实证检验,将计量模型设定如下:

$$\ln DMIS_{it} = \beta_0 + \beta_1 \ln ER_{it} + \beta_2 \ln control_{it} + \sum Year + \varepsilon_{it} \quad (7-18)$$

$$\ln UR_{it} = \gamma_0 + \gamma_1 \ln DMIS_{it} + \gamma_2 \ln control_{it} + \sum Year + \varepsilon_{it} \quad (7-19)$$

其中,i 代表城市,t 代表年份,ε_{it} 为随机扰动项。β_0、β_1、β_2、γ_0、γ_1、γ_2 为待估计常数;$DMIS_{it}$ 表示资源错配程度,下文中分别用 TL_{it} 和 TK_{it} 表示劳动错配和资本错配,具体测算方式在下文中进行详细的介绍。ER 表示环境规制的强度,UR 表示城镇化质量,$control_{it}$ 为本章在进行实证研究中进行控制的一系列变量,包括政府干预(GOV)、金融支持(FIN)、经济开放(FDI)以及科技水平(TEL)。同时,为控制时间效应,本章加入年份虚拟变量 $Year$。上述 2SLS 模型不仅能够评估环境规制对资源错配的改善作用,而且能够进一步甄别由此传导机制对城镇化质量带来的影响。

二、变量选取与数据来源

(一)资源错配的测度

1. 测度方法

假设中国各省份总产出 Y 是其地级市产出 Y_i 的 CES 函数,$Y=$

$(\sum_{i=1}^{N}\theta_i Y_i^\sigma)^{\frac{1}{\sigma}}$。其中，$\theta_i$ 表示地级市 i 的产出在其所在省份总产出所占的权重。其中，各省份产出是各地级市产出相互配合的产出结果，并且各个地级市之间的产出明显不对称。首先，假设中国各省总产出的另一种函数形式为 C-D 生产函数，具体形式如下所示：

$$Y = AK^\alpha L^{1-\alpha}$$

在地级及以上城市 i 的层面分析。假设地级市产出是劳动和资本要素的 C-D 型生产函数，记为 $Y_i = AK_i^\alpha L_i^{1-\alpha}$。各省份的生产要素由各地级及以上城市的生产要素加总得到，计算公式如下所示：

$$K = \sum_{i=1}^{N} K_i, \quad L = \sum_{i=1}^{N} L_i,$$

那么，对应的要素投入比例为：

$$k_i = \frac{K_i}{K}, \quad l_i = \frac{L_i}{L}$$

由此可知，各省总体 TFP 的计算方式如下所示：

$$A = (\sum_{i=1}^{N}\theta_i Y_i^\sigma)^{\frac{1}{\sigma}} / K^\alpha L^{1-\alpha} = [\sum_{i=1}^{N}\theta_i (A_i k_i^\alpha l_i^{1-\alpha})^\sigma]^{\frac{1}{\sigma}} \qquad (7-20)$$

接下来，测算出各省地级市间资源错配程度的思路是，将有效状态下的省份总体 TFP 与扭曲状态下的省份总体 TFP 进行比较。

如式 7-20 所示为扭曲状态下的省份总体 TFP，进一步假设部门要素价格为 $\tau_i^k r$、$\tau_i^l w$，其中 τ_i^k、τ_i^l 代表要素价格扭曲系数，以便从扭曲的 TFP 计算公式中分离出有效状态下的各省总体 TFP。

可以发现，需要通过计算各地级市的实际要素投入比例 l_i 和 k_i 来计算出各省在扭曲状态下的总体 TFP。

各省份总体产出问题为：

$$\max_{Y_i} \{ P(\sum_{i=1}^{N}\theta_i Y_i^\sigma)^{\frac{1}{\sigma}} - \sum_{i=1}^{N} P_i Y_i \}$$

并且，各省份地级市产出的利润最大化问题为：

$$\max_{K_i, L_i} \{ P_i A_i K_i^\alpha L_i^{1-\alpha} - \tau_i^l w L_i - \tau_i^k r K_i \}$$

进一步便可得到扭曲状态下各省份地级市的劳动和资本投入比例,如下所示:

$$l_i = \frac{\theta_i^{\frac{1}{1-\sigma}} \bar{A}_i^{\frac{\sigma}{1-\sigma}} \tau_i^{l-1}}{\sum_{i=1}^{N} \theta_i^{\frac{1}{1-\sigma}} \bar{A}_i^{\frac{\sigma}{1-\sigma}} \tau_i^{l-1}}, \quad k_i = \frac{\theta_i^{\frac{1}{1-\sigma}} \bar{A}_i^{\frac{\sigma}{1-\sigma}} \tau_i^{k-1}}{\sum_{i=1}^{N} \theta_i^{\frac{1}{1-\sigma}} \bar{A}_i^{\frac{\sigma}{1-\sigma}} \tau_i^{k-1}} \quad (7-21)$$

其中,$\bar{A}_i = A_i \tau_i^{k-\alpha} \tau_i^{l\alpha-1}$。

将各地级市的资本和劳动要素投入比例代入式 7-20 中可得,扭曲状态下各省的总体 TFP 为如式 7-22 所示:

$$A = \left(\sum_{i=1}^{n} \theta_i^{\frac{1}{1-\sigma}} \bar{A}_i^{\frac{\sigma}{1-\sigma}}\right)^{\frac{1-\sigma}{\sigma}} \cdot \left(\frac{\sum_{i=1}^{n} \theta_i^{\frac{1}{1-\sigma}} \bar{A}_i^{\frac{\sigma}{1-\sigma}} \tau_i^{K-1}}{\sum_{i=1}^{n} \theta_i^{\frac{1}{1-\sigma}} \bar{A}_i^{\frac{\sigma}{1-\sigma}}}\right)^{-\alpha} \cdot \left(\frac{\sum_{i=1}^{n} \theta_i^{\frac{1}{1-\sigma}} \bar{A}_i^{\frac{\sigma}{1-\sigma}} \tau_i^{L-1}}{\sum_{i=1}^{n} \theta_i^{\frac{1}{1-\sigma}} \bar{A}_i^{\frac{\sigma}{1-\sigma}}}\right)^{\alpha-1}$$

$$(7-22)$$

接着,进一步得到在有效状态下,不同省份各地级市的要素投入比例在 $\tau_1 = 1$ 时的表达式,也就是各省份的不同地级市之间不存在资源错配时,各地级市的有效要素投入比例,如式 7-23 所示:

$$l_i^* = \frac{\theta_i^{\frac{1}{1-\sigma}} A_i^{\frac{\sigma}{1-\sigma}}}{\sum_{i=1}^{N} \theta_i^{\frac{1}{1-\sigma}} A_i^{\frac{\sigma}{1-\sigma}}}, \quad k_i^* = \frac{\theta_i^{\frac{1}{1-\sigma}} A_i^{\frac{\sigma}{1-\sigma}}}{\sum_{i=1}^{N} \theta_i^{\frac{1}{1-\sigma}} A_i^{\frac{\sigma}{1-\sigma}}} \quad (7-23)$$

观察式 7-23 可以发现,各省地级市 i 的要素投入比例的决定因素有:该地级市 TFP(A_i)、城市生产权重(θ_i)以及要素相对价格。将式 7-23 代入式 7-22,便得出在有效状态下,各省总体的潜在 TFP 表达式为:

$$A^* = \left(\sum_{i=1}^{N} \theta_i^{\frac{1}{1-\sigma}} A_i^{\frac{\sigma}{1-\sigma}}\right)^{\frac{1-\sigma}{\sigma}} \quad (7-24)$$

也就是说,假设各地级市之间的要素相对扭曲被纠正的情况下,有效状态下的要素投入比例只由自身 TFP 以及在省内产出所占的权重决定,即由式 7-24 所示。由此可得各省不同地级市之间总的资源错配所致 TFP 损失程度表达式为:

$$d = \frac{A^*}{A} - 1 \quad (7-25)$$

接着，假设资本扭曲系数 $\tau_i^K = 1$，通过将总体 TFP 与实际 TFP 作差，就能够将资本错配引致的 TFP 损失从全部的 TFP 损失当中分离出来。该部分则为资本错配引致的 TFP 损失。劳动错配引致的 TFP 损失同理可得。

为方便表示，后文将资本错配程度 d^k 表示为 TK，将劳动错配程度 d^l 表示为 TL。由测算过程可知，TK、TL 越趋近于 0，资本错配、劳动错配越趋于有效配置；反之，其绝对值越大，资源错配程度越严重。

2. 测度结果

基于以上的测算过程，本章将 2006—2015 年的各省地级市之间资源总错配、劳动错配和资本错配的测度结果分别报告于表 7-2、表 7-3 以及表 7-4。从表中的测算结果可以看出，在中国目前的资源总错配中，劳动错配起着主导性的作用。

表 7-2 2006—2015 年各省地级市之间资源总错配程度

省份	2006年	2007年	2008年	2009年	2010年	2011年	2012年	2013年	2014年	2015年
北京	0.169	0.172	0.189	0.232	0.230	0.174	0.452	0.333	0.282	0.230
天津	0.344	0.274	0.246	0.279	0.212	0.219	0.243	0.248	0.252	0.250
河北	0.127	0.091	0.087	0.086	0.075	0.073	0.572	0.154	0.132	0.055
山西	0.160	0.175	0.160	0.134	0.131	0.116	0.166	0.180	0.172	0.147
内蒙古	0.146	0.129	0.107	0.084	0.097	0.148	0.189	0.154	0.140	0.133
辽宁	0.167	0.365	0.107	0.082	0.081	0.073	0.139	0.157	0.160	0.057
吉林	0.184	0.144	0.161	0.135	0.147	0.144	0.217	0.164	0.165	0.158
黑龙江	0.206	0.146	0.130	0.123	0.116	0.092	0.536	0.117	0.109	0.131
上海	0.171	0.166	0.168	0.184	0.181	0.188	0.139	0.137	0.136	0.132
江苏	0.109	0.105	0.082	0.094	0.079	0.078	0.086	0.078	0.074	0.067
浙江	0.122	0.117	0.119	0.116	0.112	0.106	0.157	0.132	0.144	0.098
安徽	0.646	0.190	0.161	0.156	0.140	0.129	0.383	0.144	0.132	0.119
福建	0.175	0.114	0.106	0.247	0.183	0.183	0.139	0.134	0.142	0.152

续　表

省份	2006年	2007年	2008年	2009年	2010年	2011年	2012年	2013年	2014年	2015年
江西	0.160	0.111	0.074	0.316	0.087	0.095	0.080	0.080	0.110	0.102
山东	0.106	0.100	0.097	0.086	0.095	0.086	0.290	0.287	0.293	0.088
河南	0.118	0.081	0.063	0.072	0.074	0.072	0.069	0.103	0.141	0.064
湖北	0.137	0.944	0.148	0.098	0.146	0.124	0.126	0.130	0.122	0.121
湖南	0.143	0.098	0.104	0.090	0.085	0.091	0.087	0.084	0.073	0.075
广东	0.206	0.183	0.172	0.191	0.172	0.170	0.184	0.186	0.168	0.142
广西	0.203	0.207	0.188	0.188	0.205	0.193	0.203	0.196	0.211	0.217
海南	1.619	1.653	1.136	1.014	1.047	0.938	0.851	0.875	0.935	0.747
重庆	0.099	0.143	0.128	0.131	0.096	0.129	0.159	0.230	0.148	0.110
四川	0.107	0.363	0.081	0.061	0.057	0.058	0.072	0.071	0.086	0.082
贵州	0.265	0.303	0.310	0.367	3.547	0.357	0.359	0.362	0.830	0.229
云南	0.151	0.176	0.171	0.178	0.160	0.156	0.110	0.139	0.137	0.159
陕西	0.196	0.216	0.160	0.171	0.123	0.115	0.164	0.123	0.158	0.130
甘肃	0.251	0.243	0.244	0.302	0.361	0.325	0.302	0.344	0.324	0.282
青海	0.244	0.615	0.238	0.182	0.158	0.196	0.353	0.300	0.377	0.227
宁夏	0.196	0.150	0.113	0.164	0.168	0.275	0.204	0.337	0.265	0.168
新疆	1.523	0.200	0.232	0.444	0.411	0.360	2.091	0.250	0.271	0.377

数据来源：作者自行测算整理所得。

表7-3　2006—2015年各省地级市之间劳动错配程度

省份	2006年	2007年	2008年	2009年	2010年	2011年	2012年	2013年	2014年	2015年
北京	0.114	0.119	0.122	0.138	0.144	0.095	0.139	0.123	0.142	0.134
天津	0.205	0.160	0.124	0.113	0.114	0.108	0.113	0.118	0.127	0.116

续 表

省份	2006年	2007年	2008年	2009年	2010年	2011年	2012年	2013年	2014年	2015年
河北	0.087	0.068	0.070	0.060	0.046	0.041	0.087	0.091	0.097	0.034
山西	0.124	0.124	0.112	0.093	0.082	0.065	0.057	0.062	0.057	0.069
内蒙古	0.090	0.080	0.064	0.052	0.040	0.027	0.031	0.030	0.027	0.035
辽宁	0.116	0.304	0.079	0.057	0.048	0.039	0.119	0.123	0.130	0.041
吉林	0.102	0.070	0.057	0.054	0.055	0.046	0.057	0.054	0.040	0.047
黑龙江	0.102	0.076	0.066	0.059	0.058	0.050	0.220	0.064	0.045	0.044
上海	0.090	0.117	0.105	0.113	0.115	0.117	0.083	0.089	0.089	0.088
江苏	0.069	0.077	0.062	0.074	0.065	0.059	0.066	0.066	0.065	0.055
浙江	0.092	0.098	0.099	0.101	0.091	0.090	0.121	0.109	0.120	0.084
安徽	0.143	0.110	0.102	0.093	0.084	0.069	0.211	0.081	0.082	0.061
福建	0.065	0.068	0.058	0.062	0.066	0.058	0.079	0.084	0.090	0.065
江西	0.099	0.063	0.047	0.279	0.041	0.039	0.028	0.032	0.041	0.028
山东	0.070	0.063	0.059	0.055	0.052	0.048	0.127	0.131	0.143	0.061
河南	0.054	0.041	0.031	0.034	0.030	0.031	0.032	0.050	0.071	0.034
湖北	0.083	0.692	0.072	0.060	0.056	0.053	0.043	0.042	0.041	0.041
湖南	0.090	0.065	0.062	0.051	0.045	0.044	0.036	0.039	0.041	0.049
广东	0.175	0.160	0.142	0.151	0.149	0.130	0.138	0.144	0.132	0.114
广西	0.131	0.132	0.105	0.098	0.085	0.110	0.143	0.138	0.131	0.117
海南	0.841	1.171	0.871	0.865	0.897	0.737	0.648	0.793	0.706	0.581
重庆	0.055	0.061	0.048	0.044	0.038	0.052	0.048	0.249	0.063	0.044
四川	0.058	0.281	0.039	0.031	0.023	0.021	0.026	0.035	0.037	0.031

续表

省份	2006年	2007年	2008年	2009年	2010年	2011年	2012年	2013年	2014年	2015年
贵州	0.161	0.161	0.151	0.158	0.747	0.141	0.210	0.208	0.146	0.097
云南	0.103	0.103	0.099	0.099	0.086	0.087	0.061	0.073	0.065	0.068
陕西	0.144	0.159	0.114	0.121	0.088	0.081	0.104	0.081	0.056	0.046
甘肃	0.123	0.131	0.120	0.120	0.150	0.113	0.124	0.128	0.102	0.084
青海	0.157	0.190	0.139	0.114	0.097	0.096	0.189	0.233	0.237	0.114
宁夏	0.067	0.058	0.040	0.055	0.049	0.073	0.064	0.079	0.087	0.052
新疆	0.234	0.104	0.120	0.173	0.158	0.111	0.324	0.133	0.107	0.127

数据来源：作者自行测算整理所得。

表7-4 2006—2015年各省地级市之间资本错配程度

省份	2006年	2007年	2008年	2009年	2010年	2011年	2012年	2013年	2014年	2015年
北京	0.046	0.044	0.063	0.085	0.065	0.070	0.260	0.153	0.087	0.073
天津	0.102	0.085	0.086	0.133	0.093	0.102	0.122	0.125	0.118	0.118
河北	0.036	0.026	0.020	0.031	0.036	0.037	0.434	0.071	0.038	0.025
山西	0.029	0.040	0.035	0.036	0.045	0.048	0.096	0.106	0.106	0.069
内蒙古	0.046	0.045	0.043	0.035	0.057	0.114	0.138	0.115	0.101	0.086
辽宁	0.043	0.036	0.025	0.027	0.034	0.034	0.030	0.048	0.046	0.025
吉林	0.066	0.059	0.080	0.065	0.072	0.076	0.125	0.090	0.107	0.087
黑龙江	0.073	0.059	0.058	0.058	0.051	0.036	0.122	0.050	0.059	0.069
上海	0.089	0.062	0.080	0.088	0.081	0.088	0.064	0.054	0.052	0.053
江苏	0.042	0.031	0.025	0.025	0.020	0.024	0.023	0.015	0.012	0.015

续 表

省份	2006年	2007年	2008年	2009年	2010年	2011年	2012年	2013年	2014年	2015年
浙江	0.034	0.023	0.025	0.020	0.034	0.024	0.032	0.023	0.024	0.020
安徽	0.248	0.073	0.057	0.063	0.052	0.059	0.144	0.066	0.053	0.063
福建	0.106	0.060	0.055	0.239	0.156	0.162	0.075	0.064	0.066	0.123
江西	0.057	0.050	0.028	0.051	0.053	0.060	0.056	0.051	0.064	0.066
山东	0.036	0.040	0.043	0.037	0.050	0.041	0.118	0.110	0.101	0.026
河南	0.060	0.041	0.035	0.039	0.044	0.039	0.040	0.045	0.063	0.026
湖北	0.051	0.063	0.070	0.039	0.085	0.070	0.076	0.083	0.077	0.078
湖南	0.043	0.031	0.036	0.036	0.041	0.046	0.052	0.045	0.031	0.024
广东	0.030	0.028	0.038	0.054	0.035	0.051	0.049	0.044	0.039	0.038
广西	0.052	0.054	0.069	0.082	0.144	0.082	0.056	0.057	0.079	0.107
海南	0.280	0.073	0.091	0.075	0.075	0.092	0.106	0.080	0.080	0.099
重庆	0.037	0.063	0.067	0.074	0.052	0.074	0.113	0.011	0.089	0.070
四川	0.042	0.044	0.037	0.027	0.034	0.035	0.043	0.037	0.054	0.060
贵州	0.068	0.104	0.120	0.166	0.537	0.178	0.126	0.136	0.625	0.122
云南	0.033	0.050	0.054	0.067	0.069	0.065	0.045	0.058	0.064	0.092
陕西	0.029	0.034	0.031	0.040	0.034	0.035	0.048	0.038	0.095	0.087
甘肃	0.095	0.089	0.094	0.134	0.137	0.175	0.168	0.204	0.198	0.147
青海	0.078	0.309	0.089	0.070	0.072	0.104	0.102	0.066	0.117	0.090
宁夏	0.108	0.079	0.070	0.100	0.112	0.181	0.132	0.195	0.158	0.111
新疆	0.631	0.087	0.101	0.232	0.220	0.211	0.321	0.092	0.120	0.207

数据来源：作者自行测算整理所得。

(二) 其他变量的选取和说明

1. 被解释变量

城镇化质量(UR),分别从人口城镇化、经济发展、城市建设、公共服务和节能环保等五个维度测度城镇化质量,其使用的综合指标体系和具体方法报告于第三章。

2. 核心解释变量

本章对于环境规制的度量方法与第六章相同,对于资源错配的度量方法已在上文详细介绍,此处不再重复。

3. 控制变量

本章选取的控制变量包括政府干预程度(GOV)、金融支持(FIN)、经济开放(FDI)和科技创新水平(TC)。一是政府干预程度(GOV)。由于政府力量对于推动城镇化质量较为重要,需要在研究中进行控制,采用当地政府的财政支出与GDP的比值来衡量。二是金融支持(FIN),用人均金融机构贷款来衡量。三是经济开放(FDI),外资的进入可以弥补本地资本不足,带来先进的技术,通过示范、竞争、人员培训与流动等方式可能刺激本地区的技术创新、产业升级等,进而会对城镇化质量造成影响,因此需要在过程中加以控制,用外商投资企业产值占工业总产值比重表征。四是科技创新水平(TC)。具体度量方式与上一章相同。

(三) 数据来源和描述性统计

基于数据可得性的考虑,本章的研究对象为中国285个地级及以上城市,时间跨度为2003—2016年,相关数据均来源于《中国城市统计年鉴》《中国城市建设统计年鉴》《中国环境统计年鉴》和《中国环境年鉴》。少数缺值数据利用插值法进行填补。此外,为克服可能存在的异方差并保证数据的平滑性,本章将所用数据进行了对数化处理。本章在进行实证研究时使用的变量的描述性统计如下表所示:

表7-5 主要变量的描述性统计

变量名称	变量表示	样本数	均值	标准差	最大值	最小值
城镇化质量	lnUR	3 990	−8.54	0.67	−4.72	−10.27
环境规制水平	lnER	3 990	4.02	0.36	5.46	2.60

续　表

变量名称	变量表示	样本数	均值	标准差	最大值	最小值
劳动资源错配	PL	3 934	0.117	0.064	0.39	0.00
资本资源错配	PK	3 934	0.039	0.032	0.16	0.00
政府干预	$\ln GOV$	3 990	−2.04	0.58	0.46	−5.99
金融发展	$\ln FIN$	3 990	1.31	0.76	4.61	−4.84
经济开放	$\ln FDI$	3 990	0.94	1.17	3.18	−9.21

资料来源：作者运用STATA软件计算整理所得。

三、实证检验结果分析

通过前一部分的理论分析，可以看出环境规制能够显著地改善资源错配，为进一步验证环境规制能够通过纠正资源错配从而有利于城镇化质量的提高，本小节对传导机制进行实证检验。在进行实证检验之前，必须考虑对于内生性问题的处理。由于城镇化进程往往伴随着劳动力和产业的集聚，从而可能反向影响环境规制。为规避这一潜在的问题，表7-6和表7-7的第4列至第8列选用滞后一期的环境规制，并且使用两步最小二乘法进行回归。先后考察环境规制对劳动错配的影响和劳动错配对城镇化质量的影响，以及环境规制对资本错配的影响和资本错配对城镇化质量的影响。同时，考虑到中国环境规制强度在空间层面表现出较大的异质性，本小节还进一步根据城市所在区域和城市的人口规模来划分研究样本。接下来，我们分别讨论环境规制影响城镇化质量的劳动错配机制与资本错配机制。

表7-6报告了相应的实证回归结果。其中，第1列至第3列中，劳动错配变量的回归系数显著为负，且均通过了1%水平的显著性检验，说明无论是在全国，还是东部地区、中西部地区，劳动错配均显著地抑制了城镇化质量的提升。

第4列至第8列为环境规制对劳动错配影响的实证检验结果。其中，环境规制项的弹性系数在第4列为−0.276，且通过了1%的显著性检验。也就

表7-6 环境规制与城镇化质量：劳动错配机制

	(1)	(2)	(3)	(4)	(5)	(6)	(7)	(8)
	劳动错配对城镇化质量的影响			环境规制对劳动错配的影响				
	全样本	东部地区	中西部地区	全样本	东部地区	中西部地区	大城市	中小城市
	TL	TL	TL	TL	TL	TL	TL	TL
$L \cdot ER$				-0.276^{***} (0.109)	1.708^{***} (0.264)	-0.832^{***} (0.116)	-0.626^{***} (0.134)	-0.262^{***} (0.113)
$L \cdot TL$	-0.460^{***} (0.140)	-0.071^{***} (0.014)	-0.112^{***} (0.013)					
常数项	是	是	是	是	是	是	是	是
控制变量	是	是	是	是	是	是	是	是
城市效应	是	是	是	是	是	是	是	是
时间效应	是	是	是	是	是	是	是	是
观测值	3 653	1 274	2 379	3 653	1 274	2 379	1 251	2 454
调整 R^2	0.642	0.474	0.510	0.658	0.626	0.597	0.615	0.648

注：*、**、***分别代表10%、5%和1%显著水平，括号中的数值为标准误。
资料来源：作者运用STATA软件计算整理所得。

是说,当研究对象是全国的285个地级及以上城市时,环境规制显著地降低了劳动错配的程度,即环境规制能够缓解劳动错配。从第5列和第6列的实证检验结果可以看出,将研究样本区分为东部地区和中西部地区时,环境规制项的弹性系数分别为1.708和−0.832,且均通过了1%的显著性检验。这说明环境规制显著地加剧了东部地区劳动错配的程度,却能够显著地缓解中西部地区的劳动错配程度。

原因可能在于,随着环境规制力度的增强,技术创新以及产业结构优化等进程被加速推进,东部地区对人口集聚的需求会进一步提升。然而目前东部地区的土地利用效率、公共配套服务、交通基础设施等难以满足人口集聚的需要,现在的人口集聚程度远低于城镇化高质量发展真正所需的集聚程度。以及,如前文分析,环境规制通过倒逼技术创新、促进产业结构优化升级,对城镇化的高质量发展均有促进作用,也就是说,环境规制在无形中加剧了地价和劳动力价格的上涨。然而,东部地区的发展潜能和经济发展的活力实则得到了抑制,并未将现有生产要素能够产生的经济增长的活力完全发挥出来。因此,环境规制加剧了东部地区的劳动错配。从第7列和第8列的实证检验结果可以看出,将研究样本按照人口规模区分为大城市和中小城市时,环境规制项的弹性系数分别为−0.626和−0.262,且均通过了1%的显著性检验。由此可知,无论是大城市还是中小城市,实证检验结果并无明显的异质性,环境规制均对劳动错配有明显的缓解作用。

表7-7报告了资本错配传导机制的实证回归结果。其中,第1列至第3列中资本错配变量的回归系数显著为负,且均通过了1%水平的显著性检验,说明资本错配阻碍了城镇化质量提升。

第4列至第8列为环境规制对资本错配影响的实证分析结果。第4列的环境规制滞后项的弹性系数显著为负,可以表明环境规制加剧了资本错配程度。从第5列和第6列的实证检验结果可以看出,将研究样本区分为东部地区和中西部地区时,环境规制项的弹性系数分别为0.029和−0.033,且均通过了1%的显著性检验。这说明环境规制显著地加剧了东部地区资本错配的程度,却能够显著地缓解中西部地区的资本错配程度。从第7列和第8列的实证检验结果可以看出,将研究样本按照人口规模区分为大城市和中小城市时,环境规制项的弹性系数分别为−0.007和−0.011,对于大城市样本不显著,中小城市样本通过了1%水平上的显著性检验。这说明环境规制加剧了东部地区资本错配的程度,但是缓解了中西部地区资本错配的程度;环境规制

表7-7 环境规制与城镇化质量：资本错配机制

	(1)	(2)	(3)	(4)	(5)	(6)	(7)	(8)
	资本错配对城镇化质量的影响			环境规制对资本错配的影响				
	全样本	东部地区	中西部地区	全样本	东部地区	中西部地区	大城市	中小城市
	UR	UR	UR	TK	TK	TK	TK	TK
$L \cdot ER$				-0.017*** (0.003)	0.029*** (0.006)	-0.033*** (0.003)	-0.007 (0.005)	-0.011*** (0.003)
$L \cdot TK$	-4.618*** (0.854)	-4.038*** (1.346)	-7.008*** (1.157)					
常数项	是	是	是	是	是	是	是	是
控制变量	是	是	是	是	是	是	是	是
城市效应	是	是	是	是	是	是	是	是
时间效应	是	是	是	是	是	是	是	是
观测值	3 653	1 274	2 379	3 653	1 274	2 379	1 251	2 454
调整 R^2	0.642	0.412	0.497	0.665	0.576	0.649	0.625	0.672

注：*、**、***分别代表10%、5%和1%显著水平，括号中的数值为标准误。
资料来源：作者运用STATA软件计算整理所得。

对中小城市的资本错配的纠正作用比大城市更加明显。原因可能在于,环境规制一方面通过促进技术创新、产业结构优化等方式为中西部注入更多资金,另一方面规避了大量潜在的污染转移现象,减少了污染密集型企业的资金投入。综上,实证分析结果显示,资源错配的传导机制均得到了有效验证,环境规制通过资源错配传导机制影响了城镇化的发展质量。

基于以上的实证分析结果以及分区域、分城市规模的异质性分析的结果,可以看出:首先,环境规制加剧了东部地区的资源错配程度,却缓解了中西部地区的资源错配程度。可能的原因是,先前为了促进人口、经济的"均衡"发展,实行过限制大城市的人口规模等措施。但此举其实是将均衡发展的概念与平均的概念进行了混淆。因此,产生的后果在于使资源配置效率偏离了产出最大化的水平,资源的缺乏或过度倾斜均会导致效率的损失。随着环境规制力度的增强,技术创新以及产业结构优化等进程被加速推进,东部地区对人口集聚的需求进一步提升。然而目前东部地区的土地利用效率、公共配套服务、交通基础设施等难以满足人口集聚的需要。现在东部地区的人口集聚程度远低于城镇化高质量发展所需的集聚程度。因此,东部地区的发展潜能和经济发展的活力实则得到了抑制,并未将现有生产要素能够产生的经济增长的活力完全发挥出来。

其次,就资本错配对城镇化质量的抑制效果来看,中西部地区的城市比东部地区的城市更加明显。换句话说,对中西部地区而言,资本错配的缓解对于城镇化质量提高的促进作用更加明显。这说明先前以"动钱"的方式支持中西部地区部分相对落后地区发展的举措是有效的。同时,纠正资本错配对于提高中小城市的城镇化质量更加有效,纠正劳动错配对于提高大城市的城镇化质量更加有效。在现实中,由于对集聚效应对于制造业和服务业意义的理解不足,中国大都市的发展仍有待提高,拥有 1 000 万以上人口的大城市需要进一步增加。并且发现,通过行政力量引导资本流往中小城市短期内是有效的,但是其难以持续。随着该地区的人口增长,资本错配的缓解对于城镇化质量的有益作用将逐步减小。

综上,由上文的分析可以看出,"动钱"的方式虽在当前阶段十分有效,但不具有可持续性,且效果受到人口规模的限制。相比之下,"动人"的方式对于城镇化质量的提升作用却十分明显。由此可见,消除行政壁垒,促进人口的自由流动,才是提高城镇化质量的关键路径所在。

四、稳健性检验

这一小节进行实证研究的稳健性检验，使得研究结论具有可靠性，为本书的研究结论和政策建议提供支撑。首先，将环境规制的表征方式由指标体系的综合评价法替换为各地级及以上城市每万人环保类案件处罚数并做对数处理，运用中介效应模型进行实证检验，与上文情形高度一致。进一步地，将计量方法由两步最小二乘法替换为系统GMM(system GMM)，稳健性检验的相应检验结果在表7-8中予以报告。

表7-8中的Panel A为环境规制通过纠正地区间资本错配影响城镇化质量的中介效应检验结果，Panel B为环境规制通过纠正地区间劳动错配影响城镇化质量的中介效应检验结果。从Panel A的检验结果可以看出，方程1中环境规制强度项的弹性系数为0.625，且通过了1%水平的显著性检验，说明环境规制能够显著地促进城镇化质量的提升，此结论与上文的结论一致。方程2中环境规制对资本错配影响的回归系数不显著。方程3中资本错配项的弹性系数为-0.946，并通过了5%的显著性检验，说明资本错配抑制了城镇化质量的提高。方程3中环境规制对城镇化质量影响的回归系数为0.629，且通过了5%水平的显著性检验。因此，可以看出，资本错配阻碍了城镇化质量的提高；环境规制不仅可以直接促进城镇化质量的提高，还能够通过纠正资本错配从而间接地促进城镇化质量的提高。

从Panel B的实证检验结果可以看出，方程4中的环境规制项的弹性系数为0.625，且通过了5%水平的显著性检验，即环境规制显著地促进了城镇化质量的提高，与上文的结论一致。方程5中环境规制对劳动错配的影响回归系数为-0.0547，并且在1%的显著性水平上显著，说明环境规制能够有效地改善劳动错配。方程6中环境规制对城镇化质量影响的回归系数为0.562，且通过了1%水平的显著性检验；劳动错配对城镇化质量影响的回归系数为-1.164，且通过了5%水平的显著性检验。因此，可以看出，劳动错配阻碍了城镇化质量的提高；环境规制不仅可以直接促进城镇化质量的提高，还能够通过纠正劳动错配从而间接地促进城镇化质量的提高。以上实证检验的结论与前文高度一致，再次显示了本书研究结果的稳健性。

表7-8 环境规制通过纠正资源错配影响城镇化质量的稳健性检验

	Panel A: 资本错配			被解释变量	Panel B: 劳动错配		
被解释变量	(1) UR	(2) TK	(3) UR		(4) UR	(5) TL	(6) UR
TK			−0.946** (−2.120)	TL			−1.164** (−2.062)
ER	0.625** (2.634)	−0.037 5*** (0.366)	0.629** (2.696)	ER	0.625** (2.634)	−0.054 7*** (−4.958)	0.562** (2.425)
GOV	−0.014 7*** (0.021 1)	0.057 9*** (0.021 2)	0.158*** (0.021 2)	GOV	0.026 5*** (0.021 2)	−0.024 2*** (0.021 2)	−0.091 6*** (0.021 1)
FIN	−0.013 4*** (0.011 3)	−0.075** (0.011 4)	−0.050 8*** (0.011 4)	FIN	0.001 4 (0.010 8)	−0.001 3 (0.010 8)	0.120 8*** (0.001 3)
FDI	−0.013 4*** (0.006 9)	−0.049*** (0.006 9)	−0.049 7*** (0.007)	FDI	−0.009 9*** (0.007)	0.008 9*** (0.007)	0.163 7*** (0.006 9)
常数项	−8.122*** (−153.9)	0.108*** (47.58)	−8.020*** (−117.1)	常数项	−9.895*** (0.040 7)	1.641*** (0.016 5)	−10.46*** (0.075 3)
R^2	0.642	0.312	0.665	R^2	0.642	0.152	0.649
N	3 990	3 990	3 990	N	3 990	3 990	3 990

注：*、**、***分别代表10%、5%和1%显著水平，括号中的数值为标准误。
资料来源：作者运用STATA软件计算整理所得。

第四节　环境规制基于纠正资源错配促进城镇化高质量发展的启示

本章首先构建理论模型,分析了资源配置因素对于环境规制促进城镇化高质量发展的作用。之后,本章测算了2003—2016年中国各省的地级市间的资本错配程度、劳动错配程度和总资源错配程度,并在此基础上运用2SLS模型验证了环境规制分别通过劳动错配、资本错配影响城镇化质量的传导机制,并根据城市所处区域和城市规模进行了异质性分析。研究结果表明:第一,劳动错配传导机制和资本错配传导机制均得到有效验证,环境规制能够通过纠正劳动错配和资本错配,从而有利于城镇化质量的提升。第二,通过区分地区、区分城市规模的异质性研究发现,东部地区的资本错配程度因环境规制得以加剧,而中西部地区的资本错配程度由于环境规制得到缓解;对资本错配对城镇化质量的抑制作用而言,中西部地区比东部地区更加严重;纠正资本错配对于提高中小城市的城镇化质量更加有效,纠正劳动错配对于提高大城市的城镇化质量更加有效。综上,本章发现,"动钱"的方式虽在当前阶段十分有效,但不具有可持续性,且效果受到人口规模的限制。相比之下,"动人"的方式对于城镇化质量的提升作用却十分明显。由此可见,消除行政壁垒,促进人口的自由流动,才是提高城镇化质量的关键路径所在。正因如此,在未来城镇化的进一步发展中,外来人口的市民化十分关键。倘若能在"十四五"期间在人口流动、城市群建设、城乡与区域发展等与城镇化质量直接相关的方面解决一些体制机制的问题,将会产生巨大的制度红利,城镇化将成为中国经济发展的新动能。与本章相对应的政策启示如下:

首先,进一步加大环境规制力度,发挥其对于资源错配的纠正效应,从而放大对城镇化质量的提升作用。环境规制不只是对于环境保护的一些规章制度,而是可以通过环境规制自身,对于产业结构、技术创新等因素产生作用,进而传导到有利于城镇化高质量发展的方方面面。

随着环境规制的力度增强,进一步激发创新活力、提高创新水平所需的资金投入、科技研发会增加,更多的劳动力从污染密集行业流向清洁行业,例如IT行业、服务业等行业,资源错配程度会得到缓解。固定资产投入越低的行业会率先进行技术创新,而重资产行业或企业会由于较大的"遵循成本",难以得到进一步的壮大和发展。当治污技术创新和生产技术创新得到一定的发展后,重资产行业和企业可能会购买其专利或技术,以便达到环境规制的要求。此时,重资产的污染密集型行业的技术也能得到进步。例如,其排污设备进行了替换或者更新,对排放物增加了新的处理方法,生产的自动化率得到了提高,等等。通过以上行为,资本配置效率得到了提高。而在上述动态过程中,资本配置效率无论是在污染密集型行业,还是清洁行业,实则均得到了提高。与此同时,土地的利用效率得到提高,每万元 GDP 产生的污染减少,使得部分具有相对优势的地区能够集聚更多的资本和劳动力,该类地区的活力被进一步激发。

其次,进一步促进要素的自由流动,提高资源配置的效率。从实证分析结果可以看出,通过"动人",即消除人口跨地区流动阻碍的方式,更加有效地促进城镇化质量提升,更有利于实现人均意义的平衡发展。尤其是在当前的发展背景下,居住在大城市的人口会进一步增加,大城市的数量以及占所有城市的比例也会进一步提高。城市对人力资本集聚的需求会超过对资本集聚的要求,在此过程中,服务业将会发挥愈发重要的作用,而服务业需要人与人面对面的沟通和服务的过程,因此,人口的自由流动更加重要。未来,应当树立更加科学的发展理念,认识到平衡是人均意义上的平衡,而不是在绝对量层面的平均。因此,未来发展的重点在于更加重视要素的充分流动,其中包括实现人口层面的更加自由的跨地区流动。随着人口跨地区流动更加自由,对于相对欠发达的地区而言,留下人口的人均资源和人均收入得到提高,有利于将该地区找准比较优势。例如,能够在其具有特殊资源禀赋的农业、旅游、自然资源等方面得到充分的专业化发展。把农业转移人口市民化摆到更加突出位置,统筹推进户籍制度改革和城镇基本公共服务均等化,促进农业转移人口全面融入城市;把推进新型城镇化和乡村全面振兴有机结合起来,促进各类要素双向流动,形成城乡融合发展新格局。促进各类要素双向流动首先是户籍制度要进一步改革,因为"人"是各种要素中最主要的。当前,户籍制度在城乡人口流动方面的限制已经大幅度放松,除极少数超大城市外,许多地方已经全面放开高校毕业生、技术工人、留学归国人员等落户限制,也有些地方出台了租房即可落户、随迁亲属也可以落户等措施。除了城镇户籍向农民开放之外,农村落户政策也应该进一步放宽,以吸引更多的人才回流农村。城乡二元结构是阻碍以人为核心的新型城镇化进程的最重要因素。现存户籍制度约束下的二元土地制度使部分农村土地产权不明晰,对农村土地流转和集体非农建设用地开发形成制约,导致土地资源利用不充分。城乡制度分割的根本原因在于城市单方面地拥有城乡政策的决定权,导致农业转移人口流入地获得劳动力红利和经济收益,却很少承担对农业转移人口的公共服务支出。以人为核心就是从关乎国计民生的实际问题出发,明确中央和地方的权责。中央政府做好户籍、土地、财税金融、社会保障等制度的顶层设计,并加大对地方的财政转移支付力度;地方政府在中央制定的制度框架下,依托当地实际做好政策的调整和落实工作。

最后,需要树立正确的城镇化高质量发展理念。区域之间、城乡之间的均衡发展并不是在人口、经济等多个维度的"均匀分布",而是"人均"层面上的平衡发展。本章通过实证研究发现,先前以"动钱"的方式支持中西部地区部分相对落后地区发展的举措是有效的。相比之下,"动人"的方式比起"动钱"的方式更具有可持续性,也更加适用于大城市的高质量城镇化发展。要把农业转移人口市民化摆在突出位置,进一步深化户籍制度改革,加强教育、医疗、养老、住房等领域投入,推动未落户常住人口均等享有基本公共服务。着力补齐城市基础设施和管理服务等短板,提高经济和人口承载能力。未来,在进一步提升城镇化质量的过程中,长期稳定就业和居住的外来人口市民化十分关键,应当进一步深化户籍制度改革,促进人口流动。如今,随着人口结构的变化以及人口红利的逐渐消失,更加自由的在城乡之间以及区域之间的人口流动有利于提高劳动资源的效率,不仅对于人口和产业在城市的集聚提供保障,还能有效地缓解城市病,实现城镇化的高质量发展。

第八章 研究结论与对策建议

第一节 研 究 结 论

  自然是人类赖以生存和发展的基础,生态文明是生产力提高和人民对物质与精神世界追求的必然结果。强化生态文明建设是贯彻新发展理念中绿色发展理念的内在要求,是"绿水青山就是金山银山"理念的集中体现,是实现人与自然和谐共生的中国式现代化的重要途径。当前,面对"碳达峰""碳中和"任务要求,生态文明建设与新型城镇化建设双管齐下至关重要。然而,过去的城镇化是一条追求城镇化率的提高而忽视发展质量的道路,虽然其增速可观,但是发展方式不可持续,不仅带来生态环境方面的巨大压力,而且不利于中国逐步走向绿色发展道路。当前,中国经济发展已经进入"新常态",随着经济增速和工业化发展的步伐放缓以及资源环境的趋紧,以开发土地、大搞房地产为建设重点的传统城镇化难以为继,城镇化的发展方式必须发生转变,高质量发展势在必行。未来的城镇化高质量发展道路必然是在坚持以人为本的基本原则下,以人地协调为重点,以改善民生为根本目标,最终在人口城镇化、经济发展、城市建设、公共服务、节能环保五个维度实现均衡的高质量发展。城镇化高质量发展是在人口、经济和资源、环境之间取得相对平衡的发展路径,在逐步改善生态环境的基础上,注重城镇土地和空间的合理利用,从而提升人民生活的便利度和幸福感。因此,环境规制成为促进城镇化高质量发展的必然选择和有效抓手。

  本书首先通过综合评价指标体系测算出五个分维度的城镇化质量以及综合的城镇化质量。经过测度发现:从2003—2016年,绝大多数城市的综合城镇化质量呈现出逐年上升的趋势,并且经济城镇化维度在综合城镇化质量中的权重最高,其次为空间城镇化和社会城镇化这两大维度。此外,中国各省市之间在分维度城镇化质量和综合城镇化质量上表现出较大的差异性,即城镇化质量较不平衡。虽然在2003—2016年期间,各区域的综合城镇化质量均呈现出上升的趋势。但是,不同区域的城镇化质量存在一定程度的不均衡。并且,从增速来看,在2003—2016年间,东部地区的综合城镇化质量增速最高,中部地区其次,西部地区最低。

在此基础上,本书对环境规制对城镇化质量的影响进行了实证分析。环境规制的衡量方法主要分为四种,基于本书对于环境规制的概念界定,主要是分析命令控制型的环境规制。因此,衡量方式也是基于主要污染物的去除率或者地方受理环境行政处罚案件数来衡量环境规制的力度。在第四章中,利用中国285个地级及以上的城市在2003—2016年间的面板数据,通过空间杜宾模型偏微分方法进行研究,发现"效果型"和"过程型"环境规制强度的提升有利于城镇化质量的提升。在不同的空间矩阵条件下,工业二氧化硫的去除率越高,每万元GDP产生的工业二氧化硫越少,越有利于城镇化质量的提升。并且,"效果型"环境规制和"过程型"环境规制的平方项的回归系数一次项的弹性系数同号,说明环境规制与城镇化质量间不存在非线性关系。其次,从直接效应和间接效应的分解结果来看,"效果型"环境规制的弹性系数均显著为正,即本地区的工业二氧化硫的去除率越高,本地区的城镇化质量越高,并且通过正向的空间溢出效应,邻近地区的城镇化质量也能够受益;"过程型"环境规制的弹性系数均显著为负,即本地区的每万元GDP产生的工业二氧化硫越少,本地区的城镇化质量越高,并且通过正向的空间溢出效应,邻近地区的城镇化质量也能够受益。从空间异质性来看,环境规制对城镇化质量的溢出效应体现出空间异质性。"效果型"环境规制的回归系数在西部地区最为显著,"过程型"环境规制的回归系数在中部地区显著,而在东部地区、西部地区不显著。

此外,本书从技术创新、产业结构调整、纠正资源错配三方面,对环境规制影响城镇化质量的传导机制进行了探究。首先,在研究环境规制如何通过技术创新影响城镇化质量时,在理论分析的基础上,利用中国31个省份在2001—2018年期间的面板数据,运用面板回归模型和动态门槛回归方法进行了实证检验。研究发现:(1)在考虑治污技术创新时,环境规制与城镇化质量之间依然呈现出明显的U形关系,技术开发、技术转化的投入增加有利于城镇化质量的提高,并且从交互项来看,环境规制与治污技术创新(包含技术开发、技术转化)能够较好地协调配合,共同促进城镇化的高质量发展。(2)在探究环境规制、生产技术创新对城镇化质量的影响时,虽然生产技术创新能够显著促进城镇化质量的提升,但是与治污技术创新不同,环境规制不显著,与城镇化质量之间不存在 U 形关系。因为在早期的经济发展中技术溢出效应较小,相对而言技术创新的成本较高,从而末端治理边际效益要远大于技术创新的总体边际效益,企业会选择进行末端治理,缺乏从事源头治理的清洁技术创新的动力,而更愿意将用于清洁技术创新的资金用于末端治理。并且,企业在服从政府的环境规制下,用于污染治理的资金投入会挤占用于生产技术创新的资金,从而会在一定程度上阻碍技术的创新。(3)环境规制对城镇化的质量提升存在单门槛效应,门槛值为 0.197 2。当环境规制达到一定强度时,治污技术创新促进城镇化高质量发展的效果更加明显。而不同于属于末端治理的治污技术进步,生产技术创新对城镇化高质量发展的促进作用更加稳定,而不取决于环境规制的力度。原因可能在于,由于技术的研发需要大量的费用,当环境规制的成本在可承受范围内时,企业往往会选择承受环境规制带来的成本,而非投入巨大的成本进行技术创新。而环境规制的强度达到一定程度时,企业为了生存和发展必定对技术创新投入大量成本,但是技术创新带来的益处实际上会提高企业的竞争力。其政策启示在于,需要以创新驱动城镇化高质量发展。中国的城镇化发展进入提高质量的阶段,其关键路径在于技术创新。通过制度创新推动经济高质量增长。通过设立合理有效的激励机制和约束机制,降低市场交易费用,提高社会生产力,激发企业的自主创新能力,促进城镇化的高质量发展。同时,加强产、学、研合作的创新模式,利用高校、科研院所的科研平台和研发优势,开展校企合作、院所合作,推动协作创新,借此使得中国的城镇化向高质量发展快速推进。

其次,在基于产业结构研究环境规制对城镇化质量的影响时,构建了环境规制倒逼产业结构调整的理论模型。在环境规制约束下,企业必须为自己的生产活动所产生的污染进行投资治理,在追求最大效益的驱动下,必须想方设法消减这种非生产性的成本。企业可能有承受规制的压力、转移产业以及在本地进行产业升级三种决策。接下来,进一步通过实证检验验证环境规制能否通过倒逼产业结构调整从而有利于城镇化的高质量发展。研究发现:(1)环境规制能够倒逼产业结构的合理化,从而有利于城镇化的高质量发展。然而,环境规制对于产业结构高级化并没有类似的倒逼作用,因此产业结构高级化没有发挥环境规制促进城镇化高质量发展的中介作用。(2)从全国来看,环境规制及其滞后项的系数均显著为正,说明本地的环境规制不仅可以促进本地区城镇化质量的提高,还可以促进邻近地区城镇化质量的提高。产业结构合理化程度的提高不仅有利于本地区城镇化质量的提高,而且能够促进邻近地区的城镇化高质量发展。然而,产业结构高级化没有类似的空间溢出作用。(3)分区域来看,环境规制和产业结构调整对城镇化发展的影响均具有空间异质性。从环境规制来看,环境规制对城镇化高质量发展的促进作用在西部地区最为显著,在东部地区次之,然而在中部地区不显著;从产业结构调整来看,产业结构合理化对城镇化高质量发展的促进作用在东部地区、中部地区和西部地区效果均显著,但是效果依次递减,具有空间异质性。然而,产业结构高级化在西部地区抑制了城镇化的高质量发展,在东部地区、中部地区的促进作用不显著。

最后,本书对环境规制通过纠正资源错配,从而作用于城镇化高质量发展进行了研究。首先测算了2003—2016年中国各省的地级市间的资源错配程度,并在此基础上运用2SLS模型对纠正资源错配的传导机制进行了验证。研究发现:(1)劳动错配传导机制和资本错配传导机制均得到有效验证,环境规制能够通过纠正劳动错配和资本错配,有利于城镇化质量的提升。(2)通过区分地区、区分城市规模的异质性研究发现,东部地区的资本错配程度因环境规制得以加剧,而中西部地区的资本错配程度由于环境规制得到缓解;对资本错配对城镇化质量的抑制作用而言,中西部地区比东部地区更加严重;纠正资本错配对于提高中小城市的城镇化质量更加有效,纠正劳动错配对于提高大城市的城镇化质量更加有效。(3)"动钱"的方式虽在当前阶段十分有效,但不具有可持续性,且效果受到人口规模的限制。相比之下,"动人"的方式对于城镇化质量的提升作用却十分明显。由此可见,消除行政壁垒,促进人口的自由流动,才是提高城镇化质量的关键路径所在。或许这会成为中国城镇化高质量发展的新动能。因此,深入推进以人为本的新型城镇化,既有利于拉动消费和投资,又会持续释放内需潜力。在这个过程中,很重要的一点是把城乡各种要素的作用充分发挥出来。实现城乡要素双向流动,既要消除要素由乡入城的制度性和政策性障碍,又要营造城市资源要素向乡村有序流动的积极条件。

综上,本书通过研究发现,环境规制能够显著地提升城镇化质量,并且其传导机制有以下三方面:倒逼技术创新、促进产业结构优化升级以及纠正资源错配。推进以人为核心的新型城镇化是满足人民对美好生活的需要、促进国土空间合理有序开发、推动区域协调发展、实现社会主义现代化的必由之路。推进以人为核心的新型城镇化,需要明确产业兴城、四化同步是推进新型城镇化的重要支撑;要素自由流动、城乡融合是推进新型城镇化的核心;以人为本、促进农业转移人口有序市民化是推进新型城镇化的首要任务;制度创新、完善体制机制和政策体系是推进新型城镇化的保障;优化空间布局,以城市群作为新型城镇化的主体形态;推进生态文明建设,以绿色发展作为新型城镇化的重点。在实践中,要加强新型城镇化与产业转型升级、城乡融合发展、破除制度藩篱、优化空间结构、生态文明建设的紧密结合,进一步推进以人为核心的新型城镇化建设。一是推进户籍制度改革。除超大特大城市外,逐步放开放宽城市落户条件,将户籍与依附其上的基本公共服务逐步分离,户籍仅用于人口登记和管理。二是深化土地制度改革,明确农民的土地权益。对于被征地和自愿让出土地的农业转移人口,可将土地收回集体所有并在增值预期的基础上给予合理补偿。建立统一的农村土地流转和宅基地交易市场,加快推进"三权分置"改革,吸引城市人口和资本入乡,促进农业生产率提升。三是创新财税资金保障机制,拓宽投融资渠道。运用PPP模式引导社会资本参与新型城镇化建设,防范化解地方债务风险。完善地方税体系,逐步建立地方主体税种,确立财政转移支付同农业转移人口市民化挂钩机制。四是健全基本公共服务供给制度,为农业转移人口提供与城市居民相同的基本公共服务。重点消除对农民工的就业歧视,加强职业教育培训,提高劳动力素质,多渠道帮扶其就业。

第二节 研 究 展 望

环境规制和城镇化发展涉及许多学科领域,本书基于经济学的研究视角,从理论分析和实证检验方面研究了环境规制对城镇化质量的影响,从而为未来的环境规制政策以及城镇化发展提供借鉴。虽然本书具有一些边际贡献,对以往的研究进行了一定的补充,然而,还有许多工作需要进一步深入。

在理论研究方面,本书从技术创新、产业结构升级、资源配置等角度规范研究了环境规制促进城镇化质量的影响机制,并结合数理模型进行分析。虽然本书研究的技术创新、产业优化升级、资源配置等传导机制会影响到人口城市化、经济发展、城市建设等维度的城镇化进程,进而影响城镇化发展的整体质量。但是,目前对城镇化发展的研究比较有限,在构建数理模型时,很难将城镇化质量视为变量纳入数理模型。因此,在后续的研究中,数理模型还应该拓展，可以更全面考虑环境质量和城镇化质量间的作用和反馈机制。

在实证研究方面，本书运用了省际面板数据和地级及以上城市面板数据分析环境规制对城镇化质量的影响及其传导机制。首先，指标的选取可能会对结果有所影响，反映环境质量的污染物的种类很多，包括废水、废气、固体废物等，且目前测度环境规制力度的方法也较多，最为常用的四种测度方法已报告在前文。本书在选取指标衡量环境规制力度时，先后使用了工业二氧化硫、工业烟尘的去除率、每万元GDP产生的工业二氧化硫、工业烟尘，以及各类主要污染物排放量的去除率。为解决内生性的问题，在第六章的实证检验中加入了系统GMM估计方法，即将差分项的滞后变量作为水平值的工具变量，通过增加工具变量的个数来有效解决弱工具变量问题，可以解决模型中的内生性问题。此外，在建构第七章的中介效应模型和第八章的2SLS模型回归时，均将解释变量替换为环保词频进行了回归。上述的环境规制的衡量指标很大程度上内生于经济发展或城镇化发展，容易导致内生性问题的产生，不能满足工具变量的外生性假定。经过实证检验发现，结论与本书原有的结论十分接近，说明了结论的稳健性。然而，本书使用的表征环境规制的多个方法或多或少难以完全规避内生性的问题。有一种处理方式是使用具体的政策（保证外生性）并且用构建准实验的方式进行研究，该做法在目前的运用中大多以某几个城市或地区为研究样本，因此不适用于对全国样本的研究中。但是，该研究思路是作者未来可以进一步探索的研究方向。

其次，在研究方法上也可以进一步拓展。环境规制强度指标和技术变量、产业变量、资本变量以及涉及衡量城镇化质量的各个指标之间的关系，在不同的年份、纳入不同的影响因素时，可能存在不同的结论。因此，在计量方法上，在未来的研究中可以适当探索使用半参数模型来研究它们之间的关系。另外，中国的城镇化质量在区域间存在较大的空间异质性，在考虑技术创新传导机制时，由于运用的是省际数据，暂未使用空间计量的方法进行研究。这也为将来的研究提供了新的可能。

最后是在环境规制政策的设计方面，可以从市场激励型环境规制政策的角度着手，增加新的研究视角以对现有的研究成果进行补充。中国自2018年1月1日征收环保税后，会对于企业的行为产生影响，进而会对技术、产业、资源配置等产生影响。未来可以从双重差分法（DID）、断点回归法（RDD）等角度进行深入的分析和研究，从而为促进城镇化发展的环境规制政策组合提供政策上的实践支持。

附　录

附录一　2016年地级及以上城市城镇化质量评分（由高到低排序）

城　市	城镇化质量	城　市	城镇化质量	城　市	城镇化质量	城　市	城镇化质量
深圳	15.21	长沙	8.09	太原	6.13	柳州	5.02
武汉	10.60	福州	8.02	中山	6.03	南通	5.01
上海	10.50	西安	7.57	贵阳	6.00	沈阳	4.98
广州	10.14	厦门	7.52	烟台	5.95	海口	4.94
郑州	9.91	济南	7.22	泉州	5.94	西宁	4.93
杭州	9.62	青岛	7.20	南昌	5.85	哈尔滨	4.89
东莞	9.52	三亚	7.14	镇江	5.67	舟山	4.84
苏州	9.23	昆明	7.08	石家庄	5.57	漳州	4.80
南京	9.09	鄂尔多斯	6.87	常州	5.40	克拉玛依	4.74
成都	9.03	无锡	6.85	南宁	5.37	绍兴	4.66
北京	9.02	天津	6.77	大连	5.22	芜湖	4.65
重庆	8.81	温州	6.76	兰州	5.21	乌兰察布	4.54
珠海	8.48	沧州	6.51	银川	5.12	河源	4.52
宁波	8.29	呼和浩特	6.46	惠州	5.08	包头	4.51
合肥	8.18	佛山	6.37	嘉兴	5.03	湘潭	4.50

续 表

城 市	城镇化质量	城 市	城镇化质量	城 市	城镇化质量	城 市	城镇化质量
咸阳	4.47	北海	3.89	滁州	3.40	大庆	2.94
乌鲁木齐	4.43	马鞍山	3.89	鹰潭	3.36	德阳	2.92
新乡	4.42	淄博	3.87	黄冈	3.36	娄底	2.92
廊坊	4.41	唐山	3.84	铜陵	3.35	湛江	2.89
威海	4.40	蚌埠	3.84	安阳	3.34	咸宁	2.88
长春	4.34	临沂	3.79	郴州	3.30	汕头	2.88
株洲	4.34	江门	3.77	赣州	3.26	荆门	2.88
莆田	4.33	泰州	3.75	安庆	3.20	海拉尔	2.87
台州	4.28	濮阳	3.71	龙岩	3.18	日照	2.87
徐州	4.24	湖州	3.66	丽水	3.17	怀化	2.87
扬州	4.19	保定	3.62	荆州	3.17	信阳	2.84
宜昌	4.19	衡阳	3.62	吉林	3.15	邯郸	2.84
洛阳	4.18	三门峡	3.61	景德镇	3.09	聊城	2.82
潍坊	4.11	秦皇岛	3.61	绵阳	3.05	淮安	2.82
三明	4.10	济宁	3.59	黄山	3.02	宝鸡	2.81
晋中	4.09	韶关	3.48	德州	3.00	鞍山	2.80
金华	4.07	黄石	3.47	嘉峪关	2.97	周口	2.80
东营	4.05	盐城	3.47	襄樊	2.96	营口	2.79
晋城	3.99	邢台	3.43	滨州	2.95	丽江	2.72
桂林	3.96	泰安	3.41	岳阳	2.94	宁德	2.72
九江	3.93	焦作	3.41	连云港	2.94	攀枝花	2.71

续 表

城 市	城镇化质量	城 市	城镇化质量	城 市	城镇化质量	城 市	城镇化质量
长治	2.71	驻马店	2.48	临沧	2.25	梧州	2.12
肇庆	2.66	承德	2.47	盘锦	2.24	阜阳	2.11
泸州	2.65	宿迁	2.46	宜宾	2.22	清远	2.10
运城	2.64	通辽	2.45	防城港	2.22	阳泉	2.08
锦州	2.64	乌海	2.45	南充	2.18	遵义	2.07
金昌	2.63	石嘴山	2.42	辽源	2.18	自贡	2.06
六盘水	2.62	吉安	2.38	云浮	2.18	上饶	2.04
淮北	2.61	南平	2.36	抚顺	2.18	张掖	2.04
眉山	2.61	延安	2.34	随州	2.18	松原	2.03
十堰	2.60	枣庄	2.34	榆林	2.17	淮南	2.02
常德	2.60	玉林	2.33	本溪	2.17	牡丹江	2.01
曲靖	2.59	玉溪	2.32	莱芜	2.16	阜新	2.00
衡水	2.58	衢州	2.32	汉中	2.16	通化	1.99
南阳	2.58	大同	2.32	赤峰	2.15	池州	1.98
梅州	2.57	开封	2.31	广安	2.15	茂名	1.97
平顶山	2.54	孝感	2.30	渭南	2.15	忻州	1.97
邵阳	2.53	萍乡	2.28	鄂州	2.14	辽阳	1.95
思茅	2.51	百色	2.27	临汾	2.14	潮州	1.95
许昌	2.50	张家口	2.27	佳木斯	2.13	酒泉	1.95
鹤壁	2.49	商丘	2.26	四平	2.12	庆阳	1.95
新余	2.48	乐山	2.26	菏泽	2.12	雅安	1.95

续 表

城 市	城镇化质量	城 市	城镇化质量	城 市	城镇化质量	城 市	城镇化质量
丹东	1.93	黑河	1.74	资阳	1.56	商洛	1.27
宿州	1.92	河池	1.72	抚州	1.55	武威	1.27
吴忠	1.91	天水	1.72	达州	1.55	绥化	1.27
益阳	1.88	宜春	1.71	朝阳	1.54	鸡西	1.22
齐齐哈尔	1.88	宣城	1.69	六安	1.53	昭通	1.20
阳江	1.87	铁岭	1.69	亳州	1.52	保山	1.20
漯河	1.87	内江	1.69	白山	1.51	贺州	1.15
吕梁	1.84	白城	1.68	安康	1.49	七台河	1.11
中卫	1.83	钦州	1.65	定西	1.48	伊春	1.10
白银	1.81	巴彦淖尔	1.63	朔州	1.48	鹤岗	1.08
铜川	1.78	葫芦岛	1.61	汕尾	1.48	来宾	1.00
广元	1.77	固原	1.61	平凉	1.44	陇南	0.92
揭阳	1.77	张家界	1.59	双鸭山	1.42		
遂宁	1.75	崇左	1.58	安顺	1.36		
永州	1.75	贵港	1.57	巴中	1.33		

附录二 2003—2016年地级及以上城市的平均城镇化质量（由高到低排序）

城 市	城镇化质量	城 市	城镇化质量	城 市	城镇化质量	城 市	城镇化质量
上海	12.46	娄底	7.46	天津	6.33	丽水	5.51
深圳	9.74	广州	6.93	石家庄	5.86	杭州	5.46
北京	7.98	上饶	6.83	武汉	5.79	合肥	5.41

续 表

城　市	城镇化质量	城　市	城镇化质量	城　市	城镇化质量	城　市	城镇化质量
长沙	5.35	许昌	3.98	烟台	3.42	洛阳	3.01
南京	5.26	温州	3.97	泉州	3.33	晋城	3.01
大连	5.25	保定	3.92	随州	3.33	驻马店	3.00
东莞	4.95	重庆	3.88	唐山	3.29	黄石	2.99
济南	4.92	沧州	3.88	威海	3.28	铜陵	2.98
沈阳	4.90	秦皇岛	3.83	廊坊	3.23	乌鲁木齐	2.91
福州	4.89	昆明	3.79	衡水	3.18	张家口	2.90
三亚	4.89	邢台	3.76	鞍山	3.18	银川	2.86
郑州	4.86	长春	3.71	中山	3.17	营口	2.84
成都	4.81	云浮	3.62	嘉兴	3.17	漳州	2.83
厦门	4.76	常州	3.61	兰州	3.16	株洲	2.83
青岛	4.64	邯郸	3.60	大庆	3.16	桂林	2.78
鄂尔多斯	4.63	哈尔滨	3.59	镇江	3.11	锦州	2.74
珠海	4.62	芜湖	3.56	南通	3.09	舟山	2.74
宁波	4.60	贵阳	3.54	新乡	3.07	惠州	2.74
南昌	4.57	包头	3.50	西宁	3.06	三明	2.73
呼和浩特	4.48	嘉峪关	3.48	湘潭	3.04	肇庆	2.72
太原	4.44	南宁	3.46	马鞍山	3.03	三门峡	2.67
苏州	4.43	绍兴	3.44	盘锦	3.03	开封	2.65
西安	4.28	佛山	3.43	潍坊	3.03	海口	2.63
无锡	4.22	东营	3.42	柳州	3.02	长治	2.61

续 表

城 市	城镇化质量	城 市	城镇化质量	城 市	城镇化质量	城 市	城镇化质量
扬州	2.61	辽阳	2.35	韶关	2.14	黄冈	1.99
九江	2.61	鹰潭	2.34	大同	2.13	滨州	1.98
克拉玛依	2.60	吉林	2.34	乌海	2.11	防城港	1.97
宁德	2.59	景德镇	2.33	本溪	2.10	揭阳	1.93
莆田	2.56	丹东	2.32	黄山	2.10	汕尾	1.93
徐州	2.53	龙岩	2.31	宜昌	2.10	松原	1.92
宿迁	2.53	阜新	2.31	潮州	2.09	安庆	1.91
金昌	2.50	菏泽	2.31	北海	2.08	通化	1.91
蚌埠	2.50	衡阳	2.30	江门	2.08	临汾	1.90
淄博	2.48	焦作	2.29	泰安	2.08	绵阳	1.90
绥化	2.48	济宁	2.29	晋中	2.08	聊城	1.90
乌兰察布	2.47	周口	2.25	河源	2.06	六盘水	1.90
承德	2.47	宣城	2.25	海拉尔	2.05	怀化	1.89
抚顺	2.46	临沂	2.24	岳阳	2.03	滁州	1.89
泰州	2.45	濮阳	2.24	汕头	2.02	运城	1.88
咸阳	2.45	安阳	2.21	盐城	2.01	丽江	1.85
金华	2.42	辽源	2.19	淮北	2.00	四平	1.85
连云港	2.41	阳泉	2.19	中卫	2.00	郴州	1.83
湖州	2.41	铁岭	2.17	赣州	2.00	崇左	1.80
十堰	2.41	平顶山	2.16	朔州	1.99	德阳	1.79
台州	2.38	德州	2.15	清远	1.99	攀枝花	1.79

续 表

城 市	城镇化质量	城 市	城镇化质量	城 市	城镇化质量	城 市	城镇化质量
淮南	1.79	佳木斯	1.62	固原	1.42	巴中	1.30
牡丹江	1.78	萍乡	1.62	池州	1.41	咸宁	1.30
阳江	1.78	新余	1.61	黑河	1.40	铜川	1.29
遵义	1.77	南平	1.61	泸州	1.40	鸡西	1.27
鹤壁	1.76	荆门	1.59	汉中	1.40	河池	1.26
玉溪	1.76	赤峰	1.59	鄂州	1.40	乐山	1.26
湛江	1.76	宝鸡	1.58	延安	1.40	渭南	1.26
思茅	1.76	朝阳	1.58	常德	1.39	七台河	1.25
荆州	1.76	吕梁	1.56	茂名	1.38	鹤岗	1.25
邵阳	1.74	白山	1.55	榆林	1.38	益阳	1.24
日照	1.73	枣庄	1.52	孝感	1.37	南充	1.23
淮安	1.73	巴彦淖尔	1.52	宜宾	1.37	抚州	1.19
衢州	1.73	白银	1.51	玉林	1.37	庆阳	1.18
石嘴山	1.72	襄樊	1.51	雅安	1.36	吴忠	1.18
百色	1.71	双鸭山	1.51	忻州	1.35	信阳	1.17
漯河	1.71	曲靖	1.49	达州	1.35	伊春	1.15
梅州	1.70	莱芜	1.49	商丘	1.34	宜春	1.13
齐齐哈尔	1.70	葫芦岛	1.49	眉山	1.33	张家界	1.12
梧州	1.69	资阳	1.47	吉安	1.33	宿州	1.12
通辽	1.68	南阳	1.47	阜阳	1.32	酒泉	1.11
临沧	1.64	自贡	1.42	白城	1.31	商洛	1.11

续　表

城　市	城镇化质量	城　市	城镇化质量	城　市	城镇化质量	城　市	城镇化质量
永州	1.10	遂宁	1.04	陇南	0.96	贺州	0.87
六安	1.08	亳州	1.03	张掖	0.96	来宾	0.87
定西	1.08	钦州	1.02	平凉	0.91	昭通	0.77
安康	1.08	广安	1.02	武威	0.90		
内江	1.06	天水	1.00	安顺	0.89		
广元	1.04	贵港	0.98	保山	0.89		

参考文献

Acemoglu, D., Aghion, P., Bursztyn, L., Hemous, D., "The Environment and Directed Technical Change", *American Economic Review*, Vol. 102, No. 1, 2012, pp. 131–166.

Alpay, E., Buccola, S., Kerkvlie, J., "Productivity Growth and Environmental Regulation in Mexican and U. S. Food Manufacturing", *American Journal of Agricultural Economics*, Vol. 84, No. 4, 2002, pp. 887–901.

Andreoni, J., Levinson, A., "The Simple Analytics of the Environmental Kuznets Curve", *Journal of Public Economics*, Vol. 80, No. 2, 2001, pp. 269–286.

Arimura, T. H., Sugino, M., "Does Stringent Environmental Regulation Stimulate Environment Related Technological Innovation?", *Sophia Economic Review*, Vol. 52, No. 3, 2007, pp. 1–14.

Bai, C., Tao, Z., and Tong, Y. S., "Bureaucratic Integration and Regional Specialization in China", *China Economic Review*, Vol. 19, No. 2, 2008, pp. 308–319.

Barbera, A. J., McConnell, V. D., "The impact of environmental regulations on industry productivity: Direct and indirect effects", *Journal of Environmental Economics and Management*, Vol. 18, 1990, pp. 50–65.

Becchio, C., Corgnati, S. P., Delastro, C., Fabi, V., Lombardi, P., "The role of nearly-zero energy buildings in the transition towards Post-Carbon Cities", *Sustainable Cities and Society*, Vol. 27, 2016, pp. 324–337.

Becker, R. A., "Local Environmental Regulation and Plant-level Productivity", *Ecological Economics*, Vol. 70, No. 12, 2011, pp. 2516–2522.

Beise, M., Rennings, K., "Lead markets and regulation: a framework for analyzing the international diffusion of environmental innovations", *Ecological Economics*, Vol. 52, 2005, pp. 5–17.

Bekhet, H. A., Othman, N. S., "Impact of urbanization growth on Malaysia CO_2 emissions: Evidence from the dynamic relationship", *Journal of Cleaner Production*, Vol. 154, 2017, pp. 374–388.

Benarroch, M., Weder, R., "Intra-industry Trade in Intermediate Products,

Pollution and Internationally Increasing Returns", *Journal of Environmental Economics and Management*, Vol. 52, 2006, pp. 675-689.

Berman, E., Bui, L. T. M., "Environmental Regulation and Productivity: Evidence from Oil Refineries", *Review of EconomicsandStatistics*, Vol. 83, No. 3, 2001, pp. 498-510.

Boyd, G. A., McClelland, J. D., "The Impact of Environmental Constraints on Productivity Improvement in Integrated Paper Plants", *Journal of Environmental Economics and Management*, Vol. 38, No. 2, 1999, pp. 121-142.

Bretschger, L., "Economics of technological change and the natural environment: How effective are innovations as a remedy for resource scarcity?", *Ecological Economics*, Vol. 54, 2005, pp. 148-163.

Brock, W. A., Taylor, M. S., "The Green Solow Model", *Journal of Economics Growth*, Vol. 15, 2010, pp. 127-153.

Brunnermeier, S. B., Cohen, M. A., "Determinants of environmental innovation in U.S. manufacturing industries", *Journal of environmental economics and management*, Vol. 45, No. 4, 2003, pp. 278-293.

Buckley, P. J., "The Impact of the Global Factory on Economic Development", *Journal of World Business*, Vol. 44, No. 2, 2009, pp. 131-143.

Cai, X., Lu, Y., Wu, M., et al., "Does environmental regulation drive away inbound foreign direct investment? Evidence from a quasi-natural experiment in China", *Journal of development economics*, Vol. 123, No. 9, 2016, pp. 73-85.

Chen, Z., Kahn, M. E., Liu, Y., et al., "The consequences of spatially differentiated water pollution regulation in China", *Journal of environmental economics and management*, Vol. 88, No. 3, 2018, pp. 468-485.

Chintrakam, P., "Environmental regulation and U.S. states technical inefficiency", *Economicsletters*, Vol. 100, No. 3, 2008, pp. 363-365.

Chung, Y. H., Fare, R., Grosskopf, S., "Productivity and Undesirable Outputs: A Directional Distance Function Approach", *Journal of Environmental Management*, Vol. 51, 1997, pp. 229-240.

Cleff, T., Rennings, K., "Determinants of environmental product and process innovation", *European Environment*, Vol. 9, 1999, pp. 191-201.

Clogg, C. C., Petkova, E., Shihadeh, E. S., "Statistical Methods for Analyzing Collapsibility in Regression Models", *Journal of Educational Statistics*, Vol. 17, No. 1, 1992, pp. 51-74.

Cole, M. A., Elliott, R. J. R., "Do Environmental Regulations Influence Trade Patterns? Testing Old and New Trade Theories", *The world Economy*, Vol. 26, No. 8, 2003, pp. 1163-1186.

Conrad, K., Wastl, D., "The impact of environmental regulation on productivity in

German industries", *Empirical Economics*, Vol. 20, No. 4, 1995, pp. 615 – 633.

Domazlicky, B. R., Weber, W. L., "Does Environmental Protection Lead to Slower Productivity Growth in the Chemical Industry?", *Environmental and Resource Economics*, Vol. 28, No. 3, 2004, pp. 301 – 324.

Dufour, C., Lanoie, P., Patry, M., "Regulation and Productivity", *Journal of Productivity Analysis*, Vol. 9, 1998, pp. 233 – 247.

Ederington, J., Minier, J., "Is Environmental Policy a Secondary Trade Barrier? An Empirical Analysis", *Canadian Journal of Economics*, Vol. 36, No. 1, 2003, pp. 137 – 154.

Elhorst, J. P., "Matlabs of spatial panels", *International regional science review*, Vol. 37, No. 3, 2011, pp. 389 – 405.

Eliste, P., Fredriksson, P. G., "Environmental Regulations, Transfers, and Trade: Theory and Evidence", *Journal of Economics and Management*, Vol. 43, 2002, pp. 234 – 250.

Fischer, C., Newell, R. G., "Environmental and Technology Policies for Climate Mitigation", *Journal of Environmental Economics and Management*, Vol. 155, No. 2, 2008, pp. 142 – 162.

Fischer, C., Party, I. W. H., Pizer, W. A., "Instrument choice for environmental protection when technological innovation is endogenous", *Journal of Environmental Economics and Management*, Vol. 45, 2003, pp. 523 – 545.

Florida, R., "Lean and green: the move to environmentally conscious manufacturing", *California Management Review*, Vol. 39, No. 1, 1996, pp. 80 – 105.

Ford, J. A., Steen, J., Verreynne, M. L., "How environmental regulations affect innovation in the Australian oil and gas industry: going beyond the Porter Hypothesis", *Journal of Cleaner Production*, Vol. 84, No. 1, 2014, pp. 204 – 213.

Geels, F. W., Schot, J., "Typology of sociotechnical transition pathways", *Research Policy*, Vol. 36 No. 3, 2007, pp. 399 – 417.

Gereffi, G., "International Trade and Industrial Upgrading in the Apparel Commodity Chain", *Journal of International Economics*, Vol. 48, No. 1, 1999, pp. 37 – 70.

Gray, W. B., Shadbegian, R. J., "Plant Vintage, Technology and Environmental Regulation", *Journal of Environmental Economics and Management*, Vol. 46, No. 3, 2003, pp. 384 – 402.

Gray, W. B., "The cost of Regulation: OSHA, EPA and the Productivity Slowdown", *American Economic Review*, Vol. 77, 1987, pp. 998 – 1006.

Greenstone, M., Hanna, R., "Environmental Regulations, Air and Water Pollution, and Infant Mortality in India", *American Economic Review*, Vol. 104, 2014, pp. 3038 – 3072.

Grimaud, A., Rouge, L., "Polluting non-renewable resources, innovation and growth: welfare and environmental policy", *Resource and Energy Economics*, Vol. 27, 2005, pp. 109 – 129.

Grossman, G. M., Helpman, E., "Managerial Incentives and the International Organization of Production", *Journal of International Economics*, Vol. 63, No. 2, 2004, pp. 237 – 262.

Grossman, G. M., Krueger, A. B., "Economic Growth and the Environment", *The Quarterly Journal of Economics*, Vol. 110, No. 2, 1995, pp. 353 – 377.

Hamamoto, M., "Environmental regulation and the productivity of Japanese manufacturing industries", *Resource & Energy Economics*, Vol. 28, No. 4, 2006, pp. 299 – 312.

Hartman, R., Kwon, O., "Sustainable growth and the environmental Kuznets curve", *Journal of Economic Dynamics and Control*, Vol. 29, 2005, pp. 1701 – 1736.

He, Z., Xu, S., Shen, W., Long, R., Chen, H., "Impact of urbanization on energy related CO_2 emission at different development levels: Regional difference in China based on panel estimation", *Journal of Cleaner Production*, Vol. 140, No. 3, 2017, pp. 1719 – 1730.

Hefner, R. A., "Toward sustainable economic growth: the age of energy cases", *International Journal of Hydrogen Energy*, Vol. 20, No. 12, 1996, pp. 945 – 948.

Hering, L., Poncet, S., "Environmental Policy and Exports: Evidence from Chinese Cities", *Journal of Environmental Economics&Management*, Vol. 68, No. 2, 2014, pp. 296 – 318.

Horbach, J., Rammer, C., Rennings, K., "Determinants of eco-innovations by type of environmental impact — The role of regulatory push/pull, technology push and market pull", *Ecological Economics*, Vol. 78, 2012, pp. 112 – 122.

Jaffe, A. B., Newell, R. G., Stavins, R. N., "Environmental policy and Technological Change", *Environmental and Resource Economics*, Vol. 22, 2002, pp. 41 – 70.

Jaffe, A. B., Palmer, K., "Environmental regulation and innovation: a panel data study", *Review of economics and statistics*, Vol. 79, No. 4, 1997, pp. 610 – 619.

Jaffe, A. B., Peterson, S. R., Portney, P. R., Stavins, R. N., "Environmental regulation and The Competitiveness of U. S. Manufacturing: What does the evidence tell us?", *Journal of economic literature*, Vol. 33, No. 1, 1995, pp. 132 – 163.

James, P., "The sustainability circle: a new tool for product development and design", *Journal of Sustainable Product Design*, Vol. 2, 1997, pp. 52 – 57.

Johnstone, N., Mangi, S., Rodriguez, M. C., et al., "Environmental policy design, innovation and efficiency gains in electricity generation", *Energy Economics*, Vol. 63, 2017, pp. 106 – 115.

Jorge, M. L., et al., "Competitiveness and Environmental Performance in Spanish

Small and Medium Enterprises: Is There a Direct Link?", *Journal of Cleaner Production*, Vol. 101, 2015, pp. 26 – 37.

Jorgenson, D. J., Wilcoxen, P. J., "Environmental Regulation and U. S. Economic Growth", *The RAND Journal of Economics*, Vol. 21, No. 2, 1990, pp. 313 – 340.

Konisky, D. M., "Regulatory Competition and Environmental Enforcement: Is There a Race to the Bottom?", *American Journal of Political Science*, Vol. 51, No. 4, 2007, pp. 853 – 872.

Kuosmanen, T., Bijsterbosch, N., Dellink, R., "Environmental Cost-Benefit Analysis of Alternative Timing Strategies in Greenhouse Gas Abatement: A Data Environment Analysis Approach", *Ecological Economics*, Vol. 68, No. 6, 2009, pp. 1633 – 1642.

Lanjouw, J. O., Mody, A., "Innovation and the international diffusion of environmentally responsive technology", *Research Policy*, Vol. 25, No. 4, 1996, pp. 549 – 571.

Lanoie, P., Patry, M., Lajeunesse, R., "Environmental Regulation and Productivity: Testing the Porter Hypothesis", *Journal of Productivity Analysis*, Vol. 2, 2008, pp. 121 – 128.

Leeuweng, V., Mohnen, P., "Revisiting the porter hypothesis: an empirical analysis of green innovation for the Netherlands", *Economics of innovation and new technology*, Vol. 26, 2017, pp. 63 – 77.

Levinson, S. L., Taylor, M. S., "Unmasking the Pollution Haven Effect", *International Economic Review*, Vol. 49, No. 1, 2008, pp. 223 – 254.

Manello, A., "Productivity growth, environmental regulation and win-win opportunities: The case of chemical industry in Italy and Germany", *European journal of operational research*, Vol. 262, No. 2, 2017, pp. 733 – 743.

Martinez-Zarzoso, I., Maruotti, A., "The Impact of Urbanization on CO_2 Emissions: Evidence from Developing Countries", *Ecological Economics*, Vol. 70, No. 7, 2011, pp. 1344 – 1353.

Maz, W., Hu, X. F., Sayera, M., et al., "Satellite-Based Spatiotemporal Trends in PM2.5 Concentrations: China, 2004 – 2013", *Environmental health perspectives*, Vol. 124, No. 2, 2016, pp. 184 – 192.

Milliman, S. R., Prince, R., "Firm Incentives to Promote Technological Change in Pollution: Control", *Journal European journal of operational research*, Vol. 262, No. 2, 2017, pp. 733 – 743.

Munasinghe, M., "Making economic growth more sustainable", *Ecological Economics*, Vol. 15, 1995, pp. 121 – 124.

Olga, K., Grzegorz, P., "Sectoral and macroeconomic impacts of the large combustion plants in Poland: A general equilibrium analysis", *Energy Economics*,

Vol. 28, No. 3, 2006, pp. 288-307.

Pelin, D., Effie, K., "Stimulating different types of eco-innovation in the UK: Government policies and firm motivations", *Ecological Economics*, Vol. 70, 2011, pp. 1546-1557.

Poon, S. C., "Inter-firm Networks and Industrial Development in the Global Manufacturing System: Lessons from Taiwan", *Economic and Labour Relations Review*, Vol. 9, No. 2, 1998, pp. 262-284.

Portor, M. E., van der Linde, C., "Toward a New Conception of the Environment-Competitiveness Relationship", *Journal of Economics Perspectives*, Vol. 9, No. 4, 1995, pp. 97-118.

Ramanathan, R., Black, A., Nath, P., et al., "Impact of environmental regulations on innovation and performance in the UK industrial sector", *Management decision*, Vol. 48, No. 10, 2010, pp. 1493-1513.

Rassier, D. G., Earnhart, D., "The effect of clean water regulation on profitability: Testing the Porter Hypothesis", *Land Economics*, Vol. 86, No. 2, 2010, pp. 329-344.

Ren, S., Li, X., Yuan, B., Li, D., Chen, X., "The effects of three types of environmental regulation on eco-efficiency: A cross-region analysis in China", *Journal of Cleaner Production*, Vol. 173, 2018, pp. 245-255.

Rennings, K., "Redefining innovation-eco-innovation research and the contribution from ecological economics", *Ecological Economics*, Vol. 32, 2000, pp. 319-332.

Ricci, F., "Channels of Transmission of Environmental Policy to Economic Growth: A Survey of the Theory", *Ecological Economics*, Vol. 60, No. 4, 2007, pp. 688-699.

Rubashkina, Y., Galeotti, M., Verdolini, E., "Environmental regulation and competitiveness: Empirical evidence on the Porter Hypothesis from European manufacturing sectors", *Energy Policy*, Vol. 14, No. 83, 2015, pp. 288-300.

Smulders, S., "Entropy, environment, and endogenous economic growth", *International Tax and Public Finance*, Vol. 2, 1995, pp. 319-340.

Smulders, S., "Economic growth and environmental quality", *Ecological Economics*, Vol. 23, 2007, pp. 688-699.

Valente, S., "Sustainable development, renewable resources and technological Progress", *Environmental & Resource Economics*, Vol. 30, 2005, pp. 115-125.

Viard, V. B., Fu, S., "The Effect of Beijing's Driving Restrictions on Pollution and Economic Activity", *Journal of Public Economics*, Vol. 125, 2015, pp. 98-115.

Wagner, M., "Empirical influence of environmental management innovation: Evidence from Europe", *Ecological Economics*, Vol. 66, 2008, pp. 392-402.

Wu, H., Guo, H., Zhang, B., Bu, M., "Westward Movement of New Polluting Firms in China: Pollution RHCction Mandates and Location Choice", *Journal of Comparative Economics*, Vol. 45, No. 1, 2017, pp. 119-138.

Xepapadeas, A., "Economic development and environmental pollution: traps and growth", *Structural Change and Economic Dynamics*, Vol. 8, No. 3, 1997, pp. 327 - 350.

Yang, L., Zhang, X., "Assessing regional eco-efficiency from the perspective of resource, environmental and economic performance in China: a bootstrapping approaching local data envelopment analysis", *Journal of cleaner production*, Vol. 173, No. 1, 2018, pp. 100 - 111.

Ye, G., Zhao, J., "Environmental Regulation in a Mixed Economy", *Environmental and Resource Economics*, Vol. 2, 2015, pp. 1 - 23.

Zhao, L., Sun, C., Liu, F., "Interprovincial two-stage water resource utilization efficiency under environmental constraint and spatial spillover effects in China", *Journal of cleaner production*, Vol. 164, No. 15, 2017, pp. 715 - 725.

Zheng, S., Wang, J., Sun, C., Zhang, X., Kahn, M. E., "Air Pollution Lowers Chinese Urbanites' Expressed Happiness on Social Media", *Nature Human Behaviour*, Vol. 3, 2019, pp. 237 - 243.

柏培文：《三大产业劳动力无扭曲配置对产出增长的影响》，《中国工业经济》2014年第4期，第32—44页。

包群、邵敏、杨大利：《环境管制抑制了污染排放吗?》，《经济研究》2013年第12期，第42—54页。

鲍悦华、陈强：《质量概念的嬗变与城市发展质量》，《同济大学学报(社会科学版)》2009年第6期，第46—52页。

鲍悦华、陈强：《基于城市功能的城市发展质量指标体系构建》，《同济大学学报(自然科学版)》2011年第5期，第778—784页。

蔡宁、吴婧文、刘诗瑶：《环境规制与绿色工业全要素生产率》，《辽宁大学学报(哲学社会科学版)》2014年第1期，第65—73页。

柴泽阳、孙建：《中国区域环境规制"绿色悖论"研究——基于空间面板杜宾模型》，《重庆工商大学学报(社会科学版)》2016年第6期，第23—31页。

陈超凡、韩晶、毛渊龙：《环境规制、行业异质性与中国工业绿色增长》，《山西财经大学学报》2018年第3期，第65—80页。

陈刚：《FDI竞争、环境规制与污染避难所——对中国式分权的反思》，《世界经济研究》2009年第6期，第3—7页。

陈强、余伟：《环境规制与工业技术创新》，《同济大学学报(自然科学版)》2014年第12期，第1935—1940页。

陈诗一：《中国的绿色工业革命：基于环境全要素生产率视角的解释(1980—2008)》，《经济研究》2010年第11期，第21—34页。

陈诗一、陈登科：《环境规制、政府治理与经济高质量发展》，《经济研究》2018年第2期，第20—34页。

陈晓红、万鲁河：《城市化与生态环境耦合的脆弱性与协调性作用机制研究》，《地理科学》2013年第12期,第1450—1457页。

陈艳莹、孙辉:《环境管制与企业的竞争优势——对波特假说的修正》,《科技进步与对策》2009年第4期,第59—61页。

陈阳、唐晓华:《制造业集聚对城市绿色全要素生产率的溢出效应研究——基于城市等级视角》,《财贸研究》2018年第1期,第1—15页。

陈永伟、胡伟民:《价格扭曲,要素错配和效率损失:理论和应用》,《经济学(季刊)》2011年第4期,第1401—1422页。

陈峥、高红贵:《环境规制约束下技术进步对产业结构调整的影响研究——基于自主研发和技术引进的角度分析》,《科技管理研究》2016年第12期,第95—100页。

陈卓、潘敏杰:《环境规制与地方政府环境规制竞争策略》,《财经论丛》2018年第7期,第106—113页。

程晨、李贺:《环境规制与产业结构调整:一个非线性关系验证》,《河南社会科学》2018年第8期,第84—89页。

程华、廖中举:《中国环境政策演变及其对企业环境创新绩效影响的实证研究》,《河南技术经济》2010年第11期,第8—13页。

崔立志、常继发:《环境规制对就业影响的门槛效应》,《软科学》2018年第8期,第20—48页。

崔学刚、方创琳、张蔷:《京津冀城市群环境规制强度与城镇化质量的协调性分析》,《自然资源学报》2018年第4期,第563—575页。

戴永安:《中国城市化效率及其影响因素——基于随机前沿生产函数的分析》,《数量经济技术经济研究》2010年第12期,第103—117页。

邓慧慧、杨露鑫:《雾霾治理、地方竞争与工业绿色转型》,《中国工业经济》2019年第10期,第118—136页。

董敏杰、梁泳梅、李钢:《环境规制对中国出口竞争力的影响——基于投入产出表的分析》,《中国工业经济》2011年第3期,第57—67页。

董直庆、焦翠红:《环境规制能有效激励清洁技术创新吗?——源于非线性门槛面板模型的新解释》,《东南大学学报(哲学社会科学版)》2015年第2期,第64—74页。

杜龙政、赵云辉、陶克涛、林伟芬:《环境规制、治理转型对绿色竞争力提升的复合效应——基于中国工业的经验证据》,《经济研究》2019年第10期,第106—120页。

范丹、孙晓婷:《环境规制、治污技术创新与绿色经济增长》,《中国·人口资源与环境》2020年第6期,第105—115页。

方创琳、周成虎、顾朝林、陈利顶、李双成:《特大城市群地区城镇化与生态环境交互耦合效应解析的理论框架及技术路径》,《地理学报》2016年第4期,第531—550页。

付强、乔岳:《政府竞争如何促进了中国经济快速增长:市场分割与经济增长关系再探讨》,《世界经济》2011年第7期,第43—63页。

傅京燕、李丽莎:《环境规制、要素禀赋与产业国际竞争力的实证研究——基于中国制造业的面板数据》,《管理世界》2010年第10期,第87—98页。

干春晖、郑若谷、余典范:《中国产业结构变迁对经济增长和波动的影响》,《经济研究》

2011年第5期,第4—16页。

高树婷、苏伟光、杨琦佳:《基于DEA-Malmquist方法的中国区域排污费征管效率分析》,《中国·人口资源与环境》2014年第2期,第23—29页。

韩超、胡浩然:《清洁生产标准轨制如何动态影响全要素生产率》,《中国工业经济》2015年第5期,第70—83页。

韩超、桑瑞聪:《环境规制约束下的企业产品转换与产品质量提升》,《中国工业经济》2018年第2期,第43—62页。

韩超、张伟广、冯展斌:《环境规制如何"去"资源错配——基于中国首次约束性污染控制的分析》,《中国工业经济》2017年第4期,第115—134页。

韩峰、谢锐:《生产型服务业集聚降低碳排放了吗?——对我国地级及以上城市面板数据的空间计量分析》,《数量经济技术经济研究》2017年第3期,第40—58页。

韩晶、陈超凡、冯科:《环境规制促进产业升级了吗?——基于产业技术复杂度的视角》,《北京师范大学学报(社会科学版)》2014年第1期,第148—159页。

韩晶、刘远、张新闻:《市场化、环境规制与中国经济绿色增长》,《经济社会体制比较》2017年第5期,第105—115页。

韩永辉、黄亮雄、王贤彬:《产业结构优化升级改进生态效率了吗?》,《数量经济技术研究》2016年第4期,第40—45页。

何爱平、安梦天:《地方政府竞争、环境规制与绿色发展效率》,《中国·人口资源与环境》2019年第3期,第21—30页。

何玉梅、罗巧:《环境规制、技术创新与工业全要素生产率——对"强波特假说"的再检验》,《软科学》2018年第4期,第20—25页。

黄河东:《中国城镇化与环境污染的关系研究——基于31个省级面板数据的实证分析》,《管理现代化》2017年第6期,第72—75页。

黄茂兴、林寿富:《污染损害、环境管理与经济可持续增长——基于五部门内生经济增长模型的分析》,《经济研究》2013年第12期,第30—41页。

黄志基、贺灿飞、杨帆:《中国环境规制、地理区位与企业生产率增长》,《地理学报》2015年第10期,第1581—1591页。

简新华、黄锟:《中国城镇化水平和速度的实证分析与前景预测》,《经济研究》2010年第3期,第28—39页。

蒋伏心、王竹君、白俊红:《环境规制对技术创新影响的双重效应——基于江苏制造业动态面板数据的实证研究》,《中国工业经济》2013年第7期,第44—55页。

蒋为:《环境规制是否影响了中国制造业企业研发创新?——基于微观数据的实证研究》,《财经研究》2015年第2期,第76—89页。

金刚、沈坤荣:《以邻为壑还是以邻为伴?——环境规制执行互动与城市生产率增长》,《管理世界》2018年第12期,第43—55页。

靳来群:《地区间资源错配程度分析(1992—2015)》,《北京社会科学》2018年第1期,第57—66页。

景维民、张璐:《环境管制、对外开放与中国工业的绿色技术进步》,《经济研究》2014年第 9 期,第 34—47 页。

孔海涛、于庆瑞、张小鹿:《环境规制、经济集聚与城市生产率》,《经济问题探索》2019 年第 1 期,第 75—87 页。

李斌、曹万林:《环境规制对我国循环经济绩效的影响研究:基于生态创新的视角》,《中国软科学》2017 年第 6 期,第 140—154 页。

李斌、彭星:《环境规制工具的空间异质效应研究——基于政府职能转变视角的空间计量分析》,《产业经济研究》2013 年第 6 期,第 38—47 页。

李斌、彭星、欧阳铭珂:《环境规制、绿色全要素生产率与中国工业发展方式转变——基于 36 个工业行业数据的实证研究》,《中国工业经济》2013 年第 4 期,第 56—68 页。

李勃昕、韩先锋、宋文飞:《环境规制是否影响了中国工业 R&D 创新效率》,《科学学研究》2013 年第 7 期,第 1032—1040 页。

李国平、杨佩刚、宋文飞、韩先锋:《环境规制、FDI 与"污染避难所"效应——中国工业行业异质性视角的经验分析》,《科学学与科学技术管理》2013 年第 10 期,第 122—129 页。

李静、沈伟:《环境规制对中国工业绿色生产率的影响——基于波特假说的再检验》,《山西财经大学学报》2012 年第 2 期,第 56—65 页。

李玲、陶锋:《污染密集型产业的绿色全要素生产率及其影响》,《经济学家》2011 年第 12 期,第 32—39 页。

李玲、陶锋:《中国制造业最优环境规制强度的选择——基于绿色全要素生产率的视角》,《中国工业经济》2012 年第 5 期,第 70—82 页。

李明秋、郎学彬:《城市化质量的内涵及其评价指标体系的构建》,《中国软科学》2010 年第 12 期,第 182—186 页。

李强、聂锐:《环境规制与区域技术创新——基于中国省际面板数据的实证分析》,《中南财经政法大学学报》2009 年第 4 期,第 18—23 页。

李珊珊:《环境规制对异质性劳动力就业的影响——基于省级动态面板数据的分析》,《中国·人口资源与环境》2015 年第 8 期,第 135—143 页。

李胜兰、初善冰、申晨:《地方政府竞争、环境规制与区域生态效率》,《世界经济》2014 年第 4 期,第 88—110 页。

李小平、卢现祥、陶小琴:《环境规制强度是否影响了中国工业行业的贸易比较优势》,《世界经济》2012 年第 4 期,第 62—78 页。

李小胜、宋马林、安庆贤:《中国经济增长对环境污染影响的异质性研究》,《南开经济研究》2013 年第 5 期,第 96—114 页。

李晓英:《FDI、环境规制与产业结构优化——基于空间计量模型的实证》,《当代经济科学》2018 年第 2 期,第 104—128 页。

李阳、党兴华、韩先锋:《环境规制对技术创新长短期影响的异质性效应——基于价值链视角的两阶段分析》,《科学学研究》2014 年第 6 期,第 937—949 页。

李永友、沈坤荣:《我国污染控制政策的减排效果——基于省际工业污染数据的实证分析》,《管理世界》2008 年第 7 期,第 7—17 页。

李泽众、沈开艳:《环境规制对中国新型城镇化水平的空间溢出效应研究》,《上海经济研究》2019年第2期,第23—32页。

梁伟、杨明、张延伟:《城镇化率的提升必然加剧雾霾污染吗——兼论城镇化与雾霾污染的空间溢出效应》,《地理研究》2017年第10期,第1947—1958页。

林勇军、陈星宇:《环境规制、经济增长与可持续发展》,《湖南社会科学》2015年第4期,第151—155页。

刘安国、蒋美英、杨开忠、史季铧:《环境政策与环境技术创新的有效性及区域差异研究——以中国工业废水排放治理为例》,《首都经济贸易大学学报》2011年第4期,第25—33页。

刘和旺、郑世林、左文婷:《环境规制对企业全要素生产率的影响机制研究》,《科研管理》2016年第5期,第33—41页。

刘家悦、谢靖:《环境规制与制造业出口质量省级——基于要素投入结构异质性的视角》,《中国·人口资源与环境》2018年第2期,第158—167页。

刘金林、冉茂盛:《环境规制对行业生产技术进步的影响研究》,《科研管理》2015年第2期,第107—114页。

刘少华、夏悦瑶:《新型城镇化背景下低碳经济的发展之路》,《湖南师范大学社会科学学报》2012年第3期,第84—87页。

刘伟明:《环境污染的治理路径与可持续增长:"末端治理"还是"源头控制"》,《经济评论》2014年第6期,第41—53页。

刘章生、宋德勇、刘桂海:《环境规制对制造业治污技术创新能力的门槛效应》,《商业研究》2018年第4期,第111—119页。

陆铭、冯皓:《集聚与减排:城市规模差距影响工业污染强度的经验研究》,《世界经济》2014年第7期,第86—114页。

陆旸:《环境规制影响了污染密集型产品的贸易比较优势吗》,《经济研究》2009年第4期,第28—40页。

罗能生、李佳佳、罗富政:《中国城镇化进程与区域生态效率关系的实证研究》,《中国·人口资源与环境》2013年第11期,第53—60页。

罗能生、李建明:《产业集聚及交通联系加剧了雾霾空间溢出效应吗?——基于产业空间布局视角的分析》,《产业经济研究》2018年第4期,第52—64页。

马丽梅、张晓:《中国环境规制的空间效应及经济、能源结构影响》,《中国工业经济》2014年第4期,第19—31页。

彭水军、包群:《环境污染、内生增长与经济可持续发展》,《数量经济技术经济研究》2006年第9期,114—127页。

彭星、李斌:《不同类型环境规制下中国工业绿色转型问题研究》,《财经研究》2016年第7期,134—144页。

上官绪明、葛斌华:《科技创新、环境规制与经济高质量发展》,《中国·人口资源与环境》2020年第6期,第95—104页。

邵帅、李欣、曹建华、杨莉莉:《中国环境规制治理的经济政策选择——基于空间溢出效应的视角》,《经济研究》2016年第9期,第73—88页。

邵帅、李欣、曹建华：《中国的城市化推进与雾霾治理》，《经济研究》2019年第2期，第148—165页。

沈芳：《环境规制的工具选择：成本与收益的不确定性及诱发性技术革新的影响》，《当代财经》2004年第6期，第10—12页。

沈坤荣、金刚、方娴：《环境规制引起了污染就近转移吗》，《经济研究》2017年第5期，第44—59页。

沈能：《环境效率、行业异质性与最优规制强度——中国工业行业面板数据的非线性检验》，《中国工业经济》2012年第3期，第56—68页。

沈能、刘凤朝：《高强度的环境规制真能促进技术创新吗？——基于"波特假说"的再检验》，《中国软科学》2012年第4期，第49—59页。

沈清基：《论基于生态文明的新型城镇化》，《城市规划学刊》2013年第1期，第29—36页。

时乐乐、赵军：《环境规制、技术创新与产业结构升级》，《科研管理》2018年第1期，第119—125页。

宋德勇、赵菲菲：《环境规制、资本深化对劳动生产率的影响》，《中国·人口资源与环境》2018年第7期，第159—167页。

宋弘、孙雅洁、陈登科：《政府空气污染治理效应评估——来自中国"低碳城市"建设的经验研究》，《管理世界》2019年第6期，第95—108页。

宋马林、金培振：《地方保护、资源错配与环境福利绩效》，《经济研究》2016年第12期，第47—61页。

宋马林、王舒鸿：《环境规制、技术进步与经济增长》，《经济研究》2013年第3期，第122—134页。

苏红健：《城镇化质量评价与高质量城镇化的推进方略》，《改革》2020年第5期，第5—16页。

孙坤鑫、钟茂初：《环境规制、产业结构优化与城市空气质量》，《中南财经政法大学学报》2017年第6期，第63—72页。

孙英杰、林春：《试论环境规制与中国经济增长质量提升——基于环境库兹涅茨倒U型曲线》，《上海经济研究》2018年第3期，第84—94页。

陶静、胡雪萍：《环境规制对中国经济增长质量的影响研究》，《中国·人口资源与环境》2019年第6期，第85—96页。

涂红星、肖序：《环境管制对自主创新影响的实证研究——基于负二项分布模型》，《管理评论》2014年第1期，第57—65页。

王滨：《城镇化高质量发展测度及其时空差异研究》，《统计与决策》2019年第22期，第46—49页。

王国印、王动：《波特假说、环境规制与企业技术创新：对中东部地区的比较分析》，《中国软科学》2011年第1期，第100—112页。

王家庭、唐袁：《我国城镇化质量测度的实证研究》，《财经问题研究》2009年第12期，第127—132页。

王岭、刘相锋、熊艳：《中央环保督察与空气污染治理——基于地级城市微观面板数据的实证分析》，《中国工业经济》2019年第10期，第5—22页。

王敏、黄滢：《中国的环境污染与经济增长》，《经济学（季刊）》2015年第2期，第557—578页。

王少剑、方创琳、王洋：《京津冀地区城市化与生态环境交互耦合关系定量测度》，《生态学报》2015年第7期，第2244—2254页。

王晓红、冯严超：《环境规制对中国循环经济绩效的影响》，《中国·人口资源与环境》2018年第7期，第136—147页。

王晓鹏、张宗益：《城镇化效率区域差异与推进模式》，《财经科学》2014年第9期，第49—58页。

王晓云、杨秀平、张雪梅：《基于DEA-Tobit两步法的城镇化效率评价及其影响因素——从人口城镇化与土地城镇化协调发展的视角》，《生态经济》2017年第5期，第29—34页。

王新越：《山东省新型城镇化的测度与空间分异研究》，《地理科学》2014年第9期，第1069—1076页。

魏后凯：《我国镇域经济科学发展研究》，《江海学刊》2010年第2期，第80—86页。

魏后凯、苏红键、韩镇宇：《我国城镇化效率评价分析——基于资源环境效率的视角》，《中国地质大学学报（社会科学版）》2017年第2期，第65—73页。

魏后凯、王业强、苏红键：《我国城镇化质量综合评价报告》，《经济研究参考》2013年第31期，第3—32页。

吴森、刘莘：《城市化进程中小城镇发展滞后原因探析》，《城市问题》2012年第9期，第40—44页。

吴明琴、周诗敏、陈家昌：《环境规制与经济增长可以双赢吗——基于我国"两控区"的实证研究》，《当代经济科学》2016年第6期，第44—54页。

肖兴志、李少林：《环境规制对产业升级路径的动态影响研究》，《经济理论与经济管理》2013年第6期，第102—112页。

肖祎平、杨艳琳、宋彦：《中国城市化质量综合评价及其时空特征》，《中国·人口资源与环境》2018年第9期，第112—122页。

谢荣辉：《环境规制、引致创新与中国工业绿色生产率提升》，《产业经济研究》2017年第2期，第38—48页。

熊艳：《基于省际数据的环境规制与经济增长关系》，《中国·人口资源与环境》2011年第5期，第126—131页。

徐成龙、任建兰、程钰：《山东省环境规制效率时空格局演变及影响因素》，《经济地理》2014年第12期，第35—40页。

薛伟贤、刘静：《环境规制及其在中国的评估》，《中国·人口资源与环境》2019年第9期，第70—77页。

闫文娟、郭树龙、史亚东：《环境规制、产业结构省级与就业效应：线性还是非线性》，《经济科学》2012年第6期，第23—32页。

杨冕、晏兴红、李强谊：《环境规制对中国工业污染治理效率的影响研究》，《中国·人口资源与环境》2020年第9期，第54—61页。

杨骞、秦文晋、刘华军：《环境规制促进产业结构优化升级吗？》，《上海经济研究》2019年第6期，第83—95页。

杨立勋、姜增明：《产业结构与城镇化匹配协调及其效率分析》，《经济问题探索》2013年第10期，第34—39页。

姚士谋、陆大道、王聪：《中国城镇化需要综合性的科学思维——探索适应中国国情的城镇化方式》，《地理研究》2011年第11期，第1947—1955页。

姚士谋、张平宇、余成、李广宇、王成新：《中国新型城镇化理论与实践问题》，《地理科学》2014年第6期，第641—647页。

叶琴、曾刚、戴邵勍、王丰龙：《不同环境规制工具对中国节能减排技术创新的影响——基于285个地级市面板数据》，《中国·人口资源与环境》2018年第2期，第115—122页。

叶裕民：《中国城市化质量研究》，《中国软科学》2001年第7期，第28—32页。

殷宝庆：《环境规制与我国制造业绿色全要素生产率——基于国际垂直专业化视角的实证》，《中国·人口资源与环境》2012年第12期，第60—66页。

于斌斌、金刚、程中华：《环境规制的经济效应："减排"还是"增效"》，《统计研究》2019年第2期，第88—100页。

于冠一、修春亮：《辽宁省城市化进程对环境规制的影响和溢出效应》，《经济地理》2018年第4期，第100—108页。

于潇：《环境规制政策的作用机理与变迁实践分析——基于1978—2016年环境规制政策演进的考察》，《中国科技论坛》2017年第12期，第15—24页。

原毅军、刘柳：《环境规制与经济增长——基于经济型环境规制分类的研究》，《经济评论》2013年第1期，第27—33页。

原毅军、苗颖、谢荣辉：《环境规制绩效及其影响因素的实证分析》，《工业技术经济》2016年第1期，第92—97页。

原毅军、谢荣辉：《环境规制的产业结构调整效应研究——基于中国省际面板数据的实证检验》，《中国工业经济》2014年第8期，第57—69页。

岳鸿飞：《中国工业绿色全要素生产率及技术创新贡献测评》，《上海经济研究》2018年第4期，第52—61页。

岳鸿飞、徐颖、吴璘：《技术创新方式选择与中国工业绿色转型的实证分析》，《中国·人口资源与环境》2017年第12期，第196—206页。

曾艺、韩峰、刘俊峰：《生产性服务业集聚提升城市经济增长质量了吗？》，《数量经济技术经济研究》2019年第5期，第83—100页。

张彩云、郭艳青：《污染产业转移能够实现经济和环境双赢吗？——基于环境规制视角的研究》，《财经研究》2015年第10期，第96—108页。

张成、郭炳南、于同申：《污染异质性、最优环境规制强度与生产技术进步》，《科研管理》2015年第3期，第138—144页。

张成、陆旸、郭路、于同申：《环境规制强度和生产技术进步》，《经济研究》2011年第2期，第113—124页。

张成、于同申：《环境规制会影响产业集中度吗？一个经验研究》，《中国·人口资源与环境》2012年第3期，第98—103页。

张国勇：《环境规制对技术创新的影响研究——基于辽宁省的实证分析》，《生态经济》2018年第6期，第68—72页。

张华：《"绿色悖论"之谜：地方政府竞争视角的解读》，《财经研究》2014年第12期，第114—127页。

张华：《地区间环境规制的策略互动研究——对环境规制非完全执行普遍性的解释》，《中国工业经济》2016年第7期，第74—90页。

张华、魏晓平：《绿色悖论抑或倒逼减排——环境规制对碳排放影响的双重效应》，《中国·人口资源与环境》2014年第9期，第21—29页。

张华明、范映君、高文静、王菲：《环境规制促进环境质量与经济协调发展实证研究》，《宏观经济研究》2017年第7期，第135—148页。

张娟、耿弘、徐功文、陈健：《环境规制对治污技术创新的影响研究》，《中国·人口资源与环境》2019年第1期，第168—176页。

张江雪、蔡宁、杨陈：《环境规制对中国工业绿色增长指数的影响》，《中国·人口资源与环境》，2015年第1期，第24—31页。

张可、汪东芳：《经济集聚与环境污染的交互影响及空间溢出》，《中国工业经济》2014年第6期，第70—82页。

张明斗：《中国城市化效率的时空分异与作用机理》，《财经问题研究》2013年第10期，第103—110页。

张倩：《市场激励型环境规制对不同类型技术创新的影响及区域异质性》，《产经评论》2015年第3期，第36—48页。

张文彬、张理芃、张可云：《中国环境规制强度省际竞争形态及其演变——基于两区制空间Durbin固定效应模型的分析》，《管理世界》2010年第12期，第34—44页。

张先锋、王瑞、张庆彩：《环境规制、产业变动的双重效应与就业》，《经济经纬》2015年第4期，第67—72页。

张晓莹：《环境规制对直接投资影响机理研究——基于制度差异的视角》，《经济问题》2014年第4期，第29—34页。

张学刚、钟茂初：《政府环境监管与企业污染的博弈分析及对策研究》，《中国·人口资源与环境》2011年第2期，第31—35页。

张中元、赵国庆：《FDI、环境规制与技术进步》，《数量经济技术经济研究》2012年第4期，第19—32页。

赵红：《环境规制对中国产业技术创新的影响》，《经济管理》2007年第21期，第57—61页。

赵敏：《环境规制的经济学理论根源研究》，《经济问题探索》2013年第4期，第152—155页。

赵晓丽、赵越、姚进:《环境管制政策与企业行为——来自高耗能企业的证据》,《科研管理》2015 年第 10 期,第 130—138 页。

赵玉民、朱方明、贺立龙:《环境规制的界定、分类与演进研究》,《中国·人口资源与环境》2009 年第 6 期,第 85—90 页。

郑垂勇:《城镇化提升了绿色全要素生产率吗?——基于长江经济带的实证研究》,《现代经济探讨》2018 年第 5 期,第 110—115 页。

郑加梅:《环境规制产业结构调整效应与作用机制分析》,《财贸研究》2018 年第 3 期,第 21—29 页。

郑金玲:《分权视角下的环境规制竞争与产业结构调整》,《当代经济科学》2016 年第 1 期,第 77—86 页。

钟茂初、李梦洁、杜威剑:《环境规制能否倒逼产业结构调整——基于中国省际面板数据的实证检验》,《中国·人口资源与环境》2015 年第 8 期,第 107—115 页。

朱东波、任力:《环境规制、外商直接投资与中国工业绿色转型》,《国际贸易问题》2017 年第 11 期,第 70—81 页。

图书在版编目（CIP）数据

环境规制对中国城镇化高质量发展的影响机制研究 / 李泽众著． -- 上海 ：上海社会科学院出版社，2024.
ISBN 978-7-5520-4501-7

Ⅰ．F299.21

中国国家版本馆 CIP 数据核字第 2024FJ2714 号

环境规制对中国城镇化高质量发展的影响机制研究

著　　者：李泽众
责任编辑：应韶荃
封面设计：周清华
出版发行：上海社会科学院出版社
　　　　　上海顺昌路 622 号　邮编 200025
　　　　　电话总机 021－63315947　销售热线 021－53063735
　　　　　https://cbs.sass.org.cn　E-mail:sassp@sassp.cn
排　　版：南京展望文化发展有限公司
印　　刷：上海颛辉印刷厂有限公司
开　　本：710 毫米×1010 毫米　1/16
印　　张：13.75
字　　数：236 千
版　　次：2024 年 9 月第 1 版　2024 年 9 月第 1 次印刷

ISBN 978-7-5520-4501-7/F・780　　　　　　　　定价：70.00 元

版权所有　翻印必究